A VIDA DE MARCELO BIELSA

A VIRTUDE DA LOUCURA
A VIDA DE MARCELO BIELSA

TIM RICH

Copyright © 2020 Tim Rich
Copyright desta edição © 2021 Editora Grande Área

Tradução
Camilo Adorno

Preparação
Andressa Bezerra Corrêa

Revisão
BR75 | Clarisse Cintra

Capa e projeto gráfico
BR75 | Luiza Aché

Diagramação
BR75 | Janaína Salgueiro

Produção editorial
BR75 | Clarisse Cintra e Silvia Rebello

Foto de capa
PA Images/Alamy Stock Photo

Dados Internacionais de Catalogação na Publicação (CIP)
Angélica Ilacqua CRB-8/7057

R334v	Rich, Tim
	A virtude da loucura: a vida de Marcelo Bielsa/Tim Rich; tradução de Camilo Adorno. Campinas, SP: Editora Grande Área, 2021.
	408 p.
	ISBN: 978-65-88727-10-2
	Título original: The Quality of Madness: A Life of Marcelo Bielsa
	1. Bielsa, Marcelo, 1955 - Biografia 2. Jogadores de futebol - Argentina 3. Treinadores de futebol - Argentina I. Título II. Adorno, Camilo
21-2473	CDD 796.334

Índices para catálogo sistemático:
1. Bielsa, Marcelo, 1955 - Biografia 2. Jogadores de futebol - Argentina 3. Treinadores de futebol - Argentina I. Título II. Adorno, Camilo

Para meu irmão, Chris

Há mais liberdade nos excêntricos.
Eles são sempre honestos e
têm um tipo próprio de loucura.
No fim das contas, serão eles os santos.

Declaração da atriz Margaret Rutherford
a respeito de seu primo, Tony Benn

Sumário

PARTE 1
AMÉRICA

Rosa da pradaria..13
Futebol com os generais.......................................27
O caminho para Murphy......................................39
Newell's, *carajo*!..49
Libertador..61
Fuga para o exterior..79
O mercado de carne..93
O cheiro de sangue..109
Não existem mais Maradonas............................125
Olímpia...139
Versão do diretor...159
Homem da montanha...169
Voortrekker..183

PARTE DOIS
EUROPA

Travessia do Atlântico 195
Grand designs 211
Mestre e comandante 225
Avalanche 241
A arte da transação 255
Triunvirato 271

PARTE TRÊS
YORKSHIRE

Uma vaga no topo 289
O espião que me treinava 307
Uma ferida muito grave no pior momento 321
Vinte minutos 337
A tirania dos troféus 353
O redentor 367
Hora dos presentes 389
Agradecimentos 403
Referências bibliográficas 405

PARTE UM
AMÉRICA

Rosa da pradaria

Se Buenos Aires é o coração do futebol argentino, Rosário é sua alma. Assim como o nordeste da Inglaterra, a fama do local não está nos títulos conquistados, mas nos homens que de lá saíram e na paixão dos que por eles torcem. O desenvolvimento da cidade não se apoiou no carvão, no ferro ou na construção naval, mas na vasta pradaria dos pampas argentinos. Rosário negociava trigo, gado e cavalos. E, então, veio o futebol.

A cidade e seus dois times principais, Newell's Old Boys e Rosario Central, produziram seus jogadores de futebol porque, diferentemente dos grandes clubes de Buenos Aires e Avellaneda — como Boca Juniors, River Plate e Independiente —, não tinham condições de contratá-los. Na Argentina, Rosário passou a ser conhecida como o "berço do futebol".

Rubén Gaggioli, empresário de Rosário que representava Lionel Messi quando, aos treze anos, ele saiu do Newell's para o Barcelona, afirmou: "Não é como na Espanha, onde um jogador menor de idade pode ter o próprio carro, ganhar um salário e viver bem. Em Rosário, esses jovens não têm nada e, por isso, quando entram em campo dão a vida para vencer. Possuem essa aspiração essencial de se tornarem bons jogadores. E não é apenas na cidade de Rosário, mas também em seus arredores. Muitos dos grandes jogadores do Newell's — Jorge Valdano, Mauricio Pochettino e Gabriel Batistuta — vêm de áreas mais afastadas. Eles saíram dos famosos *potreros*. É algo que praticamente não existe na Europa. *Potreros* são os terrenos amplos e irregulares onde as crianças jogam bola. É aí que esses jovens jogadores são formados".

Antes de Messi, antes de Tata Martino e Marcelo Bielsa, antes de Mario Kempes, Ángel Di María e César Luis Menotti, a grande fama de Rosário advinha do fato de ter sido o primeiro lugar onde a bandeira da Argentina foi hasteada. Isso ocorreu em 1812 e o homem que a hasteou na curva do rio Paraná foi o general Manuel Belgrano. Àquela altura, não havia um país chamado Argentina, apenas uma província ampla do Império espanhol, o Vice-Reino do Rio da Prata, formado pelos territórios que, atualmente, compõem as regiões centrais da Argentina, do Uruguai e do Paraguai, o norte do Chile e o sul do Peru. Suas principais fontes de riqueza eram as minas de prata e as milhares de cabeças de gado exportadas anualmente pelo porto de Buenos Aires. No entanto, quando a frota espanhola, sob o comando de seus aliados franceses, foi completamente destruída em Trafalgar,[1] em 1805, a prata já começava a rarear e o controle britânico dos mares significava que o gado permaneceria ali mesmo onde já estava.

Então, em 1806-1807, quando as forças britânicas tentaram tomar o controle da província, começou a estranha relação de amor e ódio entre a Grã-Bretanha e a Argentina. Os britânicos foram recebidos com tudo em que os cidadãos de Buenos Aires consegui-

---

[1] Batalha das tropas marítimas inglesas contra as francesas e espanholas, ocorrida no Cabo Trafalgar, na costa espanhola, e da qual os ingleses saíram vitoriosos. (N.T.)

ram pôr as mãos: mosquetes, água e óleo fervendo atirados dos topos dos prédios, fogo de artilharia disparado por soldados comuns. Os inimigos foram atacados por escravos africanos e pelos chamados *criollos* — habitantes locais que, apesar de descenderem de europeus, nasceram na América do Sul. Esse combate é lembrado pelo povo argentino apenas como "La Defensa de Buenos Aires". Em agosto de 1807, os soldados ingleses se renderam. Na volta para a Inglaterra, o comandante, tenente-general John Whitelocke, foi levado à corte marcial e destituído do cargo porque, basicamente, perdeu a batalha para um exército de amadores. Cerca de 1.200 de seus soldados, desertores ou prisioneiros de guerra ficaram para trás e ajudaram a construir a nova Argentina.

A vitória dos cidadãos de Buenos Aires sobre os britânicos, aliada ao fato de Rafael de Sobremonte, governador espanhol, ter fugido com o tesouro da cidade — que, depois, ele conseguiu perder —, rompeu os últimos laços com Madri. Em 27 de fevereiro de 1812, Belgrano desfraldou a bandeira azul e branca da Argentina em Rosário. Quatro anos depois, a Argentina era uma nação independente.

Rosário tornou-se o centro mais próspero dos grandes cinturões de trigo e de gado do país. Em 1926, quase metade da população da cidade era composta por imigrantes, muitos vindos da Ligúria, no noroeste da Itália. Nas palavras de Juan Álvarez, um rosarino que em 1935 se tornou procurador-geral de justiça, Rosário se diferencia de Santa Fé ou de Buenos Aires por não ter sido fundada por espanhóis. Foi uma "cidade que se fez sozinha", afirma, e de ideais políticos radicais. É a cidade natal de Che Guevara, que tinha o rúgbi como seu esporte preferido.

O bisavô de Marcelo Bielsa era carpinteiro em Esperanza, município agrícola a cerca de 160 quilômetros ao norte de Rosário. Ele mandou seu filho, Rafael, a Buenos Aires para aprender o ofício de marceneiro. Rafael interessava-se mais por livros e pela advocacia e se matriculou na Universidad de Buenos Aires. Em janeiro de 1918, Rafael Bielsa se formou e, no mesmo ano, doutorou-se em direito. Sua tese soa incrivelmente moderna: um estudo sobre os acidentes de trabalho e como eles eram cobertos pela lei. Três anos depois, Rafael estava em Rosário atuando como secretário-geral do município; trabalhou, também, no Ministério da Justiça, além de ter se tornado presidente da organização dos advogados de Rosário e ensinado literatura na Escuela Superior de Comercio.

Em 1949, aos sessenta anos, Rafael Bielsa era um dos principais advogados da América do Sul. Foi reitor da Universidad Nacional del Litoral, em Santa Fé; professor da Faculdade de Direito da Universidad de Buenos Aires; e professor honorário da Sorbonne, em Paris. Sua ampla residência em Rosário, perto do Parque de la Independencia, abrigava uma biblioteca com mais de três mil livros. Ele recusou um convite para o Supremo Tribunal Federal argentino por não estar convencido da independência das pessoas que dividiriam o tribunal com ele.

Naquele momento, a Argentina vivia radical transformação. Era a época de Juan e Eva Perón: seu programa de amplas reformas em favor da classe trabalhadora argentina, envolto em fervor nacionalista, agradava tanto a esquerda quanto a direita. Rosário era uma cidade ardorosamente peronista. Em fevereiro de 1946, quando estavam em campanha presidencial, Juan e Eva foram cercados por uma multidão ao chegarem à estação ferroviária de Rosário depois de uma viagem de seis horas vindo de Buenos Aires. Na praça central da cidade, com enxames de gafanhotos enchendo o céu noturno e pessoas trepando em bananeiras e palmeiras para ter uma visão melhor dos dois, ouviu-se pela primeira vez o grito que viria a assombrar a política argentina por gerações: "Evita".

A ideologia dos Perón não tinha espaço para intelectuais, nem de esquerda nem de direita. Bernardo Houssay, primeiro cientista argentino a ganhar o prêmio Nobel, foi afastado de seu cargo de professor. Jorge Luis Borges, talvez o maior escritor do país, mas um conservador na política, foi convidado a deixar sua função na modesta biblioteca em que trabalhava e escrevia. A ele foi oferecido o emprego de inspetor de carne de aves e coelhos no mercado de Buenos Aires. Bielsa foi obrigado a abandonar a reitoria da Universidad Nacional del Litoral. Ele sobreviveu à ditadura peronista e foi o responsável pelo início da codificação jurídica das províncias de Santa Fé e Mendoza. Prédios e ruas receberam seu nome — uma delas em Esperanza, sua terra natal; outra, em um distrito operário de Rosário. Há, ainda, uma rua batizada em sua homenagem em Buenos Aires, perto do Cemitério de Chacarita, onde se encontram o túmulo de Leopoldo Galtieri, que perseguiu o neto homônimo de Rafael Bielsa, e a tumba de Alexander Watson Hutton, escocês de Glasgow que, em 1893, fundou a AFA, a Associação do Futebol Argentino.

O pai de Marcelo Bielsa, igualmente chamado Rafael, mas apelidado *El Turco*, também foi advogado; contudo, segundo relata o jornalista e comentarista Román Iucht em seu estudo sobre Bielsa, *La vida por el fútbol*, era dono de uma personalidade menos obstinada:

> El Turco sempre teve personalidade mais boêmia e herdou a profissão de seu pai, embora sua inclinação política pendesse mais para a direita; adorava carros e admitia que teria gostado de ser engenheiro mecânico. Ele trabalhava no escritório do pai, apesar de seus clientes não possuírem a mesma reputação — assumia casos bem mais simples; para ele,

o direito era mais um trabalho que uma vocação. Todos os dias, ao meio-dia, El Turco tinha o hábito de ir a um bar basco, o Laurak Bat, no centro de Rosário, beber com os amigos. Era comum que seus filhos, cansados de esperá-lo no carro, tivessem de tirá-lo do bar e lembrá-lo de que havia um almoço em família o esperando. Ele ouvia muita música e os amigos de Marcelo que frequentavam a casa em Calle Mitre recordam que Frank Sinatra era trilha sonora constante.

Os almoços familiares para os quais as crianças arrastavam o pai desde o Laurak Bat eram dignos da espera. A mãe dos meninos, Lidia, era uma cozinheira espetacular. Além disso, era professora de história e as duas paixões maternas viriam a ser parte central da vida de Marcelo. Ernesto Urrea — assistente de Bielsa quando, em meados dos anos 1990, ele comandava o Atlas Fútbol Club, de Guadalajara, no México — recorda-se:

> Ele lia tanto que acho que sabia mais sobre a cultura mexicana do que eu. Também nunca vi alguém comer daquele jeito. Ele adorava os *antojitos* [comida de rua mexicana] vendidos nas esquinas. Quando íamos a restaurantes, ele pedia todos os pratos do cardápio apenas para que pudesse provar cada um deles.

No período de comando da seleção chilena, o restaurante favorito de Marcelo era o La Signoria, um empreendimento italiano despretensioso em Santiago, onde o argentino pedia *la torta del nonno*, um bolo de chocolate recheado com peras salteadas no mel.

Lidia Caldera passou ao filho algo mais fundamental do que o gosto pela boa comida. Ela tinha origem na classe trabalhadora, diferente do marido, e o local onde os Bielsa moravam, na rua Mitre, ficava na divisa com um bairro operário. Lidia se dava bem com as pessoas que habitavam tanto um lado quanto o outro da cidade e, embora seus filhos viessem a estudar na universidade para se tornar políticos, arquitetos ou ainda comandar equipes de futebol, escrever romances e projetar hotéis, eles não eram esnobes. É uma das maiores qualidades de Marcelo Bielsa o fato de, apesar de vir de uma família endinheirada e intelectual, ser capaz de formar relações sólidas com futebolistas não apenas de origem operária, mas também com jogadores como Carlos Tévez, que saiu de situação de extrema pobreza.

Marcelo é o filho do meio, tem um irmão mais velho e uma irmã mais nova, e os três atingiriam o ápice das carreiras que escolheram seguir. Em determinado ano, 2003, Rafael era ministro das Relações Exteriores, Marcelo treinava a seleção nacional de futebol e a irmã mais nova, María Eugenia, arquiteta renomada, tornou-se vice-governadora da província de Santa Fé — da qual sua cidade natal, Rosário, faz parte. Rafael, nascido em fevereiro de 1953, seria aquele que seguiria os passos do avô mais de perto. Nos anos 1970, quando o chanceler Denis Healey foi ministro da Fazenda no Reino Unido — havia se tornado membro do parlamento pelo distrito eleitoral de Leeds East —, ele gostava de dizer que era um político com "alma", com interesses que iam além do Palácio de Westminster. A "alma" de Rafael Bielsa incluía o direito, a política e a poesia. Apesar da humilhação sofrida pelo pai nas mãos de Juan Perón, Rafael e sua irmã, María Eugenia, passaram a apoiar uma versão nacionalista e progressista do peronismo, contrária tanto à junta militar quanto ao socialismo. Ele escreveria romances e ensaios, e tentaria negociar a volta dos voos diretos entre Buenos Aires e as Ilhas Malvinas com o ministro das Relações Exteriores britânico, Jack Straw.

Quando jovem, Rafael encantou-se com ideais políticos radicais. Em setembro de 1969, quando ele tinha dezesseis anos, trinta mil manifestantes, encabeçados por quatro mil estudantes protestando contra a ditadura militar de Juan Carlos Onganía, tomaram o controle do centro de Rosário. No meio da tarde, o governo controlava somente seis quarteirões da cidade, concentrados na área onde se localizava a estação de rádio municipal, o tribunal e os quartéis do exército e da polícia. Às nove horas daquela noite, medidas drásticas começaram a ser adotadas, lideradas pelo Batalhão do Segundo Exército. Houve um grande número de mortos. Leopoldo Galtieri, que se tornaria bastante conhecido dos Bielsa, comandou a violenta repressão. Uma certa paz acabou sendo restabelecida.

María Eugenia Bielsa nasceu em 1958, três anos depois de Marcelo e cinco após Rafael. Assim como ocorreu com todas as crianças da família, o valor da educação também foi incutido em sua personalidade. "Na minha casa havia a regra de que você tinha de ir para a universidade", explicou ela, em 2004. "Meu pai queria que me tornasse contadora, porque eu ganharia muito dinheiro. Minha mãe queria apenas que eu fosse para a universidade." A arquitetura era sua paixão. Ela estudou e depois lecionou na Universidad Nacional de Rosário e, como Rafael, envolveu-se nas políticas do peronismo que floresceram após a queda da junta militar. Enquanto o irmão mais velho tornou-se ministro das Relações Exteriores, ela foi vice-governadora da província da Santa Fé e, em 2019, depois da vitória do candidato peronista à presidência, Alberto Fernández, María Eugenia voltou mais uma vez à linha de frente no cenário político, ajudando a supervisionar a criação do Ministério da Habitação, órgão que viria a comandar. Foi graças a María Eugenia que Marcelo conheceu sua esposa — Laura Bracalenti, também arquiteta —, com quem teria duas filhas: Inés, nascida em 1989, e Mercedes, três anos mais nova.

Marcelo Bielsa, o filho do meio, nasceu em julho de 1955. Sempre teve diversos interesses, mas somente uma paixão o acompanharia por toda a vida: o futebol. Seu comportamento na Escuela Normal n. 3, colégio primário localizado na rua Entre Ríos, em um dos bairros de classe média de Rosário, era o mesmo que viria a demonstrar no comando do Newell's Old Boys ou no Estádio Monumental de Núñez, em Buenos Aires: se seu time não fosse suficientemente bom, ele se enervava. Qualquer tipo de trapaça o deixava furioso. Em *La vida por el fútbol*, Román Iucht escreve:

> O futebol era sua religião e a missa acontecia todo fim de semana. Toda sexta-feira à noite, o jovem Marcelo começava seu ritual; preparava, de maneira obsessiva, seu uniforme, estendendo a camiseta, as meias e os calções e lustrando as chuteiras. No sábado pela manhã, por volta de oito horas, ia até seu vizinho, Hugo Vitantonio, que morava a poucos metros de distância, e, juntos, partiam para a rua esperar que o time todo se reunisse. Eram todos meninos da região, um bairro de classe média. Durante a semana, os afazeres escolares os separavam. Alguns, como Bielsa, frequentavam a escola Normal, outros, a Juana Manso. Aos sábados, reencontravam-se graças à paixão pelo esporte. O destino era o Parque de la Independencia ou a paróquia Inmaculado Corazón de María, que tinha, nos fundos, um campo de futebol. Outra opção era ir até o estádio do Central Córdoba, um típico clube das divisões inferiores, e usar os campos de treinamento que a equipe principal não utilizava. Os garotos se sentiam como profissionais e jogavam para se tornarem heróis do esporte. A equipe se chamava Estrella Azul.

Em geral, Marcelo atuava como defensor, embora um desejo de vitória muitas vezes o impelisse ao meio de campo ou até ao ataque. E não era chamado de *El Loco*, mas de *El Cabezón*.

Pedro Vitantonio era o "treinador" do Estrella Azul. Certo dia, quando jogavam em um campo improvisado no parque, um policial apareceu para investigar uma reclamação de que eles haviam danificado uma árvore. Pedro assumiu a responsabilidade e o policial começou a levá-lo dali. De repente, os dois foram cercados por crianças de onze ou doze anos que exigiam a libertação de Pedro. Marcelo atirou-se no chão, agarrou o policial pelos calcanhares e foi se deixando arrastar enquanto reivindicava que o treinador fosse solto.

Houve outros atritos futebolísticos com as autoridades. Quando um policial apareceu para responder a uma reclamação de que uma janela tinha sido quebrada perto dali, o jovem Bielsa gritou para que o oficial esperasse até que ele cobrasse o escanteio. Foi o suficiente para que acabasse sendo levado à delegacia e lá permanecesse até que seu pai o resgatasse. Mesmo assim, Marcelo não foi embora até que lhe tivessem devolvido sua bola. Essas duas histórias parecem indicar que a Rosário dos anos 1960 tinha um número muito baixo de crimes a serem investigados ou então possuía uma quantidade impressionante de policiais.

Em 1966, ano em que a seleção da Argentina foi vencida pela Inglaterra de maneira controversa, nas quartas de final da Copa do Mundo, e descrita como "um bando de animais" por Alf Ramsey, Marcelo estava pronto para o ensino médio, numa época em que se discutia futebol com paixão ardente. Quando Antonio Rattín foi expulso, em Wembley, por reclamação, e levou dez minutos para deixar o gramado até se sentar no tapete vermelho que havia sido estendido para a rainha, a reação na Argentina foi tremenda.

Os jogadores foram tratados como heróis e declarados "campeões morais da Copa do Mundo". Ao sair do avião, Rattín, que depois de se aposentar se tornaria um político de direita, foi envolto em uma bandeira nacional. O jornal *Crónica* afirmou que "espiritualmente, a Inglaterra ainda é o pirata que espoliou o Caribe e nos roubou as Malvinas". Na embaixada britânica em Buenos Aires, Sir Michael Cresswell, embaixador inglês no país, acabou sendo colocado sob guarda armada, para sua proteção.

A escola que Bielsa frequentava então — o colégio Sagrado Corazón — havia sido fundada em 1900 e era uma das mais prestigiosas de Rosário. Sua elegante fachada de colunatas brancas, com uma estátua da Virgem Maria no topo, ficava próxima à mansão de seu avô. "Ele não gostava de se trocar pela manhã", recorda-se Rafael Bielsa. "Marcelo dormia de paletó e calças. Diziam que ele era louco, mas aquilo não era uma coisa incomum."

Havia outro lugar que ficava a uma curta distância de sua casa: o Coloso del Parque, estádio do Newell's Old Boys. Foi seu tio, Pancho Parola, que o apresentou ao clube, forjando uma relação que jamais o abandonaria. Ao longo de toda a vida, Marcelo Bielsa usaria repetidas vezes sua experiência de torcedor, jogador e treinador do Newell's como exemplo do modo como se deve jogar e viver o futebol.

O Newell's, tal como tantas outras coisas na Argentina, tem raízes inglesas. Isaac Newell foi de Kent para Rosário ainda adolescente, em 1869; tempos depois, fundou o Colégio Comercial Anglo-Argentino, cujo brasão era vermelho e preto. Em novembro de 1903, o filho de Isaac, Claudio, criou um time de futebol e o batizou em homenagem a seu pai, chamando-o de Newell's Old Boys. As cores do colégio foram mantidas. Em 1939, tanto o Newell's quanto seu grande rival, o Rosario Central, se filiaram à Associação do Futebol Argentino para sua primeira temporada. Assim como o Newell's, o Rosario Central havia sido formado por britânicos, no caso, um grupo de trabalhadores do Ferrocarril Central Argentino.

Fundado em 1889, o Central era pouco tempo mais velho que o Newell's. As origens de seu uniforme azul e amarelo também são inglesas, inspiradas nas cores usadas pelo Leeds United até 1961 — quando Don Revie decidiu que um uniforme inteiro branco, como o do Real Madrid, lhes cairia melhor.

Os apelidos de ambas equipes remontam aos anos 1920 — embora ninguém tenha muita certeza da data —, quando um leprosário pediu que os times disputassem uma partida beneficente. O Newell's aceitou; o Central recusou. Desde então, o Newell's passou a ser conhecido como *Los Leprosos*; o Central, *Los Canallas*. Torcedores do Newell's costumam contar que Che Guevara, torcedor do Rosario Central, trabalhou em um leprosário para se autopenitenciar. Como é o caso com muitas histórias, ela é verdadeira, mas não totalmente. Em sua viagem pela América do Sul em uma moto Norton de 500cc — viagem que tempos depois daria origem ao filme *Diários de Motocicleta* —, Guevara e seu amigo Alberto Granada pararam em vários leprosários, mas apenas porque Granada havia trabalhado com leprosos na Argentina e aquela era a melhor maneira de conseguir comida e dinheiro para mantê-los na estrada. A ideia de promover alguma forma de compensação pela atitude do Rosario Central teve pouco a ver com a coisa toda.

Para medir o tamanho da rivalidade entre Newell's e Central, vale a pena recordar uma entrevista concedida pelo pai de Bielsa para a revista *El Gráfico*, em 1998, ano em que Marcelo conquistou seu terceiro Campeonato Argentino. "Nunca vi Marcelo jogar nem comandar uma equipe", disse *El Turco*. "Não é que eu não goste de futebol, mas sou torcedor do Rosario Central; além disso, prefiro outro tipo de futebol, com menos marcação e pressão. Conversamos sobre isso sempre que ele vem me visitar. Ele tem seus pontos de vista e me diz que tem de treinar seus times para vencer."

Na juventude de Marcelo Bielsa, o futebol argentino era dividido em dois campeonatos: o Metropolitano acontecia na primeira metade do ano; na segunda, era disputado o Campeonato Nacional. O Central vinha sendo uma equipe um pouco mais bem-sucedida — o time venceu o Nacional em 1971 e em 1973. O Newell's, que não tinha nenhuma conquista em sua história, chegou ao último jogo do Campeonato Metropolitano, em junho de 1974, na liderança. A partida foi jogada no campo do Rosario Central, o Gigante de Arroyito, e o time da casa precisava de uma vitória para conquistar o título. Ao Newell's, bastava o empate. Faltando 21 minutos para o apito final, o Central vencia por 2 a 0. Mas os *canallas* não conseguiram segurar o placar e, aos 36 minutos do segundo tempo, Mario Zanabria, que depois viria a trabalhar com Marcelo Bielsa no México, marcou o gol de empate que daria ao Newell's seu primeiro título de importância. Àquela altura, Bielsa tinha quase dezenove anos e integrava as equipes de base do Newell's havia seis. Ele faria parte da equipe principal, brevemente, apenas em 1976, ano em que a política argentina caminhava rapidamente para o colapso completo. O governo — liderado por Isabelita Perón, a mulher de Juan Perón que sucedeu a Evita — era vítima de atos terroristas tanto da esquerda quanto da direita. O movimento guerrilheiro comunista Montoneros implantou uma espécie de mina no novo torpedeiro "Santísima Trinidad", explodindo seu casco. Uma tentativa do grupo guerrilheiro Ejército Revolucionario del Pueblo de assaltar o quartel militar de Monte Chingolo, na província de Buenos Aires, foi reprimida com ataques de helicópteros armados. A inflação chegava a 700% ao ano. O peso foi duas vezes oficialmente desvalorizado. Os jornais pediam abertamente a intervenção do exército e, em 23 de março, o Chefe do Estado-Maior, general Jorge Videla, promoveu seu golpe. Isabelita Perón foi presa e o exército assumiu o controle do país.

Em meio a tudo isso, Marcelo Bielsa tentava construir uma carreira no futebol.

Futebol com os generais

Enquanto a economia ruía e os generais aguardavam, Marcelo Bielsa se preparava para os Jogos Olímpicos. A Argentina podia estar se despedaçando, mas, no futebol, uma era dourada começava a despontar.

César Luis Menotti nasceu em Rosário. Ele havia atuado como meio-campista do Rosario Central, conquistado o Campeonato Argentino pelo Boca Juniors e jogado com Pelé no Santos. Contudo, foi como treinador adepto de um futebol bonito e fluido que atingiu o auge de sua carreira. Certa vez, Menotti afirmou: "Quando o futebol é jogado da maneira correta, tende a ser uma coisa bonita, como a pintura, a música; porém, se essa ideia não se mantém, a beleza desaparece". Em 1973, Menotti levou o Huracán, um dos menores times de Buenos Aires, ao título do campeonato da primeira divisão. No ano seguinte, depois de uma Argentina desconjuntada e de pouca qualidade ter sido humilhada na Copa do Mundo, varrida do mapa pelo brilhantismo de Johan Cruyff na chuvosa Gelsenkirchen, Menotti foi escolhido para reparar os danos.

Fumante inveterado, intelectual de esquerda e dono de vasta cabeleira, Menotti estava longe de ser o ideal de técnico da seleção nacional imaginado pela ditadura, mas a Argentina iria sediar a Copa do Mundo de 1978 e Menotti representava a melhor chance de vencê-la. Era intocável. Em janeiro de 1976, ele entrou em contato com Jorge Griffa, diretor das equipes de base do Newell's. A Argentina disputaria um torneio classificatório para as Olimpíadas de Montreal e Menotti queria que Griffa mandasse a equipe juvenil do Newell's para representar a seleção argentina em Recife, no nordeste do Brasil. Bielsa estava entre os escolhidos.

Marcelo Bielsa tinha vinte anos e se destacou como zagueiro central a ponto de ser escolhido para integrar a seleção do torneio, ao lado do brasileiro Edinho, que disputaria três Copas do Mundo. A Argentina terminou o torneio pré-olímpico na terceira colocação e, no mês seguinte, Bielsa faria sua estreia pela equipe principal do Newell's Old Boys, na chuva, no Coloso del Parque, em uma derrota por 2 a 1 para o River Plate. Um de seus amigos mais próximos no Newell's era Roberto Agueropolis, também zagueiro, que, tempos depois, defenderia o Panathinaikos. Um ano mais velho que Bielsa, Agueropolis estava construindo uma casa; porém, o dinheiro que recebia do Newell's não era suficiente para que terminasse as obras. Bielsa ofereceu a ele o próprio salário, dizendo a Agueropolis: "Pegue meu dinheiro e faça o telhado da sua casa. Me pague quando puder". Ao longo de toda a carreira, Marcelo Bielsa seria firme em relação a dinheiro. Conhecia seu valor e os contratos que assinava, às vezes negociados por Rafael, eram rentáveis. No entanto, o dinheiro acabava sendo, inevitavelmente, distribuído por Bielsa. Ao ficar sabendo que seu amigo José Falabella, de Rosário, não podia ter filhos, ele pagou pelo tratamento de inseminação artificial e veio a ser padrinho da filha do amigo.

Bielsa adorava fazer parte do Newell's, embora sua passagem pela equipe principal tenha sido curta: um empate em 1 a 1 contra o San Lorenzo e uma derrota por 3 a 1 para o Talleres, de Córdoba, em dezembro. Haveria mais um jogo, vitória por 3 a 1 sobre o Gimnasia y Esgrima de La Plata, mas que aconteceria só dezoito meses depois, e Bielsa entraria em campo, vindo do banco de reservas, a apenas três minutos do fim da partida e de sua carreira como jogador do Newell's Old Boys. No intervalo entre uma e outra passagem pelo clube, teve a oportunidade de jogar em Córdoba, cidade dominada pelas *sierras altas*, a oeste de Rosário. Ser emprestado é uma das tarefas mais difíceis do futebol. Chega-se como um estranho à solidão de um quarto de hotel antes de treinar junto de atletas que, no caso de Bielsa, suspeitavam que ele não era bom o suficiente para figurar em uma equipe como o Newell's. Ele e outros três jogadores da equipe do Coloso del Parque fizeram, de ônibus, a viagem de quatrocentos quilômetros. Sua moradia passou a ser um apartamento no sétimo andar.

A equipe que Bielsa defenderia era o Instituto de Córdoba, que disputava o campeonato regional, não o nacional. Em seu primeiro jogo, atuou ao lado dos pais de dois atletas que comandaria na seleção argentina: Roberto Ayala e Nicolás Burdisso. Bielsa estava ficando cada vez mais insatisfeito. O Instituto terminou a Liga Cordobesa em oitavo lugar entre dez times, e Bielsa mostrou-se desiludido com o padrão do futebol e com seu próprio desempenho. Passava a maior parte do tempo livre aprendendo a dançar tango ou lendo sozinho em seu apartamento. Um de seus companheiros de time comentou que para os jogos fora de casa o resto da equipe enchia suas mochilas com fitas cassete para ouvir música; Bielsa as enchia de livros.

"Ele gostava de conversas 'difíceis'", afirma Eduardo Anelli, que atuou como ponta do Instituto. "Às vezes, parava na frente do treinador e dizia: 'Não concordo', e nós olhávamos uns para os outros nos perguntando o que ele estava querendo dizer." Outro companheiro de time, Miguel Olmedo, comentou: "Tecnicamente, Bielsa não se destacava, mas era bastante exigente consigo mesmo nos treinamentos. Sempre exigia que trabalhássemos com mais ênfase e, certa vez, disse que deveríamos pedir ao técnico que nos desse mais atividades de preparação física".

O chefe da junta militar, Jorge Videla, cunhou a seguinte frase a respeito dos homens que seus comandados perseguiam: "Eles não estão vivos nem mortos. Estão desaparecidos". Em 1977, Rafael desapareceu; Marcelo pediu para voltar a Rosário. Ele conseguiu que seu contrato fosse encerrado pagando ao Instituto Córdoba o que restava a ser cumprido. Morar em Rosário no fim dos anos 1970 era viver sob a autoridade de Leopoldo Galtieri, chefe do Batalhão do Segundo Exército, que comandava tudo na cidade. Seus homens arrombavam portas na calada da noite em busca de insurgentes. Galtieri gostava de uísque Johnnie Walker Black Label e de derramar o sangue dos outros. A mansão onde o dr. Rafael Bielsa viveu e trabalhou foi tomada pelos serviços de segurança argentinos e sua biblioteca passou a ser uma sala de operações de grampo em telefones da região.

Uma das propriedades controladas por Galtieri era a Quinta de Funes, uma fazenda ampla localizada em meio a uma paisagem de gramados exuberantes — e frequentada por gente cruel. A Quinta era um laboratório de terror usado contra aqueles que o exército julgava estarem determinados a derrubar a ditadura. Rafael, então com 22 anos, era um desses suspeitos. Ele havia se tornado opositor voraz da junta militar — e não do tipo hippie, com flores no cabelo, que havia paralisado os Estados Unidos à medida que a Guerra do Vietnã se arrastava rumo a um desfecho sem vencedores. Seu ativismo era firme, determinado, puritano. "Quando eu era jovem e estava envolvido na política radical dos anos 1970, as drogas eram consideradas uma ferramenta do imperialismo", contou. "Nós tirávamos sarro dos hippies porque a maconha os tornava incapazes de funcionar adequadamente." Rafael foi preso, vendado e levado para a Quinta de Funes, onde a voz grave e áspera de um homem lhe perguntou por que ele vinha doando livros para uma biblioteca marxista. Apenas vários anos depois, quando se juntou a outras cem mil pessoas na Plaza de Mayo, em Buenos Aires, para ouvir Galtieri (então presidente da Argentina) anunciar a ocupação das Ilhas Malvinas, Rafael percebeu a quem aquela voz pertencia. Muitos anos depois, ele incorporaria suas experiências na Quinta de Funes em um romance, transformado, em 2015, no filme *Operación Mexico, un pacto de amor*.

Rafael passou três anos exilado na Espanha antes de voltar à Argentina, em 1980. Dois anos depois veio a Guerra das Malvinas e, para se ter ideia da histeria que tomou conta do país, Rafael, que àquela altura atuava como advogado no Ministério da Justiça — por si só um paradoxo na Argentina de Galtieri —, acabou se envolvendo no conflito. Ele decidiu se alistar no serviço militar. Entrevistado pelo jornal *The New York Times* na fila do alistamento, Rafael afirmou: "Depois de muitos anos, esta é a primeira coisa que nos une. Os soldados mortos no desembarque foram os primeiros mártires que os argentinos puderam compartilhar". Atrás dele estava um engenheiro com um ponto de vista bem mais veemente acerca da situação: "Isto é apenas uma manobra dos militares para nos distrair", disse a James Markham, repórter do *The New York Times*. "A economia está uma bagunça; o país pode explodir. A maior parte das pessoas aqui é funcionária pública e elas acreditam que indo para as Malvinas podem, temporariamente, dobrar seu salário. Eu vou porque quero ganhar dinheiro. Se conseguir ficar entre os primeiros por lá, posso obter os primeiros contratos e lucrar bastante."

Ninguém em Buenos Aires, relatou Markham, acreditava que haveria uma guerra. A junta militar estava se preparando para oferecer aos ilhéus televisão em cores a tempo de assistirem à Copa do Mundo da Espanha. Era uma benesse que a junta militar já havia praticado anteriormente. Em 1978, à medida que o país se preparava para a Copa do Mundo a ser disputada em seu território, a Argentina foi presenteada com a televisão em cores pela primeira vez. Assim como aconteceu com muitos conterrâneos, a Copa do Mundo de 1978 deixou uma marca profunda em Marcelo Bielsa, não apenas porque a equipe da casa venceu, mas, também, devido ao estilo e ao drama que envolveram a conquista do título pela equipe de César Menotti.

Rosário teve papel fundamental e extremamente controverso naquela Copa do Mundo. Talvez por ser pouca coisa maior, talvez por ser o lugar onde atuava Mario Kempes, comandante de ataque da equipe de Menotti, escolheu-se o estádio Gigante de Arroyito (e não o Coloso del Parque) para sediar as partidas disputadas na cidade. A Argentina fez todos os jogos da segunda fase em Rosário. O líder do grupo se classificaria para a final do Mundial. Em sua casa, Kempes marcou duas vezes contra a Polônia e, ainda, defendeu com um soco, em cima da linha, uma bola cabeceada por Grzegorz Lato. Ele não foi punido pela infração. O encontro com o Brasil foi um duro empate sem gols, marcado pelo retorno de Leopoldo Luque ao ataque argentino. No início do torneio, o atacante havia luxado o cotovelo na vitória por 2 a 1 contra a França, no Estádio Monumental de Núñez. Seu irmão, viajando de Santa Fé a Buenos Aires para vê-lo, morreu carbonizado em um acidente de carro na rodovia Pan-Americana. Restavam ainda duas partidas no grupo. O jogo do Brasil contra a Polônia, em Mendoza, aos pés dos Andes, terminou uma hora e quinze minutos antes de a Argentina enfrentar o Peru, no Gigante de Arroyito. A seleção brasileira venceu por 3 a 1. Os donos da casa teriam de vencer por quatro gols de diferença para enfrentar a Holanda na final.

O que se seguiu é o equivalente futebolístico ao assassinato do presidente Kennedy: um jogo repleto de teorias da conspiração que vão desde a entrega de um gigantesco carregamento de trigo da Argentina para o Peru ao descongelamento de cerca de cinquenta milhões de dólares em créditos comerciais. O governo argentino chegou a ser acusado de oferecer aos líderes peruanos o uso de seus centros de tortura — algo que, para duas ditaduras militares, teria sido similar a um intercâmbio cultural.

Antes do início da partida, Videla, acompanhado do ex--Secretário de Estado de Richard Nixon, Henry Kissinger, um aficionado por futebol, foi ao vestiário da seleção peruana "desejar boa sorte aos adversários". "Se fomos pressionados? Sim, fomos pressionados", afirma José Velásquez, meio-campista do Peru na goleada por 6 a 0 que levaria a Argentina para a final e provocaria uma tempestade de papel picado no Estádio Monumental de Núñez. "Que tipo de pressão? Pressão do governo sobre os diretores da equipe nacional e dos diretores sobre o técnico." O goleiro do Peru, Ramón Quiroga, nasceu em Rosário e, vinte anos depois, ao ser entrevistado pelo jornal *La Nación*, afirmou se sentir mais argentino do que peruano. Na véspera do jogo, alguns dos jogadores da seleção do Peru foram até o treinador, Marcos Calderón, pedir para ele não escalar Quiroga.

O problema para os adeptos das teorias da conspiração é que apenas quando o apito final soou em Mendoza, 75 minutos antes do início do jogo em Rosário, a Argentina sabia o placar exato — 4 a 0 — que lhes colocaria na final. Nenhum dos jogadores de Menotti, nem mesmo aqueles que se opunham de maneira mais visceral à junta militar, acreditava que o jogo estava armado. Pouco antes do início da Copa do Mundo, soldados invadiram uma pista de boliche e prenderam dois amigos de Alberto Tarantini, que jamais voltaria a vê-los. Em um evento dedicado às estrelas do esporte argentino, o defensor reuniu coragem para se dirigir até Videla e perguntar ao general o que havia acontecido com seus amigos. Videla respondeu não ser o responsável por aquilo. Para Tarantini, o Peru tremeu na hora da partida, nada mais do que isso.

O zagueiro central Luis Galván falou com Jon Spurling para seu livro *Death or Glory*:

> Todos nós estávamos acostumados a ambientes explosivos dentro dos estádios argentinos, mas aquilo era diferente de qualquer outra coisa. O barulho e as cores eram especiais. Eu olhei para a tribuna das autoridades quando saímos e lá estavam Videla e Lacoste (o almirante que seria o sucessor de Videla). Eles eram os senhores de tudo. Embora você tente se concentrar na partida, percebe que é mais do que um jogo quando a junta militar está presente. Mario Kempes marcou com vinte minutos de jogo e fomos para o intervalo vencendo por 2 a 0. Na minha opinião, é o placar perfeito, sempre. Você está vencendo por uma margem suficiente para se sentir confiante em suas jogadas, mas não a ponto de cruzar os braços e relaxar. No segundo tempo nós pulverizamos o Peru. Se eu notei alguma coisa minimamente errada com o desempenho do Peru? Nem por um instante.

Quando a Copa do Mundo foi erguida no Estádio Monumental de Núñez, Bielsa já começava a pensar em ser treinador. Certa vez, o crítico de teatro Kenneth Tynan deu a seguinte declaração a respeito de sua relação com atores ou diretores: "Um crítico é alguém que tem um mapa, mas é incapaz de dirigir". Jorge Griffa diria algo parecido a respeito de Bielsa: "Ele não tinha qualidade pare ser um grande jogador, mas sabia o que era preciso para se tornar um". Aos 24 anos, Bielsa entendia que sua carreira como jogador de futebol dificilmente o levaria muito longe, e já estava estudando seus mapas. José Luis Danguise, que havia saído do Newell's para se juntar ao Instituto de Córdoba junto com Bielsa, relembra: "Ele já estava esboçando a carreira de treinador. Eu ia até seu apartamento ou ele vinha até o meu e, em um pedaço de papel, ele demonstrava o modo como o Instituto deveria atuar; estava muito à frente de nós em relação à ideia de como o futebol poderia ser praticado".

O derradeiro gostinho que Bielsa teve como jogador de futebol foi na terceira divisão, com o Argentino de Rosário. "Ele estava ficando cada vez mais sisudo", recorda-se um de seus companheiros de time, Luis Martello, em declaração para o *Mundo Deportivo*. "Não dava risada e odiava piadas, embora ninguém as fizesse. Parecia que estava se preparando para outras coisas." A princípio, essas outras coisas incluíam administrar uma banca de jornal com Raúl Delpontigo, seu fiel companheiro no caminho do Newell's para o Instituto Córdoba e, depois, para o Argentino de Rosário. Eles empilhavam suas bicicletas com jornais para levá-los à banca, embora, segundo Delpontigo, Bielsa nunca tivesse tido coragem de gritar para oferecer seus produtos. Tornou-se, no entanto, especialista em encontrar revistas esportivas do mundo todo e somente passados dez anos a banca foi vendida. Àquela altura, Bielsa havia se tornado não apenas treinador, mas um dos técnicos mais notáveis e inovadores da América do Sul. Seu primeiro emprego foi na Universidad de Buenos Aires.

Era dezembro, pleno verão na Argentina, e Aldo Forti, treinador da Universidad de Buenos Aires, estava dirigindo seu carro rumo a uma consulta médica. O tráfego estava pesado e ele estava atrasado. Na esquina da Scalabrini com a Las Heras, o telefone tocou. Ele não estava muito a fim de falar, mas o número era da Espanha, e ele atendeu. "Sr. Aldo Forti? O senhor está ocupado?" Era Marcelo Bielsa telefonando quase trinta anos depois de ter assumido o time de futebol da Universidad de Buenos Aires — e, então, já técnico do Athletic Bilbao. "Eu estava pensando na minha consulta, e fiquei me perguntando se a conversa duraria tanto quanto suas entrevistas coletivas", disse Forti.

> Eu queria escrever para poder recordar tudo. Não tinha uma caneta e muito menos um pedaço de papel. Eu teria escrito o que ele disse em um tijolo, num pedaço de concreto ou até na própria rua. Ele falou de maneira hipnotizante por oito minutos e, no fim, eu disse: "Espero conseguir me lembrar de tudo".

Em Bilbao, Bielsa vinha pensando no passado. A equipe da Universidad de Buenos Aires havia sido seu primeiro trabalho como treinador e ele queria se desculpar por não ter mantido contato ao longo de todos aqueles anos. Ele assumira a função em 1982, ano em que seu irmão foi até a Casa Rosada se inscrever como voluntário para lutar, ano em que a Guerra das Malvinas testemunhou o afrouxamento do horrendo controle dos generais, ano em que a Argentina mudou para sempre.

Em 1982, Aldo Forti estudava arquitetura. Em pouco tempo, estaria fazendo seiscentos abdominais por dia, enquanto Bielsa se recusava a terminar a sessão de treinamento até que cada exercício tivesse sido completado à perfeição.

Ele acreditava que todos deveriam ser tratados de maneira igual, mas quanto mais alto se ascendesse no time, mais deveria ser exigido de você. Ao menos, era nisso que ele acreditava aos 27 anos de idade. Havia um rapaz chamado Eloy del Val, um exemplo de físico, e Bielsa queria baixar um pouco sua bola. Uma vez, quando estávamos subindo os degraus para o vestiário, Bielsa tirou seu relógio e sua jaqueta, deu para a pessoa que estava a seu lado, e disse: "Sr. Del Val, vamos resolver isto como cavalheiros". Não houve uma briga, mas a demonstração de força foi suficiente para que ele pudesse colocá-lo no banco na partida seguinte. Caso um de seus jogadores fosse chutado por trás, Bielsa respondia de maneira veemente, correndo para dentro do gramado para defender seus atletas. Em outra ocasião, quando um de nossos jogadores levou uma cotovelada, Bielsa, depois do jogo, foi procurar o agressor. Ele podia ser apenas três anos mais velho, mas nos convencia graças ao modo como falava e a seu profissionalismo. Com o nosso treinador anterior, tínhamos um jogo às dez e meia, iam bater à sua porta às dez e você era encontrado dormindo profundamente. Com Bielsa, nós repetíamos os exercícios passados por ele até que se tornassem naturais. Tempo não era problema; ele não nos dizia o mesmo que outros treinadores — "são apenas estudantes; estão cansados". Ele cobrava. Sempre. Hoje é comum trabalhar como Bielsa, mas naquela época era algo inovador. Passamos de ser treinados por alguém que não sabia o horário das partidas para conviver com uma pessoa como Bielsa, que nos levava para os campos de treinamentos das equipes de base do Argentinos Juniors ou do Boca Juniors.

Miguel Calloni estudou agronomia em Buenos Aires e tinha 23 anos quando Bielsa assumiu a equipe.

Sempre houve uma distância entre nós. Nunca batemos papo ou fofocamos, apesar de sermos muito próximos um do outro em relação à idade. Ele tampouco se abriu muito conosco. Nunca foi um amigo, mas tenho ótimas lembranças dele. Era muito entusiasmado e acreditava em suas ideias. São muito poucos os jogadores que falam mal dele depois de terem passado por suas mãos. Como equipe, queríamos atacar e, fisicamente, realmente podíamos enfrentar qualquer adversário. Ele nos motivava com a seriedade com a qual fazia as coisas. Não me lembro de ter acontecido uma revolta porque treinávamos demais, por exemplo — algo que poderia se esperar dos alunos.

Então, houve um encontro casual, em Rosário. Bielsa deparou-se com Eduardo Bermúdez, que havia sido seu treinador nas equipes de base do Newell's. Ele disse a Bielsa que tinha assumido a equipe do Central Córdoba. Havia uma vaga no Coloso del Parque. Juntos, foram ver Jorge Griffa. "Quero ser treinador", disse Bielsa. "Ótimo. Venha e trabalhe comigo e vamos ver até onde conseguimos ir."

O caminho para Murphy

Era uma hora da manhã, meados do inverno de 1987. Um Fiat 147, branco, estava perdido em meio à pradaria argentina e os ocupantes pararam em um posto de gasolina para pedir informações. Eles estavam dirigindo rumo à pequena cidade de Murphy, procurando um adolescente que, naquele horário, quase certamente estaria dormindo. Mauricio Pochettino acordava às cinco da manhã para ir à escola, onde estudava agricultura. De volta ao carro, Marcelo Bielsa e Jorge Griffa retornaram para a estrada. Os dois estavam no meio de um projeto grandioso que transformaria o Newell's Old Boys em campeão nacional. O Newell's, assim como o Rosario Central, não tinha o dinheiro dos clubes grandes de Buenos Aires, e Bielsa e Griffa entendiam que o desenvolvimento de jovens talentos era fundamental para sua sobrevivência.

Assim que começou a trabalhar no Coloso del Parque, Bielsa dividiu a Argentina em regiões de oitenta quilômetros quadrados e organizou campeonatos de futebol em cada uma delas. Os melhores garotos eram levados até Rosário para peneiras. Naquela noite, Bielsa e Griffa haviam realizado uma em Villa Cañás, pequena cidade a três horas de carro ao sul de Rosário, e estavam jantando com um dos técnicos locais quando perguntaram se havia algum menino que talvez tivessem deixado passar. O treinador mencionou Pochettino. Eles partiram imediatamente.

Murphy fica na Ruta Nacional 33, rodovia que percorre aproximadamente 760 quilômetros na direção sudeste, desde Rosário até Bahía Blanca, no litoral Atlântico, onde a paisagem uniforme da pradaria se encontra com a Patagônia e a Argentina logo se transforma em uma região selvagem, repleta de geleiras e fiordes. Bielsa e Griffa acharam a casa de Pochettino e bateram à porta. Sua mãe atendeu e, não sem razão, devido ao horário, pediu que o marido descesse para conversar com aqueles estranhos. O filho deles narra o ocorrido em sua autobiografia, *Un mundo nuevo: Diario íntimo de Pochettino en Londres*:

> Bielsa me disse que depois de conversar por uns cinco ou dez minutos eles não sabiam mais o que dizer e por isso resolveram perguntar a meu pai: "Podemos ver o garoto?". Apesar do horário, meus pais, orgulhosos, disseram sim e eles vieram até meu quarto para dar uma olhada em mim. Me viram dormindo e Griffa perguntou: "Posso ver suas pernas?". Minha mãe puxou as cobertas e ambos disseram: "Ele parece um jogador de futebol. Olhe estas pernas". Embora meu quarto pequeno estivesse cheio de gente admirando minhas pernas, eu dormia como uma pedra e até o final daquela manhã, quando meu pai me contou, eu não tinha ideia do acontecido.

Murphy poderia reivindicar a alcunha de "coração do futebol argentino". A cidade foi batizada em homenagem a um criador de ovelhas de County Wexford, John James Murphy, que, em 1844, comprou uma passagem de Liverpool para Buenos Aires. Uma vez instalado, ganhou a vida cavando fossos. "Neste país, levamos uma vida de luxo", escreveu a seu irmão. John James Murphy tornou-se um ovinocultor bem-sucedido, capaz de pagar o que hoje equivaleria a seis mil libras por uma cabine na primeira classe de um navio para visitar sua família na Irlanda. Em 1883, depois de o governo argentino ter derrotado os índios mapuches, ele comprou 46 mil hectares de terra que, um dia, viriam a ostentar seu nome. As ovelhas deram lugar ao trigo e ao gado e famílias de Piemonte, no norte da Itália, como os Pochettinos, vieram trabalhar na fazenda.

Murphy sempre produziu outra coisa também: jogadores de futebol. Ao adentrar a pequena cidade na Ruta Nacional 33, há um outdoor onde se veem as fotos de doze jogadores, sob os quais se lê: "Murphy, Embaixadora do Bom Futebol". Que uma cidade de quatro mil habitantes, tão insignificante a ponto de não ser considerada digna de ser nomeada oficialmente até 1966, tenha produzido uma dúzia de jogadores profissionais, incluindo Paulo Gazzaniga, que se juntou a Pochettino no Tottenham, parece extraordinário. A viagem de Bielsa e Griffa até Murphy lembra a história de Alex Ferguson estacionando na porta da casa de Ryan Giggs, no dia em que ele completava seu décimo quarto aniversário, para que Giggs assinasse com o Manchester United, naquele mesmo ano de 1987. Ferguson dirigia um Mercedes dourado em vez de um pequeno Fiat 147 branco, mas tinha a mesma determinação de não deixar um jovem talento escapar. Havia, ainda, outra semelhança: Giggs estava treinando com o Manchester City, que esperava contratá-lo; Pochettino, por sua vez, já tinha treinado com o Rosario Central.

Um dos primeiros jogadores de futebol de Murphy a ter sucesso foi David Bisconti, que defendeu o Rosario Central e, tempos depois, viria a atuar no Japão. Bisconti havia sugerido que Pochettino fechasse com o Central; o jovem, depois da escola, fazia uma viagem de três horas de ônibus até Rosário, treinava com a equipe juvenil dos *canallas*, passava a noite na cidade, treinava novamente e, então, pegava o ônibus de volta pela Ruta Nacional 33. Griffa e Bielsa convenceram Pochettino a acompanhá-los em um torneio em Mar del Plata, no mês de janeiro, data em que poderia assinar um contrato profissional. Transformaram-no de atacante em zagueiro, o que não o impediu de marcar um gol espetacular contra a equipe paraguaia do Olimpia, que, na final, bateu o Newell's. Pochettino assinou contrato.

No Newell's, Mauricio Pochettino afirmou se sentir mais próximo de Griffa do que de Bielsa, mas que, juntos, os dois formavam uma equipe formidável. "Griffa era uma pessoa destemida e, desde a primeira vez que o vi, me impressionei com sua energia, sua voz áspera e imponente e sua aura de invencibilidade", conta. "Ele não inventava histórias como um poeta. Pelo contrário, era bastante direto e suas palavras provocavam um impacto imediato, reverberando profundamente. Da forma como falava, ele agia."

O relacionamento de Marcelo Bielsa com Jorge Griffa talvez tenha sido o mais forte e recompensador de sua carreira. Em novembro de 2018, poucos meses depois de Bielsa assumir o Leeds, o Newell's Old Boys inaugurou um hotel para seus jogadores, pago por Marcelo Bielsa e projetado por María Eugenia. Recebeu o nome de Jorge Griffa, convidado de honra para a cerimônia oficial de inauguração. Quatro décadas depois de começarem a trabalhar juntos, Bielsa prestou uma homenagem emocionante, por videoconferência, ao homem que havia se tornado seu mentor:

> Todos os dias eu esperava até as sete horas da noite e ia para o escritório de Jorge, no Coloso del Parque, ape-

nas para ouvi-lo falar. Poucas coisas ditas atualmente sobre esporte não me foram ditas, à sua maneira, por Jorge, quarenta anos atrás. Ele era um professor de fato. Me transmitiu seu amor incondicional pelo futebol e uma decência que sobreviveu em um mundo cheio de imoralidades. Tinha a ideia de que um trabalho deve ser feito de uma maneira profissional mesmo que não se receba nada em troca. Em outras palavras, fazemos as coisas em troca de nada, apenas pelo prazer de ver os resultados dos esforços que fizemos — somente para que possamos avaliar do que somos capazes.

Griffa nasceu e foi criado na Ruta Nacional 33, na cidade de Casilda, famosa por ter dado origem a um dos cantores de tango mais celebrados da Argentina, Agustín Magaldi — que, em *Evita*, é retratado como o primeiro amor e mentor de Eva Perón. Assim como Bielsa, Griffa atuou como zagueiro central, embora tenha conquistado bem mais sucesso. Era resiliente e duro, principalmente quando se tratava de arrumar um jeito de ir para casa, em Casilda, depois de uma partida. Algumas vezes, chegou a pegar carona com um caminhão de leite; em outras, dormiu na igreja onde seu tio trabalhava. Depois de cinco anos no Newell's Old Boys, Griffa cruzou o Atlântico para defender o Atlético de Madrid. Fez parte da equipe que conquistou o Campeonato Espanhol e a Copa do Rei, e que, em 1962, em Stuttgart, superou a Fiorentina para ficar com o título da Recopa Europeia. De maneira extraordinária, Griffa conquistou todos esses troféus sentindo dores constantes, uma vez que, aos 21 anos, havia rompido o ligamento cruzado.

Eu segui em frente. Naquele tempo, operar o ligamento cruzado significava, basicamente, ter de parar de jogar futebol. Claro que doía e eu passava todas as segundas-feiras com gelo envolvendo minha perna. Eu enrolava faixas abaixo do meu joelho quando jogava, o que evitava que eu o esticasse demais.

Após um período em Barcelona, defendendo o Espanyol, Griffa voltou ao Newell's em 1972 para começar a reformular as equipes de base do clube. Sua ideia, que seria aproveitada e expandida por Marcelo Bielsa, era buscar ativamente jovens jogadores para levá-los ao Coloso del Parque, em vez de apenas se fiar naquilo que o Newell's Old Boys conseguia produzir em sua região:

> Para competir com River, Boca, Independiente, San Lorenzo e, naquele tempo, Huracán, tínhamos que ser criativos. Por isso, decidi ir procurar jogadores em vez de ficar esperando por eles. As outras equipes esperavam os atletas surgirem, enquanto nós íamos atrás deles. Foi assim que montamos uma grande equipe.

Bielsa e Griffa dividiram a Argentina em setenta zonas e subdividiram cada uma em cinco. Dentro dessas 350 zonas, achavam que talvez pudessem encontrar três jovens que fossem interessantes. Ao todo, descobriram e avaliaram 1.050 jogadores e viajaram quase 5.600 quilômetros, desde Misiones, perto da fronteira do Brasil, abraçada à floresta, até o Río Negro, que marca o início da imensidão da Patagônia. Como viagem, foi o equivalente à realizada por Che Guevara, retratada em *Diários de Motocicleta*, e rendeu frutos mais concretos. O Fiat 147 não era um carro preparado para longas distâncias ou muitos passageiros, principalmente porque a maçaneta da porta do motorista estava quebrada. Bielsa nem sempre viajava com Jorge Griffa. Às vezes, um amigo do pai de Bielsa, Oscar Isola, que felizmente era mecânico, o acompanhava. Em outros momentos, quem também ia era Luis Milisi, amigo de Bielsa que vendia peças de carros. Certa vez, Milisi perguntou se podiam fazer um desvio para que ele pudesse fechar alguns negócios; Bielsa sugeriu que seria melhor cada um tomar seu próprio caminho e foi embora.

Muitas vezes, ao realizar as peneiras, eles seguiam seus instintos. Houve uma ocasião em que a seleção juvenil da Argentina estava na cidade de Reconquista, no norte do país, a caminho de Buenos Aires. Organizou-se, apressadamente, uma partida entre a seleção e o time da cidade, que venceu por 2 a 1. Embora Reconquista fique a sete horas de viagem, de ônibus, de Rosário, Griffa estava de olho no atacante que marcou os dois gols. "Ele não parecia um jogador de futebol", observou. "Era um rapaz grandalhão e, quando chutava, a bola podia ir parar em qualquer lugar. Ele não sabia cabecear corretamente nem tinha o físico de um jogador de futebol". Griffa, mesmo assim, resolveu contratá-lo. O nome do garoto era Gabriel Batistuta. Foi preciso um grande trabalho de convencimento para fazê-lo ficar no Newell's. Sua principal paixão eram os cavalos — depois de aposentado, Batistuta se renderia a seu amor pelo polo — e sua grande ambição era tornar-se médico. O pai de Batistuta trabalhava em um abatedouro e estava determinado a fazer que o filho tivesse uma vida melhor que a sua. Griffa convenceu Batistuta de que o futebol podia lhe dar tanto quanto a medicina.

"Eu tinha na cabeça que a carreira de jogador de futebol era arriscada", disse Batistuta.

> Voltei para Reconquista. O Newell's me deu vinte dias de folga e fiquei um mês por lá até que vieram me procurar. Griffa me achou e disse: "Confiamos em você e, acredite em mim, você vai disputar a primeira divisão". Foi o suficiente para me convencer e, seis meses de-

pois, eu estava jogando na primeira divisão. Quando assinei meu primeiro contrato, pensei que podia tirar meu sustento do futebol. Foi no Newell's que minha mentalidade mudou. Me apaixonei pelo futebol.

No início, foi difícil. "Ao chegar ao Newell's, eu estava gordo, simples assim", afirma. Bielsa lhe disse para se livrar dos alfajores, biscoitos muito doces e cobertos com chocolate. "Ele também me ensinou a treinar na chuva e o odiei por isso. Éramos um bando de sonhadores, e o mais sonhador de todos era Bielsa. Ele sonhava em ser Arrigo Sacchi, o via constantemente vencendo torneios europeus com o Milan. Queria que fôssemos aquilo — transformar em heróis um bando de garotos de rua."

Batistuta fez sua estreia em 1988, mas foi somente quando se transferiu para o Boca Juniors, dois anos depois, que começou a se tornar o atacante que seria conhecido como "Batigol". Atuou apenas dezesseis vezes pelo Newell's antes de partir rumo ao sul do país, primeiro para o River Plate, onde não conseguiu se destacar, e depois para La Bombonera, onde foi campeão com o Boca. "Griffa e Bielsa queriam montar sua própria equipe no Newell's e fazê-la campeã", recorda-se o atacante.

> Eles conseguiram e eu não estava presente. Doeu muito não ter continuado no Newell's. Ao sair, senti que estava traindo as ideias de Bielsa e Griffa e até de meus companheiros de time. Quando eles obtiveram sucesso, disse a mim mesmo: "Não posso voltar atrás". Eu era muito orgulhoso, mas as coisas acabaram dando certo para mim no Boca. Tive sorte.

A equipe juvenil de Bielsa disputava jogos organizados em cidades próximas a Rosário. Entre seus atletas estavam Fernando

Gamboa, Eduardo Berizzo e Darío Franco, que futuramente venceriam o Campeonato Argentino da primeira divisão também sob o comando de Bielsa. Eles eram treinados de maneira impecável. No livro *La vida en rojo y negro: El libro de Ñuls*, Martín Prieto conta que os viu jogar contra uma equipe menor, o Deportivo Armenio, e observou a equipe mudar de formação em campo "como um guarda-chuva que se abria e se fechava". Enquanto Griffa e Bielsa estavam preparando os alicerces, o Newell's passava por uma transformação extraordinária sob a batuta de José Yudica, uma das grandes figuras esquecidas do futebol argentino. Quando, em 1988, ele levou o Newell's à primeira conquista nacional de sua história, tornou-se, também, o primeiro treinador na Argentina a ganhar títulos com três clubes diferentes, tendo levado o Quilmes a seu único título em 1978 e, alguns anos depois, conquistado o campeonato com o Argentinos Juniors, que ele ainda transformaria em campeão da Copa Libertadores da América. Todavia, para um homem nascido em Rosário e que tinha sido meio-campista do Newell's nos anos 1950, a conquista da primeira divisão no Coloso del Parque seria a que despertaria suas memórias mais calorosas. "Aconteceu de uma maneira que talvez não aconteça com mais ninguém", disse. "Ser torcedor de um clube, jogar por ele e se tornar o treinador que faz desse clube campeão — é como um daqueles filmes que nunca mais esquecemos." E quase houve uma sequência espetacular para a história. Yudica levou o Newell's à final da Copa Libertadores, enfrentando o Nacional do Uruguai. A primeira partida não foi disputada no Coloso del Parque, mas no estádio do Rosario Central, o Gigante de Arroyito, que era maior. O Newell's venceu, 1 a 0, mas a volta foi no Centenario, em Montevidéu, com 75 mil pessoas nas arquibancadas, e ali o Newell's foi massacrado.

Em 1990, Yudica tomou uma decisão que mudaria a vida de Bielsa: aceitou uma oferta para dirigir o Deportivo Cali, onde havia conquistado o Campeonato Colombiano como jogador. Uma vaga, portanto, surgiu no Coloso del Parque — que tinha em Marcelo Bielsa o nome ideal para ocupá-la. A mudança para Cali marcou o início do declínio da carreira de treinador de Yudica, que nunca mais se recuperaria de um evento ocorrido em 1992, quando, uma vez mais, comandava o Argentinos Juniors. Há muito tempo, o futebol argentino sofre com os grupos de torcedores organizados conhecidos como *barras bravas*, que agem de forma violenta e intimidadora. Na época, iniciou-se de repente uma confusão no centro de treinamento do clube: os *barras bravas* estavam no portão. O alvo deles era o filho de Yudica, que trabalhava como seu assistente. Yudica correu em direção ao grupo tendo nas mãos uma arma, que disparou para o alto. Ele salvou o filho de uma surra, mas às custas de seu emprego.

Newell's, *carajo*!

Era a véspera do último jogo do campeonato. O Newell's receberia o San Lorenzo, que não tinha mais nada a disputar. Caso vencesse, o Newell's seria campeão. Se a equipe da casa não saísse vitoriosa e o River Plate superasse o Vélez Sarsfield, a glória seria dos rivais de Buenos Aires. O time passou a noite na Escuela de Aviación Militar, em Funes, não muito longe do local onde Rafael havia ficado quando fora preso por Leopoldo Galtieri. Marcelo Bielsa exigia concentração total, inclusive de si mesmo. "Minha mulher está grávida e está enfrentando complicações", disse a seus jogadores. "Falei que, caso haja uma emergência, ela pode telefonar para seus pais ou sua irmã, mas não para mim. Se algum de vocês precisar de um telefone para uma situação mais urgente do que essa, pode usar."

O Newell's empatou com o San Lorenzo. Em Buenos Aires, River Plate e Vélez ainda tinham mais seis minutos de jogo para disputar. Lá, o placar também estava empatado. Os jogadores do Newell's aguardavam na lateral do gramado, rádios encostados ao maior número de ouvidos permitido pelas saídas de som. Para

Bielsa, era tensão demais. Ele havia deixado o estádio e já estava do lado de fora, em um campo de treinamento atrás de uma das arquibancadas. Um helicóptero sobrevoando sua cabeça praticamente o impedia de ouvir qualquer coisa. Tudo o que ele podia ver através das ripas de madeira da arquibancada eram as pernas dos torcedores do Newell's. Ele notou que ninguém se mexia em seus assentos e ninguém estava gritando. "Dentro de mim eu pedia que eles dissessem alguma coisa", afirmou, depois. "Então, um torcedor virou e me reconheceu. Ele me contou, por meio de gestos, o resultado. E houve um enorme urro de vozes e eu corri para o gramado e todos começaram a me abraçar."

O River Plate tinha empatado. O Newell's Old Boys era campeão. Quando Bielsa voltou para a lateral do campo, vestindo uma camisa cinza manchada de suor, alguns torcedores já estavam no gramado; os jogadores carregaram o treinador nos ombros e ele, segurando a camisa do Newell's em uma das mãos, começou a gritar: "Newell's, *carajo!*" repetidamente. Não era o tipo de linguagem que normalmente usava, mas expressava todo o seu alívio, toda a sua alegria, completamente desenfreada. Em sua primeira temporada, Bielsa havia levado seu clube — visto com mais chances de ser rebaixado que de vencer o campeonato — ao ápice. Jogou os dados pela primeira vez e tirou seis.

Alguns meses antes, Marcelo Bielsa estava sentado em um escritório na rua Mitre, em Rosário, não muito longe de onde havia crescido. Tinha 34 anos e estava sendo entrevistado para a vaga de treinador do Newell's Old Boys. Seus defensores eram Jorge Griffa e um de seus amigos mais antigos, Carlos Altieri, diretor do clube. "Ele é capaz, trabalhador e pertence ao Newell's, o que mais se pode querer?", foi a ideia usada por Altieri para promovê-lo. O desempenho da equipe vinha caindo e, com o orçamento limitado, era preciso lançar jogadores jovens — e ninguém conhecia esses jogadores no Newell's melhor do que Marcelo Bielsa.

Havia outras opções. Reinaldo Merlo, que tinha jogado mais de quinhentas partidas pelo River Plate, havia recebido uma oportunidade como técnico no Monumental de Núñez. Embora tivesse sido demitido, Merlo recebeu grande crédito pela montagem da equipe que seu sucessor, Daniel Passarella, conduziria ao título. Além dele, Humberto Zuccarelli, que comandava a equipe vizinha do Club Atlético Unión, de Santa Fé. Nenhum dos dois, certamente, teria se saído tão bem na entrevista quanto Marcelo Bielsa. Um dos presentes naquela reunião foi Raúl Oliveros, tesoureiro do clube. Bielsa pregou sacrifício e humildade em um clube que, do ponto de vista financeiro e esportivo, estava em decadência desde a chegada à final da Copa Libertadores alguns anos antes. A política de realizar a concentração antes das partidas em hotéis de alto padrão, como o Presidente, no centro de Rosário, terminaria. "Ele é um fenômeno", foi o que disse Oliveros a Altieri. "Tem de ser ele."

Na Inglaterra, Bielsa teria enfrentado dois obstáculos nesse ponto: não ter, de fato, jogado futebol em alto nível, e vir de uma classe social mais alta. Alguém com a carreira de jogador como a de Roy Hodgson e a educação de Frank Lampard, com nota máxima em latim, correria o risco de ser tratado como um Jacob Rees-Mogg[2] vestindo casaco esportivo. Na Argentina, isso parece não ter sido um problema. O jornalista esportivo Esteban Bekerman afirma que a origem de Bielsa poucas vezes foi objeto de discussão, se é que alguma vez chegou a ser debatida. Mauricio Pochettino comenta

---

[2] Membro do Partido Conservador britânico e líder da Câmara dos Comuns, o milionário Jacob Rees-Mogg estudou em Eton, uma das mais prestigiadas instituições de ensino particular do país, e em Oxford antes de trabalhar no centro financeiro de Londres, onde foi um dos fundadores de um fundo de cobertura de gestão empresarial, o Somerset Capital Management. (N.T.)

que na Argentina quase todo mundo se autointitula membro da "classe média". Em Murphy, seu pai — que abandonou a escola aos doze anos, cultivava cem hectares de terra por conta própria e cuja casa tinha o banheiro do lado de fora — sempre dizia a Mauricio exatamente isso: que a família deles era de classe média.

Contudo, a linguagem usada por Bielsa era, sim, um problema. Ele fala um espanhol claro e preciso, usando expressões idiomáticas que ele notou que alguns de seus jogadores não entenderiam. Algumas vezes, antes das preleções, usava um dicionário de sinônimos para simplificar suas palavras. Mas, ao se dirigir aos jogadores, seguia usando o formal *usted* em vez de *tú*.

Havia situações em que as palavras não resolviam. Em algumas ocasiões, para transmitir sua ideia, Bielsa desenhava nas chuteiras, ou nas travas das chuteiras, de um jogador para mostrar onde queria que a bola fosse lançada. "Venho de uma origem bastante modesta", conta Fernando Gamboa, em *La vida por el fútbol*. "Quando ele começou a desenhar nas minhas travas, fiquei chocado. Enquanto ele fazia aquilo, eu parei de ouvir, porque tudo o que eu conseguia pensar era que ele estava estragando minha chuteira."

As táticas usadas por Bielsa eram diferentes daquelas com as quais o futebol argentino estava acostumado. O impacto da conquista de duas Copas do Mundo, em 1978 e 1986, havia dividido a Argentina em dois grupos: aqueles que seguiam as ideias de César Menotti, acreditando que a verdadeira essência do futebol implicava correr riscos; e os adeptos do futebol de Carlos Bilardo, para quem, independentemente de como era conquistado, o que importava era o resultado. Bielsa dizia almejar um "meio-termo" que combinava o melhor de ambos. "Não é correto dizer que todo treinador na Argentina ou segue Menotti ou segue Bilardo", afirma Esteban Bekerman.

A ideia surgiu porque os jornalistas na Argentina gostam de classificar tudo dentro de caixas. Naquele tempo, as ideias de Bielsa pareciam novas. Ele era obcecado por treinamentos, repetições e por educar seus jogadores a respeito do esporte. E também disse algo com o que eu não concordo. Afirmou que na Argentina nós gostamos do nosso futebol jogado com rapidez, que não temos paciência com um estilo de jogo de passes contínuos. Se você estudar a história do futebol na Argentina, [verá que] sempre gostamos de jogadores com boa qualidade de passe e capazes de mover bem a bola pelo campo. José Pékerman (treinador que conduziu a Argentina ao Mundial de 2006) era adepto de um futebol muito mais característico da Argentina. Bielsa e seus discípulos, como Gabriel Heinze, quando este assumiu o Vélez Sarsfield, e Mauricio Pochettino, no Tottenham, jogam com muita velocidade para o nosso gosto. É mais difícil tomar boas decisões se há muita velocidade. Bielsa tinha aquela paixão pelo futebol que é tão evidente em Rosário, que se vê nele, em Lionel Messi, em Jorge Valdano. Bielsa desejava um futebol sem paradas, queria que a bola passasse rapidamente da defesa para o meio de campo, que tudo fosse feito com extrema velocidade e muita correria. Alguns tentam colocar Pep Guardiola e Marcelo Bielsa no mesmo patamar. Eles não são iguais; são bem diferentes. O modo de atuar das equipes de Guardiola é extremamente sul-americano, muito argentino. Tocam muito a bola, ficam muito tempo com a bola, usam bastante o tiquitaca, se quiser chamar assim. Olhando o time do Vélez comandado por Heinze, vê-se que é bem parecido com os times de Bielsa — não há propriamente meio de campo. Heinze se preocupa demais com a defesa e com o ataque, o que é bastante legítimo porque o futebol é, essencialmente, defesa e ataque. A equipe do Newell's que ele [Bielsa] formou será lembrada eternamente como uma das melhores que a Argentina produziu nos anos 1990, mas a lembrança vai apenas até aí porque o time não conquistou nada no cenário internacional. Não venceu a Copa Libertadores, não venceu o Mundial de Clubes. Existiu um preço a ser pago por ser tão fixado em uma ideia de jogo, por ser tão conhecido pela maneira de atuar; todos os adversários da Argentina na Copa do Mundo de 2002, quando Marcelo Bielsa era o treinador da seleção, sabiam exatamente como a equipe jogaria. Não havia um plano B.

Mauricio Pochettino já afirmou que a grande diferença, como treinador, entre ele e Bielsa é o fato de ser menos obcecado com o adversário do que seu mentor.

Cortar a concentração no Hotel Presidente significava que a jovem equipe de Bielsa treinava, comia e dormia na Escuela de Aviación Militar, em Funes, construída em 1979. Para relaxar, havia uma mesa de pingue-pongue, uma mesa de sinuca e um videocassete, que permitia aos jogadores do elenco assistir a filmes juntos. A mudança do Hotel Presidente para instalações bem mais espartanas surpreendeu os atletas que tinham sido campeões com José Yudica. Quando o goleiro Norberto Scoponi perguntou por que Bielsa não ficava com os jogadores, o treinador respondeu: "Não fico com vocês porque estou trabalhando por vocês". Queria dizer que passaria o tempo sozinho, estudando o próximo jogo. Ao meio-dia de domingo, dia de jogo, Carlos Altieri ia buscá-lo e o levava até a escola de aviação. No caminho, Bielsa falava sobre o que imaginava que aconteceria na partida e explicava os pontos fortes e fracos do adversário. "Ele antecipava tudo", afirma Altieri. "Me dizia como ia ser e normalmente a coisa acontecia. Se o desfecho era diferente, aquilo passava então a ser algo de que eu me lembraria para sempre. Foi naquele período que descobri que ele era um gênio."

Bielsa não estava à frente de seu tempo apenas nos métodos de treinamentos, mas, também, no uso que fazia de vídeos. Ainda quando comandava a equipe juvenil do Newell's, havia um videocassete no ônibus que mostrava o jogo que o time tinha acabado de disputar. Quando ele se tornou treinador da equipe principal, os vídeos tornaram-se ainda mais frequentes. Cristian Domizzi, que seria seu jogador no Newell's e no Atlas Fútbol Club, do México, se recorda:

> Eu me lembro de um dia em que ele nos trouxe um vídeo do Jari Litmanen. Ele queria que eu observasse seus movimentos. Fiquei chocado, porque não tinha ideia de quem ele era. Depois, aquele jogador se tornaria um fenômeno no Ajax; mas, quando Bielsa me mostrou aqueles vídeos, ele ainda estava na Finlândia e ninguém o conhecia. Eu não acreditava. Só Bielsa poderia ter encontrado um vídeo como aquele.

Sua primeira partida como treinador da equipe principal aconteceu em 19 de agosto de 1990. O Newell's receberia o Club Atlético Platense, da região norte da grande Buenos Aires, às margens do Rio da Prata. Um voleio de Gerardo Martino deu a vitória ao Newell's por 1 a 0.

Os domingos se passaram — um empate com o Argentinos Juniors, uma vitória no último minuto contra o Huracán — e o time não convencia. Román Iucht, que observava o Newell's dos camarotes reservados à imprensa, escreveu reclamando que o clube havia trocado uma Ferrari por um Ford Modelo T. Em Rosário, assim como no Newcastle ou no Tottenham, o estilo de jogo é importante. Importa tanto o modo como se joga quanto o que se conquista, e o Newell's estava sofrendo para conseguir vencer.

Os jogadores mais velhos — Gerardo Martino, Scoponi e o meio-campista Juan Manoel Llop — não estavam convencidos dos métodos de Bielsa. "Víamos Marcelo como alguém que tinha vindo impor um estilo de jogo novo com o qual não estávamos acostumados e que se esperava que apoiássemos de maneira incondicional", disse Llop. Quando Marcelo Bielsa assumiu a equipe, Martino estava no Newell's havia quase uma década. Ele era um meio-campista elegante, imponente, e o fato de, aos 27 anos, à época da chegada de Bielsa, já ser chamado de *Tata* — apelido que se refere ao "papai" — era um reflexo não só da juventude da equipe, mas também da influência de Martino sobre o elenco. "Se Gerardo não tivesse aprovado o projeto, poderia tê-lo destruído", recorda-se Bielsa. "Foi algo que lhe trouxe dificuldades, mas seu comportamento foi um exemplo para os garotos. Eles pensavam consigo mesmo: 'Se Tata Martino está fazendo isso, então por que nós não devemos fazer o mesmo?'. Estava sempre disposto, era sempre gentil, um cavalheiro o tempo todo." Martino não achava seu técnico particularmente louco. "Ele é apelidado de *El Loco* porque quem pensa, no futebol, é normalmente chamado de louco", afirmaria, anos depois, olhando em retrospectiva.

> Ele certamente não é louco. Tem carisma e isso é importante, mas só carisma não é suficiente. Também é bastante inteligente e em todo lugar por onde passou deixou sua marca. É um treinador com quem os atletas querem trabalhar; se você é jornalista, é alguém com quem deseja conversar. Deixou seu legado em todos os lugares onde esteve.

Martino, que se descreve como "discípulo de Bielsa", levaria o Paraguai até as quartas de final da Copa do Mundo, e comandaria o Barcelona e a seleção da Argentina. Ele admite que, embora suas equipes atuem de maneiras bastantes diferentes, ainda é influenciado por aquilo que ouviu nos campos de treinamento do Newell's ou nos vestiários do Coloso del Parque. Em um aspecto, Gerardo Martino e Marcelo Bielsa se mostrariam parecidos: embora Bielsa tenha comandado a Argentina por seis anos e o Chile por quatro, em clubes nunca permaneceu muito tempo em um só lugar. O mesmo ocorreu com Martino, ainda que no Barcelona sua saída não tenha sido uma escolha. "É muito raro que treinadores fiquem num clube tanto tempo quanto um Arsène Wenger ou um Alex Ferguson, porque a partir do momento em que os atletas começam a ouvir a mesma mensagem todos os dias, aquilo se torna rotineiro, e é o momento em que se precisa mudar", diz. "Os treinadores também têm seus próprios objetivos e, ao sentir que muitas coisas foram conquistadas em um determinado lugar, começam a pensar em novos desafios."

Bielsa trabalhou bem ao lado de Martino e permitiu que seu estilo de jogo se combinasse com aquilo que estava tentando implementar na equipe. "Ficamos mais próximos no final da temporada do que éramos no começo", explica Martino, e no fim daquele período, o Newell's tinha se tornado tudo aquilo que Marcelo Bielsa desejava. Ou quase. Foi no clássico que tudo mudou. Gerardo Martino conta que o jogo Rosario Central × Newell's Old Boys se compara ao Barcelona × Real Madrid por toda a paixão que envolve. "O problema, sempre, era sair vivo dali."

Na véspera da partida no Gigante de Arroyito contra o Central, Fernando Gamboa, jovem zagueiro do Newell's que ainda não tinha completado vinte anos, teve dificuldade para fazer a sesta depois do treinamento. Ele foi até o corredor, onde havia um fliperama do Pacman, e começou a se entreter. Em seguida, apareceu Bielsa.

"Como você está? Pronto para jogar?"

"Estou desesperado para jogar, professor."

"Posso lhe fazer uma pergunta?"

"Claro, professor, manda."

"Me diga, Fernando, o que você daria para vencer o jogo de amanhã?"

"Qualquer coisa, professor. Você me conhece."

"Mas o que é qualquer coisa?"

"Amanhã é dia de dar a própria vida, simples assim."

"Acho que você pode dar mais do que isso."

"Mais? Acho que não estou entendendo."

"Você tem de dar mais do que isso."

"Professor, vou disputar cada bola como se fosse a última."

"Não, eu estou pensando em outra coisa. Temos cinco dedos em cada mão. Se eu garantisse agora para você que vamos vencer o clássico, você cortaria um de seus dedos?"

"Mas, professor, se vencermos cinco clássicos eu fico sem a mão esquerda."

"Me parece que você não entendeu porcaria nenhuma a respeito do que se trata isso tudo."

Na noite seguinte, uma segunda-feira, Gamboa marcou o primeiro gol do Newell's de cabeça, num peixinho à queima-roupa. Outros seis gols ainda seriam marcados no jogo. Os três do Rosario Central saíram de faltas ou penalidades convertidas por David Bisconti, garoto também vindo de Murphy. Os tentos marcados pelo Newell's foram todos mais elaborados: o segundo, numa tabela na entrada da área concluída por Julio Zamora, que Bielsa trouxera do River Plate de volta para o Newell's; e depois, o tipo de gol que se tornaria sinônimo das equipes de Bielsa: um pique vigoroso de Ariel Boldrini, que o levou ao limite da linha de fundo, adornada com papel picado e rolos de papel, seguido de um cruzamento para trás, para Cristian Ruffini marcar.

Após Bisconti fazer o segundo do Rosario Central, em uma falta tão bem batida quanto a primeira, o Newell's, num contra-ataque, revidou. Eram apenas dois jogadores no campo do Central: Lorenzo Sáez, do Newell's, e o goleiro da equipe da casa, Alejandro Lanari. Sáez encobriu o adversário com um chute de mais de vinte metros de distância do gol. Ainda deu tempo de Bisconti marcar o terceiro, de pênalti, mas quando ele correu para dentro do gol e tentou tirar a bola das mãos de Scoponi, que a tinha agarrado para retardar o reinício da partida, começou uma briga. E o apito final soou — o Newell's venceu por 4 a 3, um dos maiores clássicos já vistos em Rosário. "Não há título que valha mais do que a vitória em um clássico", disse Bielsa, mais tarde. Não demoraria muito para que o título também chegasse. E ele não pediu um dedo a Gamboa.

Libertador

Conquistar seu primeiro título com o Newell's Old Boys foi o momento mais feliz da carreira de treinador de Marcelo Bielsa. Ele jamais esqueceria. Mesmo no auge de sua profissão, comandando a fabulosa seleção argentina de maneira categórica durante as eliminatórias para a Copa do Mundo de 2002, ele costumava dizer: "Meus momentos mais felizes foram no Newell's". Os jogadores de seu elenco admitem ter feito parte de algo extraordinário. Como afirma Mauricio Pochettino: "Bielsa implementou no time uma maneira de atuar diferente de todos os demais. A variedade de nossas táticas mudou a estrutura convencional do nosso futebol. Um mesmo cara podia jogar na zaga ou ir para o meio de campo ou abrir pelas pontas".

Era uma espécie de futebol total, o tipo de tática em que nenhum jogador estava necessariamente preso a uma única posição, a visão que pareceu totalmente revolucionária quando posta em prática pela Holanda, na Copa do Mundo de 1974. Eram táticas que Bielsa empregaria ao longo de toda a carreira, principalmente quando se tratava de usar meios-campistas na defesa. O fundamental para as táticas de Bielsa é levar a bola da defesa para o ataque do modo mais rápido possível, e jogadores de meio-campo capazes de defender são mais hábeis para passar a bola rapidamente e com precisão do que laterais ou zagueiros tradicionais.

Gary Medel seria usado como zagueiro no Chile, assim como Javi Martínez no Athletic Bilbao. No Leeds, Bielsa muitas vezes deslocou Ezgjan Alioski da ponta para a lateral. Um lateral ofensivo atuando em parceria com um ponta posicionado o mais aberto possível frequentemente cria a situação de dois contra um para o lateral adversário. Javi Martínez, um dos poucos atletas que foram treinados tanto por Bielsa quanto por Pep Guardiola, concluiu que, embora seus métodos talvez sejam diferentes, ambos "enxergam o futebol de maneira singular".

Diferente de 1988, quando o Newell's conquistou o título depois de 38 partidas, a temporada na Argentina passou a dividir-se em duas. Acontecia primeiro o Apertura; depois, outras dezenove rodadas formavam o Clausura. Ao término dos dois campeonatos, os vencedores de cada um se enfrentavam para decidir quem podia se autoproclamar campeão argentino. No Clausura subsequente ao título da equipe, o Newell's teve desempenho ruim e ficou na oitava posição, uma dúzia de pontos atrás do campeão, o Boca Juniors. No Apertura seguinte, em 1991, a campanha da equipe foi ainda pior, terminando o torneio na antepenúltima colocação.

Ao ponderar sobre os motivos para tamanho declínio, Juan Manuel Llop comentou: "Fizemos dois campeonatos ruins devido ao nível de exigência que nos foi imposto para sermos campeões. Além disso, nosso elenco era pequeno. Os jogadores vinham das equipes de base e Marcelo era extremamente exigente. Isso, mais a pressão de lutar pelo título, tornou inevitável um certo relaxamento".

Os comentários de Llop foram o primeiro sinal de uma reclamação que viria a ser feita contra Bielsa ao longo de toda sua carreira, especialmente em Bilbao e Marselha, mas também em Leeds. Ele treina os jogadores de maneira tão exaustiva que, perto do fim da temporada, os atletas perdem o ímpeto devido ao cansaço. É o que passou a se chamar de "Bielsa Burnout", uma queixa para a qual o técnico sempre deu pouca importância. Em sua primeira temporada no Leeds, o argentino mostrou que a equipe havia criado mais chances, percorrido maiores distâncias e realizado mais desarmes que qualquer outro time ao longo do campeonato. Contudo, quando entrevistado pelo autor Jonathan Wilson para seu livro sobre a história do futebol na Argentina, *Angels with Dirty Faces — The Footballing History of Argentina* [Anjos com caras sujas — A história do futebol na Argentina], Llop argumentou que o Newell's havia sofrido de exaustão tanto mental quanto física.

> Não é apenas o cansaço físico, mas também o mental e o emocional, porque o nível de competitividade é tão alto que é difícil manter o ritmo depois de um tempo. Nem todos os seres humanos são iguais, pensam da mesma forma ou reagem da mesma maneira. O estilo de Bielsa e suas sessões de treinamento exigem continuidade, e isso é difícil de conseguir.

Em toda a carreira, Bielsa confiou em elencos pequenos, compactos e disciplinados. Essa ideia pode fomentar o espírito de equipe, mas há um custo óbvio: as lesões. Bielsa também se fia em jogadores jovens. Para realizar seu estudo intitulado *Perfectionism and Burnout in Junior Soccer Players* [Perfeccionismo e burnout em jovens jogadores de futebol], Andrew Hill, professor de Ciências do Esporte na Universidade de Leeds, estudou 167 jogadores de oito equipes de escolas de futebol ou de centros de excelência profissionais. Um quarto deles apresentou algum sintoma de síndrome de burnout. A conclusão do dr. Hill foi a seguinte: "Os jogadores que relataram se sentir pressionados por outros, com medo de cometer erros, e que sofriam outros tipos de pressão externa apresentaram maior risco de burnout. Os jogadores que não eram perfeccionistas e aqueles cujo perfeccionismo era pautado por seus próprios padrões de excelência mostraram-se significativamente menos vulneráveis". Em um estudo de doze mil lesões esportivas sofridas por crianças americanas de até doze anos, o dr. Mininder Kocher, cirurgião ortopédico do Boston Children's Hospital, fez um alerta contra os "treinamentos intensos e repetitivos".

Como os métodos de Marcelo Bielsa têm a ver com incutir o perfeccionismo nos demais, em grande parte por meio de treinamentos intensos e repetitivos, talvez não seja difícil condená-lo. Dr. Hill, porém, escreveu seu estudo em 2014, quando Bielsa treinava o Olympique de Marseille, não o Leeds United, e é muito pouco provável que o dr. Kocher já tenha ouvido falar em Marcelo Bielsa. Ambos pesquisavam o assunto de maneira genérica e, no caso do dr. Kocher, não especificamente no futebol. À medida que o esporte torna-se mais intenso e aquilo que se denominou "ganhos marginais" passa a ser obtido fazendo-se cada vez mais esforço, a lista de contusões aumenta. Um dos documentários de maior destaque de 2019 foi *The Edge*, uma análise a respeito de como a Inglaterra tornou-se a melhor seleção de críquete do mundo. A equipe, que desde 1987 havia perdido nove das últimas dez séries Ashes,[3] passou por um regime de treinamento vigoroso que chegou ao auge com as vitórias da seleção inglesa sobre a Austrália, tanto em casa quanto fora. Em 2011, a Inglaterra estava no topo do mundo. O mais interessante do filme é a parte em que os en-

---

[3] Tradicional torneio de críquete entre Austrália e Inglaterra. (N.T.)

volvidos avaliam os efeitos provocados por aquele regime de atividades. Andy Flower, treinador que entre outras coisas organizou um campo de treinamento intensivo nas florestas da Baviera para tornar sua equipe ainda mais competitiva, fala sobre o preço que sua família pagou por tudo aquilo. O guarda-meta Matt Prior se pergunta se ainda é uma boa pessoa, pois sua vida passou a estar muito fortemente ligada à necessidade de vencer. Jonathan Trott, batedor do Warwickshire cuja carreira no críquete Test[4] foi interrompida pela depressão, foi quem mais sofreu. No final de *The Edge*, ele começa a chorar.

A impressão não é a mesma quando são entrevistados os jogadores que foram comandados por Bielsa. Quase sem exceção, eles falam sobre como Bielsa os fez enxergar o futebol de maneira diferente, como melhorou o desempenho de cada um e até seu modo de pensar. Nas palavras de Gabriel Batistuta: "Ele pegou garotos de rua e os transformou em heróis". A tese do "Bielsa Burnout" não explica como o Newell's se recuperou e conseguiu conquistar um segundo título, em 1992, nem como deixou escapar a chance de ser campeão sul-americano somente nos pênaltis. Se esgotamento e exaustão eram os fatores preponderantes, a saída de Bielsa e a retomada de um regime de treinamento menos intenso deveriam fazer os resultados voltarem à normalidade. Em vez disso, ocorreu o oposto. Depois de Bielsa deixar a cidade de Rosário, o Newell's quase foi rebaixado, duas vezes. O Olympique de Marseille também não voltou a ter a força que mostrou durante sua temporada no comando da equipe. Essa foi a dinâmica apenas no Athletic Bilbao, e também foi em Bilbao que aconteceram os protestos mais veementes contra o preço cobrado pelo ímpeto de Bielsa na busca pelas vitórias.

---

[4] Partida de críquete disputada apenas entre as seleções de nível técnico mais alto, com duração de quatro a cinco dias. (N.T.)

Havia boas razões para justificar o fracasso no torneio Clausura que se seguiu ao título. A jovem equipe do Newell's sabia que independentemente do que acontecesse ao longo daquelas dezenove rodadas, o time estaria na final do Campeonato Argentino, em julho. Este era um dos principais pontos fracos da primeira divisão da Argentina: caso um time tivesse conquistado o torneio Apertura e perdido os primeiros jogos do Clausura, havia pouca motivação para seguir lutando, principalmente para uma equipe formada por atletas jovens, como era o caso do Newell's. Mas existiram também razões mais específicas. Gerardo Martino, um dos pilares do time, deixara o clube para passar uma temporada disputando LaLiga pelo Tenerife. Aquilo também interferiu no ímpeto do grupo.

Mesmo assim, houve alguns bons momentos. Em abril, aconteceu o clássico de Rosário, desta vez no Coloso del Parque. O Rosario Central foi destruído: 4 a 0. Mauricio Pochettino marcou o primeiro gol e correu em direção ao alambrado para comemorar com os torcedores. "Como se pode imaginar, naquela noite, éramos deuses em Rosário", disse. Ele convidou alguns jogadores para ir a seu apartamento tomar umas cervejas e comer pizzas e, depois, todos foram a um clube noturno chamado Arrow, um lugar despretensioso não muito distante da orla do rio Paraná. Ali, Pochettino conheceu Karina, estudante de química. Ela gostava de esporte, mas preferia rúgbi a futebol. Apesar disso, tornou-se sua esposa.

Em julho de 1991 aconteceram os jogos finais contra o Boca Juniors para decidir o campeão da primeira divisão argentina. O Newell's venceu a primeira partida, 1 a 0, atuando não no Coloso del Parque, mas no estádio do Central, o Gigante de Arroyito. Uma cabeçada do jovem Eduardo Berizzo, de 21 anos, colocou o

Newell's em vantagem, mas a partida de volta seria de intimidar. O Boca era o maior clube da Argentina. A equipe não havia perdido nenhuma partida durante o torneio Clausura e era comandada por Óscar Tabárez, um dos melhores treinadores da América do Sul; Bielsa admirava muito Tabárez e é do argentino o prefácio da biografia do treinador que conduziu o Uruguai a quatro Copas do Mundo. Depois de ter se aposentado dos gramados como jogador, Óscar Tabárez atuou como professor até voltar ao futebol, dessa vez como técnico, e é daí que vem seu apelido: *El Maestro*. Assim como Bielsa, Tabárez era fascinado por literatura e política e deu o nome de Tania à filha, homenagem à última namorada de Che Guevara. Tabárez teria menos sucesso na Europa do que Bielsa — houve uma passagem particularmente desastrosa pelo Milan —, mas possui um histórico superior como treinador de seleção. "*El Maestro* Tabárez é um representante fiel do que significa ser uruguaio, ou, ao menos, daqueles valores que nós argentinos atribuímos a nossos vizinhos", escreveu Bielsa. "É uma pessoa equilibrada, possuidora de bom senso, sinceridade e modéstia."

Não havia nada de modesto no cenário da decisão do Campeonato Argentino, em 9 de julho de 1991. Cinquenta e cinco mil pessoas estavam presentes em La Bombonera, estádio do Boca, que não conquistava a taça havia uma década. Todos ansiosos para dar fim àquele jejum. A Copa América daquele ano, disputada no Chile, começou antes do término do confuso processo que decidiria o campeão argentino e, por isso, o Newell's estava sem Fernando Gamboa; já o Boca Juniors, sem seu comandante de ataque, Batistuta — e pagou caro por isso. A Argentina conquistou a Copa América de 1991 e Batistuta foi o artilheiro do torneio, o que lhe rendeu uma transferência para a Fiorentina, onde o argentino se transformaria de bom atacante em centroavante de fama mundial.

Os times subiram ao gramado em meio a uma tempestade de papel picado que vinha das arquibancadas. O Newell's contava com o reforço de Gerardo Martino, que voltara do Tenerife. Naquele tipo de atmosfera, o time precisaria de *Tata*. Em campo, Martino não chegou ao fim da primeira etapa, sendo substituído por contusão. Bielsa ficou tão enfurecido com a entrada que provocou sua lesão que foi expulso e se viu obrigado a passar instruções à equipe por meio de seu fiel escudeiro, Carlos Altieri. Na vaga de Batistuta, atuou Gerardo Reinoso, que havia cometido a heresia de se transferir do River Plate para o Boca. Ele disputaria três partidas pelo Boca Juniors e marcaria apenas uma vez. A nove minutos do fim do jogo, em um gramado que parecia um lamaçal, Reinoso fez seu gol. A decisão estava empatada.

O jogo, nervoso e violento, foi para a prorrogação e cada equipe tinha um homem a menos. A manutenção do empate levou a definição para os pênaltis. Norberto Scoponi defendeu as duas primeiras cobranças do Boca, que ainda erraria a quarta. O Newell's Old Boys era o campeão incontestável da Argentina.

A festa não durou muito tempo. E a ressaca foi violenta. O torneio Apertura de 1991 foi um desastre. De suas dezenove partidas, o Newell's venceu somente três e teve oito jogadores expulsos ao longo da campanha. Somente o Quilmes, último colocado, ganhou menos jogos. Foi a única vez em que Bielsa, estando à frente do Newell's, perdeu o clássico de Rosário. "Morro depois de cada derrota", disse, à época, Bielsa. "A semana seguinte é um inferno." Nos últimos meses de 1991, aconteceu com frequência. E em fevereiro de 1992, houve uma partida que o faria desejar a própria morte com mais força.

O Newell's Old Boys estava na Copa Libertadores. Na fase de grupos, a equipe enfrentou times argentinos e chilenos. A primeira partida foi em casa contra o San Lorenzo; o Newell's perdeu por 6 a 0. Pouco importou o fato de os gols do San Lorenzo terem sido construídos de modo primoroso: uma falta cobrada por José Ponce a 23 metros de distância do gol, um chute de primeira na corrida de Alberto Acosta — que marcaria três vezes naquele jogo. Pouco importou também que Acosta, cuja carreira o conduziria para a França, o Chile e o Japão, tenha dito que jamais havia jogado, nem viria a jogar, tão bem quanto naquela noite no Coloso del Parque. O placar havia sido desastroso.

Há diferentes formas de se reagir a uma humilhação. Em fevereiro de 1999, depois de perder por 8 a 1, em casa, para o Manchester United, Ron Atkinson, treinador do Nottingham Forest, declarou esperar que os torcedores tivessem gostado de assistir a uma "empolgante partida com nove gols". Atkinson não via motivo para se torturar pelo resultado. O Nottingham Forest estava em avançado estágio de decadência; o Manchester United, por sua vez, conquistaria, naquela temporada, a Tríplice Coroa. Essas coisas acontecem. Podemos dizer, sem medo de errar, que Marcelo Bielsa não é Ron Atkinson: ele não aceita que essas coisas simplesmente aconteçam. "Quando os erros são de proporção tão grotesca, há de se concluir que o treinador é o responsável."

Ele não era o único a pensar daquele jeito. Em pouco tempo, os *barras bravas* estavam na porta de sua casa, em Rosário. Eram cerca de vinte, exigindo que ele aparecesse para recebê-los. Bielsa surgiu segurando uma granada de mão. "Se vocês não saírem daqui agora", disse, "vou puxar o pino." Os *barras bravas* dispersaram rapidamente.

Numa entrevista para a revista *Kaiser*, um torcedor contou: "Havia um brilho de loucura nos seus olhos. Ninguém conseguiu olhar para Bielsa, somente para a granada em sua mão. Nós imaginamos que ele nos enfrentaria com uma espingarda, não com uma granada". Isso tudo aconteceu em 1992, ano em que seu predecessor no Newell's, José Yudica, partira para cima dos *barras bravas* do Argentinos Juniors com uma pistola carregada. Contudo, ter uma granada de mão em casa, onde vivia sua família, parecia ser algo de outra magnitude. É difícil acreditar que a granada era de verdade, mas o incidente fez seu apelido pegar. Bielsa seria para sempre *El Loco*.

A partida seguinte do Newell's foi contra o Club Atlético Unión, em Santa Fé, válida pelo Campeonato Argentino. Bielsa se escondeu no Conquistador Hotel, no centro da cidade, deixando a preparação a cargo de seus assistentes.

> Eu me tranquei em meu quarto. Apaguei a luz, fechei as cortinas e percebi o significado real de uma expressão que muitas vezes usamos de maneira leviana: "Quero morrer". Me debulhei em lágrimas. Não conseguia entender o que estava se passando ao meu redor. Sofria como profissional e sofria como torcedor. Durante três meses nossa filha esteve entre a vida e a morte. Mas já estava bem. Faz algum sentido que eu desejasse que a terra me engolisse por causa do resultado de uma partida de futebol?

Os resultados em campo melhoraram, a começar por um empate sem gols em Santa Fé. Foi o início de uma sequência de 26 partidas de invencibilidade. "Eu me lembro de Bielsa falando com a gente de maneira individual e coletiva, fazendo mudanças e, pouco a pouco, superando aquela situação", conta Mauricio Pochettino. Ao acender as luzes em seu quarto no Conquistador, em Santa Fé, e começar a trabalhar novamente, ele não havia questionado nem alterado seus métodos; eles viriam a ser, na verdade, implementados de maneira ainda mais intensa. Quando, em outubro de 2019, treinando o Tottenham, Pochettino avaliou a derrota por 7 a 2, em casa, para o Bayern de Munique, ele se lembrou de como Bielsa havia reagido em uma situação igualmente desastrosa.

O Newell's disputou as três primeiras partidas da Copa Libertadores em casa. As equipes chilenas, Coquimbo Unido e Colo-Colo — que havia conquistado o torneio na temporada anterior —, foram vencidas com tranquilidade. Em meio a essa sequência de jogos, a equipe venceu também o clássico de Rosário.

O time então viajou a Santiago para enfrentar a Universidad Católica; assim como em todos os jogos da fase de grupos disputados no Chile, aquele terminou empatado. A classificação para o mata-mata da Libertadores não foi difícil. Seu grupo era o único que contava com cinco times, e quatro passaram para a fase seguinte — o Newell's ficou com a primeira colocação. Levando-se em conta o início da equipe, foi uma reviravolta e tanto. No torneio Clausura, em 1992, o time seguia invicto. Nos cincos jogos iniciais, o Newell's não levou nenhum gol.

A Libertadores chegava à sua fase eliminatória. Nas oitavas de final, o Newell's superou o campeão uruguaio, Defensor Sporting, cujo modesto estádio, às margens do Rio da Prata, foi considerado demasiadamente pequeno para o evento. O jogo foi transferido para o Centenario, e seria lembrado pelo gol de empate da equipe do Defensor. A cinco minutos do término da partida, Josemir Lujambio, cercado por dois defensores do Newell's e de costas para o gol, recebeu a bola, matou-a no peito, levantou-a e, então, deu uma bicicleta que venceu o goleiro Norberto Scoponi. Lujambio tinha vinte anos e aquele foi um gol carregado da ousadia típica dos mais jovens.

O Newell's venceu a partida de volta por 1 a 0 e se classificou para enfrentar, nas quartas de final, o San Lorenzo — equipe que, três meses antes, havia humilhado Bielsa em sua própria casa. O San Lorenzo é de Boedo, sul de Buenos Aires, bairro onde a realidade nua e crua da vida de classe operária é atenuada pela paixão por tango e literatura. De acordo com o tango que leva seu nome, Boedo é um lugar de poetas de rua.

O tratamento dado ao San Lorenzo em sua volta ao Coloso del Parque não teve nada de lírico. Teria sido mais poético, a propósito, se a equipe tivesse levado de seis. A derrota foi por 4 a 0, três gols de cabeça e um chute de primeira, com a bola no ar, à queima-roupa, de Pochettino, que já havia aberto o placar. A partida de volta tornou-se mera formalidade, ainda que, não muito tempo depois, um dos torcedores mais fervorosos do San Lorenzo, Jorge Bergoglio, tenha sido compensado ao chegar à posição de bispo — o primeiro passo na caminhada que o transformaria no papa Francisco.

As semifinais colocaram frente a frente Newell's e América de Cali, o clube mais poderoso da Colômbia, bastião da classe operária da cidade. Desde 1982, o time havia conquistado sete campeonatos nacionais, sendo sustentado por um rio de dinheiro oriundo da cocaína distribuída pelo Cartel de Cali, liderado pelos irmãos Gilberto e Miguel Hernández. Segundo o ex-atacante da equipe, Willington Ortiz, os títulos locais eram conquistas menores para os irmãos Hernández. "Os títulos nacionais não eram suficientes. O time havia sido montado para ganhar a Libertadores." O objetivo era conseguir o título antes do Atlético Nacional, clube gerido pelo Cartel de Medellín, de Pablo Escobar.

O América de Cali chegou a três finais consecutivas da Libertadores, mas perdeu todas. Em 1989, o Atlético Nacional derrotou o Olimpia, do Paraguai, e levou o título para a Colômbia pela primeira vez. Escobar foi fotografado com o troféu enquanto se preparava para embarcar em seu jato particular. No estádio Pascual Guerrero, do América de Cali, a necessidade de vencer a Libertadores tinha se tornado ainda mais premente.

A partida de ida, no Coloso del Parque, foi angustiante e disputadíssima. Aos dez minutos, o América abriu o placar com Antony de Ávila. Sete anos antes, a final da Copa Libertadores entre América de Cali e Argentino Juniors havia sido decidida nos pênaltis. De Ávila — de 1,60 metro e apelidado de Smurf — foi o único a não marcar. Ele estava incrivelmente motivado. Na beirada do campo, Bielsa demonstrava insatisfação com a lentidão de sua equipe. Aos 32 minutos do segundo tempo, Alfredo Mendoza enfim empatou, dando ao Newell's novas esperanças para a partida a ser disputada na Colômbia.

Rosário e Cali distam seis mil quilômetros uma da outra, mais ou menos a distância entre Londres e a fronteira afegã. Por conta de toda essa distância, chegar ao local do segundo jogo da semifinal foi um calvário. O Newell's voou primeiro para Jujuy, no montanhoso noroeste argentino, depois para Guayaquil, no Equador, e de lá para Bogotá. Só depois disso a delegação pôde rumar até o Pascual Guerreiro. Contemplando o estádio e a maior parte da cidade, encontra-se o Cristo de Cali, uma estátua de Jesus Cristo com 26 metros de altura. Enquanto treinava penalidades, Pochettino lembra-se de ter olhado para cima em direção à estátua; se a partida chegasse aos pênaltis, ele estaria pronto. Ela chegou. E foram muitas as cobranças.

A viagem de ônibus para o estádio foi quase tão complicada quanto o jogo. O ônibus era pequeno demais para o elenco e alguns jogadores tiveram de ficar em pé enquanto o veículo cruzava lentamente a cidade. Quando chegaram ao palco do jogo, todo tipo de objeto foi arremessado na direção dos atletas, em especial sobre Mendoza, que havia defendido os rivais locais do América, o Deportivo Cali. "Era como uma selva em que não se consegue ver o perigo — ou as pedras", conta Pochettino. "Havia um túnel de plástico enorme para passarmos que ia praticamente até o meio de campo. Uma pilha atingiu a cabeça de Eduardo Berizzo, fazendo um corte. Tivemos de aguardar e voltar para o vestiário para que ele levasse os pontos, antes de disputar a semifinal."

Bill Shankly, ao se referir a Tommy Smith, capitão do Liverpool, afirmou: "Ele não foi parido, foi arrancado, como as pedras de uma pedreira"; o mesmo talvez pudesse ser dito de Berizzo, jogador de físico imponente e um líder nato. Ele organizaria a defesa das equipes de Bielsa tanto no Newell's quanto no Atlas, além de ter sido seu assistente na seleção chilena. O treinador argentino diria sobre ele, certa vez: "Foi a melhor pessoa que já conheci no futebol". Nas últimas fases da Libertadores, Berizzo foi uma rocha.

"Ninguém acreditava no nosso time", afirma Pochettino. "O América de Cali era favorito e tudo estava preparado para que eles vencessem. Eu me lembro daquela semifinal, porque fomos muito valentes, embora tenhamos nos fechado na defesa depois de abrir o placar no início do jogo, para jogar no contra-ataque. Defendemos o tempo todo e eles empataram aos 44 minutos do segundo tempo." Pochettino — que narrou essa história enquanto o Tottenham se preparava para disputar a semifinal da Champions League contra o Ajax em 2019 — não contou que foi ele o autor do gol do Newell's Old Boys. Durante o treinamento no Pascual Guerrero, Bielsa reuniu o elenco e pediu que treinassem faltas e escanteios. Dadas as circunstâncias, previa que poderia ser a melhor opção para o Newell's chegar ao gol.

Foram necessários apenas quatro minutos para que sua ideia se provasse correta. Julio Zamora cobrou uma falta para a área do time do América de Cali e Pochettino, com seu marcador o agarrando, subiu e fez de cabeça. O Newell's, então, começou a se defender de maneira feroz. Acertaram Berizzo novamente, dessa vez com uma pilha de moedas embrulhadas em fita adesiva. Em duas oportunidades, os argentinos evitaram o gol tirando a bola de cima da linha. Os dois times tiveram jogadores expulsos e, nos últimos minutos, o Newell's cometeu um pênalti; quando Jorge da Silva o converteu, o estádio Pascual Guerrero explodiu não de alegria, mas num grito de doloroso alívio. Encerrada a prorrogação, seguiu-se a disputa de pênaltis mais extraordinária da história da Copa Libertadores — que Marcelo Bielsa, expulso de campo, teve de acompanhar da boca do túnel.

Ao todo, foram 26 cobranças. Pochettino, que bateu o sétimo pênalti do Newell's Old Boys, mandou a bola vagamente na direção do Cristo de Cali. Cristian Domizzi acertou o travessão. Depois de cada erro da equipe argentina, o América não foi capaz de converter a cobrança que lhe daria a vaga na final. Os dois goleiros fizeram. Eduardo Berizzo, mostrando sua resiliência habitual, marcou ambos os pênaltis que lhe couberam. Então, Norberto Scoponi pulou para o lado esquerdo e espalmou o chute de Orlando Maturana — a bola ainda bateu na trave. Finalmente, a decisão havia terminado. Um espectador morreu de enfarte e outros dez tiveram de ser levados para o hospital para receber atendimento.

"Uma demonstração de coragem", foi a forma como Bielsa descreveu a partida; Berizzo foi o primeiro jogador que ele abraçou. De volta ao hotel, os atletas beberam champanhe, comeram e conversaram até o amanhecer, ainda que o amanhecer não estivesse tão distante assim a partir do momento em que Scoponi fez a defesa final.

Um mês depois, em outro hotel — o Novotel, perto do enorme estádio do Morumbi, em São Paulo —, Marcelo Bielsa se sentaria para ver outra partida... e depois vê-la novamente. Não fazia diferença. O Newell's Old Boys havia perdido a final da Copa Libertadores. Mais uma disputa de pênaltis em outro estádio furiosamente hostil. Dessa vez, não houve heroísmo. O Newell's enfrentou o São Paulo, um dos grandes times do Brasil, uma equipe que contava com Raí, Cafu e Müller. Considerando o modo como o futebol brasileiro vem sendo saqueado para alimentar as equipes da Champions League, é pouco provável que venha a existir outro time como aquele na América do Sul. No Mundial Interclubes, o São Paulo enfrentou o Barcelona comandado por Johan Cruyff, chamado, na Catalunha, de "Dream Team". E o São Paulo venceu. Um ano depois, venceria também o Milan dirigido por Fabio Capello.

As conquistas fariam a alegria do técnico do São Paulo, Telê Santana, um treinador tão celebrado quanto Cruyff ou Bielsa. Na Copa de 1982, Telê montou a bela, porém vulnerável, seleção brasileira que fascinou o mundo — e é vista, ainda hoje, assim como a Hungria de 1954 e a Holanda de 1974, como uma das melhores seleções a não ter conquistado o torneio. Contudo, diferente das outras equipes citadas, o Brasil não chegou à final.

Por ser maior, o Gigante de Arroyito foi utilizado para sediar a primeira partida da final, em vez do Coloso del Parque. O Newell's, como sempre ocorria no clássico de Rosário, ficou com o vestiário dos visitantes. O jogo foi resolvido graças a um toque de mão na bola. O pênalti foi convertido pelo espetacular Eduardo Berizzo, em um gol tomado por papel higiênico e papel picado. O Newell's talvez pudesse ter vencido por mais. Mauricio Pochettino cabeceou, no segundo tempo, uma bola que passou perto da trave, mas não foi uma noite de chances claras de gol.

Tudo seria decidido no Morumbi. Em Rosário, havia rolos de papel higiênico e papéis picados; em São Paulo, fogos de artifício vindos das arquibancadas, fumaça cobrindo o céu e enormes bandeiras tremulando. Dentro do vestiário da equipe visitante, terminou a música da Vilma Palma e Vampiros, banda de folk-rock de Rosário; e Bielsa, que tinha conversado com cada atleta individualmente, deu início à preleção. "Lá fora há oitenta mil pessoas, mas aqui existe um time de homens determinados a ir até lá e vencer. Ganhem o torneio e vocês poderão andar pelas ruas de Rosário de cabeça erguida pelo resto de suas vidas. Vão até lá e vençam."

Mas, aparentemente, as ambições da equipe não passavam da ideia de ir até lá e empatar. O São Paulo também jogou mal. O confronto entre as duas melhores equipes da América do Sul prolongou-se por três horas e não apresentou um chute a gol que fosse digno de nota. Por 65 minutos pareceu que o Newell's conseguiria segurar o resultado. Então, aconteceu uma entrada imprudente e desnecessária de Fernando Gamboa dentro da área; na cobrança da penalidade, Raí deslocou o goleiro. A final se arrastou até a decisão por pênaltis. Na primeira cobrança do Newell's, Berizzo acertou a trave. Mendoza mandou a bola por cima do gol e o chute de Gamboa parou no goleiro Zetti. Telê Santana, que tinha visto sua seleção ser eliminada da Copa do Mundo de 1986 na disputa de pênaltis, assistiu a tudo impassível antes de levantar os braços, cansadamente, acima da cabeça; enquanto isso, os torcedores invadiam o gramado.

Fuga para o exterior

"Ele é a pessoa ideal", disse César Luis Menotti para o presidente do Atlas, Fernando Acosta. "Embora, para falar a verdade, seja um pouco louco."

Tornar-se diretor esportivo do segundo clube da segunda maior cidade do México não foi uma decisão louca, mas foi uma atitude estranha, não convencional. Marcelo Bielsa havia levado o Newell's Old Boys a dois títulos argentinos. A equipe perdera nos pênaltis a chance de se consagrar campeã da América do Sul contra um dos times mais fortes já vistos no continente. O caminho natural teria sido comandar um dos gigantes de Buenos Aires — Boca Juniors, River Plate ou Independiente. Talvez ir para a Espanha, talvez para a Itália. Ainda assim, Bielsa parecia exaurido pelos últimos anos e frustrado com o futebol argentino. Afirmou que se sentia "vazio". Aquele não era um sentimento incomum para um treinador, mesmo alguém que tivesse desfrutado de bastante sucesso. Quando Ottmar Hitzfeld deixou o Bayern de Munique após duas finais de Champions League, fez uso da mesma palavra. Sentia-se "vazio".

A dor da derrota na final da Libertadores teimava em não abrandar. Em uma entrevista, Bielsa admitiu:

> Foi preciso muito esforço para perder somente de 1 a 0 para um clube como o São Paulo; é o tipo de coisa pela qual se tem de passar e, para mim, tem sido terrível. Não adianta dizer agora que a Copa (Libertadores) é menos importante do que quando estávamos tentando conquistá-la. Este elenco tem uma coragem inquestionável. Ninguém pode dizer que o Newell's é um time enfadonho. Esses atletas dão a vida por um pedaço de gramado, por cada passe. É uma equipe em que você é levado ao limite, onde não há como se sentir confortável. Agora, devemos mostrar maturidade para vencer o campeonato porque isso também é algo que vai nos definir. É passado. Estou desolado, mas acredito que as grandes derrotas nos conduzem aos próximos triunfos.

Talvez por ter sido ofuscado pelo drama da Copa Libertadores e, também, por ter sido conquistado com mais facilidade, o título do torneio Clausura de 1992 não teve o mesmo impacto emocional do primeiro troféu. O Newell's perdeu apenas uma vez, 1 a 0 para o Estudiantes, após a volta da tortuosa e desgastante semifinal contra o América de Cali. O time confirmou a conquista com uma rodada de antecedência em um empate sem gols contra o Argentinos Juniors, em casa. Em Liniers, onde se encontra o terminal ferroviário usado pela ampla indústria da carne argentina, o Vélez Sarsfield não conseguiu superar o Gimnasia La Plata. O título era do Newell's.

A celebração ocorreu no restaurante Pan y Manteca, em Rosário, há muito tempo reduto de torcedores do Newell's. A última partida de Bielsa à frente da equipe do Newell's Old Boys aconteceu em 5 de julho de 1992, empate em 1 a 1 no modesto estádio do Club Atlético Platense. E então ele partiu.

A saída de Bielsa do Newell's se parece com a de Kenny Dalglish de Anfield, em fevereiro de 1991. O Liverpool liderava o campeonato, mas a pressão consumia Dalglish. Ele sentia que não podia relaxar, não podia fugir daquele estresse. Havia a dor constante provocada pelas mortes em Hillsborough. Dalglish era adorado de maneira inquestionável em Anfield; contudo, para além do Shankly Gates[5] ele não tinha tanta certeza disso. Dalglish provavelmente precisava de férias prolongadas. Em vez disso, foi embora — ainda que sempre tenha ansiado pelo retorno a sua casa. Quando o fez, quase vinte anos depois, percebeu que estava cometendo um equívoco.

Marcelo Bielsa não pode se gabar de uma carreira de jogador como a de Kenny Dalglish, mas, assim como ocorria com Dalglish no Liverpool, era admirado de maneira desmedida: uma arquibancada foi batizada em homenagem a Dalglish; um estádio recebeu o nome de Marcelo Bielsa. Embora fizesse menos de três anos que Bielsa estava à frente do Newell's, ele fazia parte do clube havia uma década e, desde então, tinha trabalhado como nenhuma outra pessoa no futebol. O treinador argentino precisava de um ano sabático. De certa forma, era isso que o México lhe oferecia. No Atlas, Bielsa não seria o ator principal: observaria tudo dos bastidores, supervisionando a estrutura das equipes de base do clube, seu desenvolvimento, sua estratégia global. "Fui para o México porque precisava aplacar alguns aspectos exagerados da minha personalidade. Foi no México que passei a ser uma pessoa mais contemplativa", disse.

Fernando Acosta e Bielsa se conheceram em Rosário, durante o período em que Bielsa era treinador do Newell's, e conversa-

---

[5] Portão de acesso ao estádio de Anfield batizado em homenagem ao treinador Bill Shankly, que comandou o Liverpool de 1959 a 1974, e onde se lê a icônica frase: "You'll never walk alone". (N.T.)

ram bastante. O Atlas estava interessado em um atleta brasileiro e, claro, Bielsa tinha um vídeo do jogador. Criou-se uma relação entre ambos. Tempos depois, Acosta lhe fez sua proposta. E havia alguns atrativos especiais: Guadalajara era o centro cultural e artístico do México; o Atlas usava um uniforme vermelho e preto, as mesmas cores do Newell's; o time mexicano, fundado por um grupo de amigos que jogara futebol no Ampleforth College, internato de Yorkshire, tinha fama de apresentar um futebol fluido e de desenvolver jovens talentos. Além disso, possuía outra coisa que aproximaria Bielsa de diferentes clubes do mundo: uma torcida apaixonada. Conhecidos como *La Fiel*, os torcedores do Atlas têm visto sua fé ser dolorosamente testada. O único título mexicano do clube foi conquistado em 1951.

Atlas e Chivas Guadalajara dividiam o estádio El Jalisco, palco do abraço entre Bobby Moore e Pelé, na Copa do Mundo de 1970. Foi nesse mesmo estádio que Gordon Banks realizou a defesa que o tornaria imortal, também onde a França de Platini e o Brasil de Sócrates disputaram uma partida épica, válida pelas quartas de final da Copa do Mundo de 1986. E foi lá que se passou a ver Marcelo Bielsa caminhando freneticamente para se preparar para suas entrevistas coletivas.

O treinador argentino chegava a uma cidade e a um clube traumatizados. Poucos meses antes de Bielsa assumir oficialmente o Atlas, o entorno do estádio El Jalisco, cerca de treze quilômetros quadrados da cidade, havia sido destruído por explosões subterrâneas. Novos canos de água feitos de ferro e revestidos com zinco tinham sido construídos muito próximo a tubulações de aço usadas para escoar gasolina. A umidade subterrânea provocou uma reação e, lentamente, as tubulações de gasolina foram corroídas até que seu conteúdo vazasse para o solo. Em 19 de abril de 1992, moradores da rua Gante relataram sentir cheiro de gasolina e ver uma coluna de vapor saindo dos bueiros. Fiscais foram chamados, mas afirmaram não ser necessário evacuar a área, que, posteriormente, viria a ser sacudida por oito gigantescas explosões em menos de uma hora. Somente neste momento a região foi evacuada. Oficialmente, 252 pessoas morreram — mas, extraoficialmente, estima-se que mais de mil tenham sido vitimadas, com mais de seiscentas pessoas desaparecidas e quinze mil desabrigadas. O custo dos danos foi calculado em um bilhão de dólares.

Àquela altura, o diretor esportivo do Atlas, Francisco Ibarra, já tinha contatado Bielsa, que, por dois meses, refletiu sobre a proposta. Ele viajou ao México e ajudou em diversos treinamentos, mas sem revelar aos atletas quem era. Carlos Altieri, que o acompanhava, avaliou o nível da equipe, a pedido de Bielsa. Nenhum dos dois se convenceu daquilo que viu. No entanto, Bielsa sempre esteve muito certo do próprio valor. Enquanto hesitava, o Atlas lhe ofereceu mais dinheiro, ainda que as preocupações de Bielsa não fossem primordialmente financeiras. Altieri recorda:

> Ele tinha de tomar uma decisão e, embora os valores de seu contrato fossem importantes, me disse que não era o dinheiro que o faria decidir se comandaria ou não aquela equipe. Afirmou que, antes de dizer aos diretores que não aceitaria ser o comandante da equipe principal, pagaria as contas do hotel. Contudo, Ibarra já havia anunciado sua chegada para a imprensa. Bielsa conseguiu exatamente o que desejava: um fisioterapeuta, um treinador para a equipe principal e alterações substanciais em seu contrato.

O argentino queria Mario Zanabria como técnico do time principal. Zanabria havia sido meio-campista do Newell's e do

Boca Juniors, onde foi duas vezes campeão da Copa Libertadores. Ele estava na casa dos sogros, em Santa Fé, quando Bielsa lhe telefonou para oferecer o cargo, dando-lhe meia hora para dar uma resposta. Zanabria pediu um pouco mais de tempo, mas, no dia seguinte, estava a caminho do México. No avião, conheceu o professor Esteban Gesto, especialista em condicionamento físico, que viria a trabalhar com o maior treinador uruguaio da história, Óscar Tabárez, em duas Copas do Mundo. "Marcelo Bielsa também era professor", disse Gesto, em alusão ao apelido de Tabárez, *El Maestro*. "Dividíamos algumas incumbências em Guadalajara e eu o admirava por sua forma de explicar o que deve ser considerado fracasso e o que não deve. O futebol era tudo para ele, e aqueles que não estavam preparados para aquilo não duravam muito."

O período de Mario Zanabria no Atlas foi mais curto do que ele esperava. A primeira divisão do Campeonato Mexicano dividia-se em quatro grupos, e os dois melhores de cada um passavam para a fase eliminatória. O Atlas não se classificou em seu grupo e seu único consolo foi saber que nenhuma outra equipe de Guadalajara havia se classificado.

Bielsa elaborou um programa para examinar vinte mil potenciais jogadores por ano. Era um processo similar ao que havia criado no Newell's. Torneios foram organizados por todo o país e, em cada um deles, quinze jogadores eram selecionados. Quando, na Copa do Mundo de 2006, o México enfrentou a Argentina em Leipzig, oito dos onze atletas que iniciaram a partida haviam sido descobertos por Bielsa. "O trabalho que ele organizou foi impressionante: rápido, proveitoso e eficiente", explica Acosta. "Ele criou uma rede de recrutamento de jogadores que ainda existe em 92 vilas e cidades mexicanas."

Bielsa gostou do tempo que passou longe dos holofotes. Arsène Wenger — que, exaurido pela luta interminável travada pelo Monaco para tomar o título francês do Olympique de Marseille, refugiou-se no Japão — disse certa vez que Nagoya o ensinara a "importância da solidão". De maneira parecida, Bielsa explicou que o México o havia tornado mais reflexivo: "Entendi que a vida não era só futebol".

"Ele mudou quando foi para Guadalajara", conta Carlos Altieri. "Passou a jogar golfe e viveu em um apartamento de luxo. Ele ficava bastante tranquilo durante as partidas e recebia doces, jornais e revistas em casa." Aquele relaxamento, porém, ia apenas até um determinado ponto, como observa seu assistente, Ernesto Urrea: "Bielsa chegou trazendo consigo um catálogo contendo trezentos exercícios de treinamento, e, quando deixou a equipe, já eram mais de quinhentos. Sua mulher é arquiteta e ela os desenhou, e Marcelo os filmou sendo executados para mostrar aos demais treinadores do Atlas. Sua mente é criativa e ele é uma das pessoas mais inteligentes que já conheci". Pouco tempo depois de sua chegada em Guadalajara, seus sogros lhe fizeram uma visita. Samuel Alvo, um dos diretores do Atlas, sugeriu que ele deveria levar a família para Puerto Vallarta, uma das joias da costa mexicana no Pacífico. Assim como Saint-Tropez tinha ficado famosa graças a Brigitte Bardot, Puerto Vallara, pequena vila de pescadores, havia sido "descoberta" por Richard Burton e Elizabeth Taylor. Foi ali que Burton filmou o longa *A noite do Iguana*, baseado na peça de Tennessee Williams. Os dois construíram uma casa na cidade, batizada de Casa Kimberly, e o mundo todo os seguiu.

Bielsa não aproveitou a praia — estava preocupado com um amistoso, dali a duas semanas, contra o Puebla. Nas palavras de Alvo:

> Mal haviam chegado ao hotel e Marcelo pediu dois videocassetes e se trancou no quarto para assistir às últimas dez partidas do Puebla em fitas que havia

trazido na mala. Ele colocou o sogro para trabalhar, fazendo-o tomar notas a respeito dos vídeos à medida que os assistia. Bielsa só viu o mar da varanda do quarto, e seus pés não tocaram a areia.

Depois de apenas uma temporada, dispensaram Zanabria e pediram que Bielsa assumisse a equipe principal. Relutante, ele aceitou. No cargo, promoveu jogadores da sua equipe de base: Jared Borgetti no ataque, Pavel Pardo no meio de campo, Oswaldo Sánchez no gol; e trouxe conhecidos dos tempos de Newell's: o meio-campista Ricardo Lunari e os zagueiros Eduardo Berizzo e Cristian Domizzi. Lunari defendia a equipe chilena da Universidad Católica.

Recebi um telefonema a uma hora da manhã: "Ricardo, é Marcelo Bielsa. Quero que você venha para minha equipe em Guadalajara".

"Claro, professor. Eu adoraria."

"Ótimo, vamos ver se os clubes chegam a um acordo."

Na manhã seguinte, ele me liga: "Ricardo, quero que você saiba que seu clube quer um milhão de dólares por você, mas você sabe que não vale um milhão de dólares, não sabe?". Respondi: "Professor, sei que não valho um milhão de dólares". E Bielsa complementou: "Eu sei. Sinto muito, mas não vai ter negócio".

Quinze minutos depois, um diretor da minha equipe me liga para dizer que o Atlas havia pagado um milhão de dólares e que eu ia para o México. Ao chegar ao México, fui levado direto do aeroporto para o campo de treinamento, não porque eu precisava treinar, mas porque Marcelo Bielsa queria conversar comigo. Ele se sentou na minha frente, olhou

> nos meus olhos e disse: "Quero que você saiba, quero que você se convença de que não vale um milhão de dólares". Eu respondi: "Professor, eu sei que não valho isso". E ele disse: "Está certo. Agora, vá treinar".

Muitos gostavam dos métodos de Bielsa; porém, havia quem não os apreciasse. "A primeira coisa que Bielsa transmite é temor", afirma o meio-campista Rodolfo Navarro, que era adolescente quando Bielsa assumiu o Atlas.

> Durante os primeiros dias, ele conversava com a gente olhando para o chão. Só nos dirigia a palavra quando cometíamos algum erro. Seus níveis descomunais de exigência eram evidentes. Em poucos meses, havíamos feitos quinhentos exercícios diferentes. Os métodos de Bielsa não fazem parte das práticas esportivas comuns. Fisicamente, é intenso; e também é mentalmente exaustivo, porque se está sempre enfrentando uma nova maneira de trabalhar.

Alguns não conseguiam aguentar tudo aquilo. Martín Ubaldi, contratado junto ao Independiente, abordou um membro da equipe de Bielsa, Ricardo Rentería, pela grade do campo de treinamento. "Ele disse que não aguentava mais. Aqueles treinamentos estavam acabando com ele". Jared Borgetti, que iria se tornar o maior artilheiro da seleção mexicana [posteriormente ultrapassado por Chicharito Hernández], tinha uma ideia diferente a respeito dos métodos de seu treinador. "Bielsa era um líder. Quando cheguei em Guadalajara, não sabia nada sobre futebol. Ele me ensinou muito a respeito de como enxergar o jogo, como analisá-lo. É extremamente exigente, um perfeccionista. Não seria correto dizer que ele me ensinou a jogar, vai muito além disso."

O Atlas terminou na segunda colocação de seu grupo e se classificou para as fases de mata-mata pela primeira vez em doze anos. Nas quartas de final, enfrentou o Santos Laguna, clube de Torreón, no norte do México. Na primeira partida, disputada no estádio Jalisco, o Atlas abriu o placar aos doze minutos de jogo, mas foi o único tento da partida; no jogo de volta, derrota por 3 a 1. Contudo, no início da temporada 1994-1995, Bielsa parecia exausto. O Atlas não começou bem, e após 22 jogos, dos quais apenas sete terminaram em vitória, Bielsa pediu demissão. Sua última partida à frente da equipe aconteceu em 28 de janeiro, vitória sobre o Querétaro FC, definida com um gol de Borgetti. Não foi o suficiente para que Bielsa continuasse em Guadalajara.

As bases lá estabelecidas, no entanto, mostram-se sólidas. Borgetti, Pável Pardo — que disputaria 148 partidas pela seleção mexicana — e Oswaldo Sánchez viriam a ser o alicerce da equipe do México em duas Copas do Mundo. Em 1999, o Atlas chegou à final da primeira divisão do Campeonato Mexicano, perdendo para o Toluca apenas nos pênaltis. A maior parte de seus atletas havia sido treinada por Bielsa. "Infelizmente, Bielsa não chegou a colher os frutos de todo o trabalho que realizou aqui" — foi assim que Fernando Acosta definiria, posteriormente, a passagem de Bielsa pela equipe.

Marcelo Bielsa não voltou imediatamente para a Argentina; seguiu no México, aperfeiçoando sua habilidade no golfe, esporte que preferia praticar sozinho — a modalidade *four balls*, disputada em equipes, não fazia seu estilo. Estava, assim, disponível para o principal cargo em um clube de futebol mexicano.

O América do México era antipatizado pelos rivais devido a seu sucesso, seus gastos excessivos e sua disposição para contratar talentos estrangeiros. Nos anos 1980, a equipe dominou o futebol mexicano, mas a década seguinte vinha sendo estéril. Acompanhado diretamente dos camarotes por diretores da equipe no estádio Azteca, Leo Beenhakker parecia uma ótima aposta para pôr fim àquela situação. O holandês havia comandado o Real Madrid em três títulos espanhóis. Em abril de 1995, com o América na liderança do campeonato e praticamente garantido na fase de mata-mata, tendo somado 23 pontos em 31 partidas e ostentando um saldo favorável de 38 gols, Beenhakker recebeu, às sete e meia da manhã, uma ligação, em sua casa, na elegante cidade de Cuernavaca, coração da indústria cinematográfica mexicana. A voz do outro lado da linha anunciou que ele estava demitido. O América estava em litígio financeiro com o zagueiro Joaquín del Olmo; por isso, o presidente do clube, Emilio Diez Barroso, dissera que Beenhakker não deveria mais escalá-lo. Del Olmo não só havia disputado a partida anterior, contra o Puebla, como fora expulso de campo.

Bielsa foi procurado por Barroso para assumir a equipe e, depois de assistir a vídeos de cada uma das partidas disputadas pelo América nas últimas duas temporadas, aceitou. Ele herdou uma equipe plenamente capaz de conquistar o Campeonato Mexicano, com um ataque comandado pelo camaronês François Omam--Biyik e por Cuauhtémoc Blanco, que poderia ser considerado o maior atacante da história do México. Havia, ainda, Luis García Postigo, que tinha marcado os gols da vitória da seleção mexicana contra a Irlanda, na Flórida, no calor de um verão escaldante, na Copa do Mundo de 1994. Maurizio Gaudino foi uma das novas aquisições para o elenco de Bielsa. Meio-campista elegante que conquistara a Bundesliga defendendo o Stuttgart, Gaudino havia sido preso por ter se envolvido em um escândalo de roubos de automóveis — carros de luxo eram roubados por encomenda, vendidos no leste europeu e, então, os seguros eram acionados. Seu clube, o Eintracht Frankfurt, via Gaudino como uma espécie de constrangimento; assim o emprestou primeiro para o Manchester City, onde o jogador virou um herói popular, e, depois, para o América do México. Gaudino achou os treinos dados por Bielsa no centro de treinamento El Nido, na Cidade do México, bastante diferentes dos organizados por Brian Horton em Platt Lane, então centro de treinamento do time de Manchester: "O campo era dividido em quatro áreas e você não podia sair da sua área", disse ele em uma entrevista para a revista alemã *Rund*.

> Uma sessão de treinamento durava duas horas e tudo era filmado, o que, naquela época, era algo bastante incomum. Bielsa adorava o estilo de alta pressão e, para mantê-lo, fazíamos treinos de piques às terças-feiras. Corríamos sobre um vulcão a 3.500 metros de altura. Fazíamos aquilo por uma hora e meia, carregando pesos. Passei, a partir de então, a ter muitos glóbulos vermelhos. Achei que ele era louco — mas de uma maneira positiva. Tínhamos a impressão de que ele nunca dormia.

Não eram muitos os jogadores do América que gostavam de correr em cima de um vulcão com pesos amarrados a seus corpos. Os métodos de treinamento de Bielsa pareciam provocar uma tensão cada vez maior. O próprio Bielsa estava ficando mais e mais frustrado devidos às exigências que os meios de comunicação impunham ao América, que pertencia à Televisa, maior emissora em língua espanhola do mundo. Depois de três derrotas consecutivas, Bielsa foi demitido. Foi sua primeira demissão, o primeiro fracasso de sua carreira de treinador. Ser dispensado não passaria a fazer parte de sua realidade profissional, como aconteceria com Claudio

Ranieri — que veria a expressão "consentimento mútuo" ser usada em espanhol, italiano, francês, inglês e grego. O mais comum é Bielsa sair por conta própria. De volta a Guadalajara, ele assumiu seu antigo cargo de diretor esportivo do Atlas e, na sequência, entrou com um processo indenizatório contra o América.

Em junho, Bielsa pegou um avião para a Inglaterra, onde acompanharia a Euro 96. Durante a viagem, estudou os horários dos trens para garantir que, caso houvesse mais de uma partida no mesmo dia, pudesse ver as duas. No avião estava também Jorge Valdano, alguém que, como Bielsa, havia crescido no Newell's Old Boy e que também acreditava que o estilo de jogo era tão importante quanto a vitória. Como atleta, Valdano conquistou o maior prêmio que o futebol tinha a oferecer, a Copa do Mundo, além de ter sido campeão espanhol como treinador do Real Madrid. Foi neste voo que Bielsa se virou para Valdano e perguntou: "Depois de ter perdido uma partida, você, alguma vez, já pensou em se matar?".

O mercado de carne

Raúl Gámez é um dos homens mais extraordinários para quem Bielsa já trabalhou. Torcedor apaixonado do Vélez Sarsfield, é retratado como um *hooligan* que se tornou presidente e fez um dos times menos populares de Buenos Aires sagrar-se campeão do mundo. Gámez é forte, magro e está em forma. Aparentando ter uma década a menos do que seus 75 anos, cresceu em meio aos *barras bravas*, grupo de torcedores que se mobilizavam para "defender a honra de seus clubes". A violência era o método mais comum. Quando perguntado sobre aquela época, Gámez diz: "Lutávamos de mãos limpas, sem armas nem bebidas". Um confronto com a polícia lhe rendeu seis meses de prisão. Muito tempo depois de Bielsa ter deixado o Vélez, Gámez foi vítima de um sequestro do qual escapou se atirando de um carro em alta velocidade. É o tipo de pessoa com quem não se deve mexer.

Ao ser lembrado do dia em que se deparou com os torcedores ingleses, Gámez sorri. Era junho de 1986, e a Argentina enfrentava a Inglaterra no estádio Azteca. Em um perfil de Gámez escrito para a publicação sobre futebol *These Football Times*, o jornalista Christopher Weir relata sua troca de socos com "o que parecia ser um elenco saído de uma obra de Shane Meadows".[6]

"Eu soquei algumas pessoas, mas também apanhei", afirma, trinta anos depois. "Foi um equívoco me envolver naquilo, mas havia muita tensão entre os torcedores argentinos e ingleses por causa das Malvinas, e não é correto dizer que todos os envolvidos eram *hooligans*. Muitas pessoas acabaram sendo envolvidas em tudo aquilo. A coisa ganhou proporções e começou a se desenrolar tanto dentro quanto fora do estádio." Gámez, ao menos, pôde celebrar a vitória da seleção da Argentina e um dos gols mais espetaculares já marcados em uma Copa do Mundo. "Já vi gols tão bonitos quanto o que Diego Maradona marcou contra a Inglaterra", diz. "Mas jamais vi um gol como aquele em uma partida tão importante. Messi pode marcar gols como aquele, mas é raro que o faça quando está realmente sob pressão."

Os *barras bravas* eram poderosos e exerciam bastante pressão sobre as equipes; em 1992, o Vélez nomeou Gámez vice-presidente, tornando-o responsável pelo departamento de futebol. Ao ocupar a sala de reuniões do estádio do Vélez, o José Amalfitani, ele admitiu que "passou a pensar de maneira diferente" de como fazia quando estava nas arquibancadas. No intervalo de dois anos, o Vélez derrotaria o Milan e se consagraria campeão do Mundial de Clubes. Em 1996, Gámez foi eleito para o primeiro de seus três mandatos como presidente do clube.

Quase imediatamente após assumir o controle do futebol do Vélez, Gámez defendeu a contratação de Bielsa para o cargo de treinador. Àquela altura, Bielsa estava no México trabalhando como diretor esportivo do Atlas e disse a Gámez que, como suas

---

[6] Escritor, roteirista e ator britânico que fez sucesso com *This is England*, filme independente de 2006 escrito e dirigido por ele e depois transformado em seriado. (N.T.)

filhas eram muito novas, ele era contra a ideia de mudá-las de país. Mas existia muita coisa no clube capaz de atrair Marcelo Bielsa. O Vélez não era um dos gigantes do futebol argentino; sua sede ficava em Liniers, na periferia oeste da capital e próxima aos terminais ferroviários que traziam o gado desde os pampas; e a região era o centro da indústria nacional da carne.

O estádio José Amalfitani não era tão pequeno: mais de trezentas mil pessoas se amontoaram ali para ver o Queen em três noites divididas entre o fim de fevereiro e o início de 1981. O Vélez também tem uma torcida apaixonada — cinquenta mil pessoas desfilaram pelas ruas de Liniers até o Amalfitani nas comemorações do centenário do clube. E contava, ainda, com um grupo de jovens jogadores extraordinários.

Em 1992, sob o comando de Bielsa, o Newell's chegou às finais da Copa Libertadores tendo em seu elenco sete jogadores formados no clube. Dois anos depois, o Vélez fez a mesma coisa e enfrentou a mesma equipe na decisão, o São Paulo. A diferença foi o resultado: vitória do Vélez. Durante o intervalo da segunda partida, no Morumbi, Gámez arrombou a socos a porta da sala dos árbitros, furioso com o que considerava marcações injustas feitas pelo juiz. Seus atletas mantiveram-se calmos e conquistaram a vitória nos pênaltis.

Quando Bielsa recusou a primeira oferta, Gámez escolheu Carlos Bianchi, o maior artilheiro da história do clube, para assumir a equipe. Parecia algo que um torcedor faria — como escolher Alan Shearer para treinar o Newcastle, ou Thierry Henry para comandar o Monaco; porém, diferentemente desses dois exercícios de sentimentalismo, a coisa toda funcionou de maneira espetacular. A final do Mundial de Clubes, disputada entre o vencedor da Copa Libertadores e o campeão europeu, tem, em geral, mais importância na América do Sul que do outro lado do Atlântico. Contudo, seja qual for o parâmetro adotado, a vitória do Vélez por 2 a 0 sobre o Milan, que havia destruído o Barcelona na final da Champions League de 1994, teve um impacto que foi bem além do Estádio Nacional, em Tóquio. Bianchi partiu para assumir a Roma, uma mudança de ares que acabaria de maneira desastrosa quando ele tentou se livrar do jovem Francesco Totti e mandá-lo para a Sampdoria. Em 1997, Gámez estava uma vez mais pronto para tentar contratar Bielsa, que havia posto fim a seu exílio de cinco anos no México. "Comecei fazendo o que um jornalista faria", conta Gámez.

> Saí perguntando para o maior número de pessoas possível o que achavam de Marcelo Bielsa. Quando conversei com ele, tínhamos muito assunto. A paixão dos torcedores realmente o atraía, bem como o fato de não sermos efetivamente um dos grandes clubes de Buenos Aires. O que facilitou as negociações foi o fato de termos ido atrás dele. Queríamos a mesma dedicação que ele havia mostrado no Newell's. Queríamos lhe dar espaço para trabalhar e estávamos totalmente empenhados.

O outro candidato, além de Bielsa, era Carlos Bilardo. O homem que havia levado a Argentina a disputar duas finais de Copa do Mundo não tinha obtido muito sucesso em seu retorno ao Boca Juniors, onde trabalhou, novamente, com Diego Maradona. A dupla, que antes havia brilhado de modo tão intenso, veria sua chama se apagar simultaneamente quando voltou a se unir.

Bielsa foi nomeado treinador em agosto de 1997. Esteban Bekerman é jornalista e o responsável pela livraria Entre Tiempos, no bairro San Telmo, reduto de artistas, em Buenos Aires. A livraria contém inúmeras edições antigas da revista *El Gráfico*, além de ser adornada por fotografias de jogadores dos anos 1940, época dourada do futebol argentino. Em sua apresentação, Bekerman ofereceu a Bielsa uma cópia de seu livro sobre o Vélez Sarsfield; vinte anos depois, quando Gabriel Heinze, discípulo de Bielsa, assumiu o clube, Bekerman fez a mesma coisa. "O chefe de imprensa do Vélez era um jornalista antigo chamado Eduardo Rafael, que trabalhou para a *El Gráfico*", recorda-se Bekerman.

> Ele havia feito a cobertura da equipe do Estudiantes que superou o Manchester United para ficar com o título do Mundial de Clubes, em 1968. Rafael era jornalista em uma época em que os jornalistas não só viajavam com os jogadores sobre quem escreviam reportagens, mas se misturavam a eles. Tinha uma memória fantástica e ótimas histórias para contar. Bielsa o chamou de lado e ficaram conversando sobre aquela equipe do Estudiantes por três horas. Ele estava assumindo um time que havia conquistado tudo sob o comando de alguém como Carlos Bianchi, que não era obcecado por táticas. Bianchi costumava dizer que a única coisa que sabia sobre o assunto era que se o lateral direito estivesse em posição avançada, o lateral esquerdo deveria adotar um posicionamento defensivo.

Bianchi comandava com a força da sua personalidade; exercia liderança porque tinha sido, talvez, o maior jogador da história do Vélez Sarsfield. Era uma coisa básica, sem firulas. Um diretor, citado na obra de Jonathan Wilson sobre o futebol argentino, *Angels with Dirty Faces*, afirmou que Bianchi dizia a seus jogadores para "colocarem o vaso sanitário no banheiro e o forno na cozinha". Bielsa nunca foi um grande jogador e seus métodos consistiam essencialmente em fazer seus jogadores redescobrirem suas funções no gramado. Não era preciso, necessariamente, que o forno ficasse na cozinha. Os atletas do Vélez tinham conquistado tudo atuando de uma determinada maneira e, agora, pedia-se a eles que deixassem de lado tudo o que sabiam. Nas palavras de Esteban Bekerman: "Eles entraram em greve".

Os resultados foram medonhos. Apenas Christian Bassedas, meio-campista que posteriormente não deixaria saudades no Newcastle, parecia entender os métodos de Bielsa. Bassedas tinha integrado a equipe que havia derrotado o Milan em Tóquio, mas poucas vezes jogaria tão bem como quando esteve sob o comando de Bielsa. Em parte, foi graças a seus esforços que o Vélez conseguiu, com dificuldades, terminar na quarta colocação do Apertura de 1997. Em novembro, Bielsa deu uma entrevista ao jornal *La Nación* — uma das últimas que aceitaria conceder. A pressão sobre ele era imensa e Bielsa falou sobre o efeito provocado pelas derrotas. Era um assunto que gostava de discutir — parecia mais confortável com isso do que com o sucesso:

> As coisas que gosto de fazer parecem ficar mais custosas. Por exemplo, quando eu perco, tenho menos vontade de praticar um esporte ou de sair para comer. Passa a ser mais difícil conversar com minha mulher e me sinto menos no direito de brincar com minhas filhas. Sinto-me menos digno de felicidade. Porém, se você me chamar de obsessivo, alguém que não consegue viver consigo mesmo quando perde, estará mentindo. Não penso no futebol como uma questão de vida ou morte.

Ele compreendeu o que estava errado no Vélez. Os atletas queriam o sucesso de que haviam desfrutado sob o comando de Bianchi e não entendiam por que Bielsa não utilizava os métodos de seu predecessor para conquistá-lo. "O jogador de sucesso está preso aos eventos que o fizeram bem-sucedido", afirmou Bielsa.

> Aqui, sem abandonar meus hábitos, procuro levar em conta as necessidades dos atletas e criar um vínculo em comum. Neste jogo existe proximidade e distância, recusas e aceitações. Tudo de ruim que acontece no Vélez é responsabilidade minha. A pior coisa que pode acontecer a um treinador é a indiferença. Um treinador não pode aceitá-la. Um time pode ser ruim, mas não pode ser indiferente. A convicção é elemento básico da vida de um treinador. Se eu não estou convencido, não convenço ninguém, e se não falo com brilho nos olhos, não consigo trazer as pessoas para perto de mim nem fazer com que me apoiem em um projeto que exige sangue.

Uma das pessoas que mais fizeram Bielsa sangrar foi José Luis Chilavert, goleiro do Vélez Sarsfield. Bielsa disse a seus atletas, entre outras coisas, que o passado contava muito pouco — todos no clube seriam tratados da mesma maneira. Para o homem que se considerava o melhor goleiro sul-americano de todos os tempos, o passado contava bastante. Na disputa de pênaltis, em São Paulo, que deu o título da Libertadores ao Vélez, Chilavert defendeu a primeira cobrança e converteu o segundo pênalti de sua equipe. Nas duas partidas teve atuação brilhante. Ele não era igual a ninguém — muito menos a Pablo Cavallero, seu substituto de 24 anos formado na base do clube e que, com Bielsa, viria a ser titular da seleção argentina. "Bielsa é um cara obsessivo, quer que seus jogadores não falhem, que sejam máquinas", recorda-se Chilavert. "Eu lhe disse que máquinas também falham." Tempos depois, Raúl Cardozo, zagueiro que defendia o clube havia mais de uma década, disse a Bielsa preferir o estilo de gestão de Bianchi. Bielsa explodiu e chamou seus jogadores de "covardes". Chilavert retrucou:

> Eu disse: "Aqui não tem covarde. Esta equipe ganhou tudo e você não ganhou nada". Ele respondeu: "Você não faz mais parte desta equipe, vá embora". Eu lhe falei exatamente o que pensava dele, e ele me disse que eu me arrependeria. Treinei sozinho por um mês. Pablo Cavallero estava no gol e vínhamos sendo massacrados. Um dia nos sentamos em uma sala e resolvemos aquela situação.

O elenco se viu, então, viajando para Jujuy, no noroeste da Argentina, onde o vasto altiplano pode chegar a 4.500 metros de altura. Houve uma turbulência no voo; o avião começou a dar solavancos e a sacudir. Bielsa estava sentado de um lado do corredor; Chilavert, do outro. O treinador se esticou e tocou o ombro do goleiro.

"Chilavert, você é feliz?"

"Sou."

"Muito feliz?"

"Eu vivo bem. Tenho minha mulher, minha filha."

"Quanto você gasta durante suas férias?"

"Não sei, acho que uns trinta mil dólares."

"Não faça isso. É um tapa na cara das pessoas."

"Ah, você é outro desses socialistas que dirigem um Mercedes Benz. Por que você não dá os oitocentos mil dólares que recebe para os pobres dignos de melhor sorte?"

> "Mas, Chilavert, você não precisa depender de dinheiro para viver."
>
> "Marcelo, até os sete anos de idade roubávamos a comida que ia ser dada aos ratos para ter o que comer. Eu conheço os dois lados: o dos pobres e o dos privilegiados. No Paraguai, tomava banho no quintal com água gelada tirada da cisterna porque não tínhamos aquecedores. É por isto que quando as pessoas falam que jogadores de futebol são sortudos, eu digo que elas só nos veem quando já conquistamos alguma coisa. Não veem os esforços que tivemos de fazer para chegar até onde estamos."

O avião pousou. O relacionamento deles melhorou a tal ponto que, anos mais tarde, Chilavert diria que Marcelo Bielsa talvez não tivesse sido o melhor treinador com quem havia trabalhado, mas fora o homem que melhor o entendeu. Em 2002, quando Bielsa estava no ponto mais baixo de sua carreira, depois de a Argentina ter sido eliminada pela Suécia na Copa do Mundo, Chilavert disse: "Um treinador nada pode fazer se um sueco bate uma falta perto da trave e Pablo Cavallero não reage". Era uma atitude típica de Chilavert: dava apoio a alguém que tinha passado a admirar, emitia sua opinião e, ainda, criticava outro goleiro.

"Não era só Chilavert; havia muita gente que não achava Marcelo Bielsa uma pessoa fácil", afirma Raúl Gámez.

> Bielsa era alguém que pensava o dia todo sobre o que ia fazer, e podia ser muito exigente. Era um relacionamento completamente diferente daquele que os jogadores tinham com Bianchi, que conheciam havia muito tempo, de quem eram amigos. Não se pode ser amigo de Bielsa de verdade, embora eu tenha o maior respeito por ele. Uma vez perguntei

por que ele não me procurou quando teve problemas com os jogadores. Bielsa respondeu que se tivesse feito aquilo, eu teria ouvido somente um lado da história, o seu lado. Os atletas começaram a entender seus métodos e na segunda temporada ele venceu o campeonato. Acho que, devido ao que havia enfrentado, ganhar aquele título foi uma de suas maiores conquistas. Busquei não interferir. Jantávamos juntos, mas nunca em nossas respectivas casas ou em um restaurante, mas na concentração, antes de uma partida. Falávamos de nossas famílias, da vida e de futebol, mas nunca sobre detalhes da equipe do Vélez ou sobre quem iria jogar. Ele queria seu espaço. Também conversávamos quando caminhávamos em volta do campo de treinamento, mas ele andava rápido e era muito difícil acompanhá-lo.

Em algum momento, todos percebiam que acompanhá-lo era complicado. Bielsa colocava um colchão dentro da caminhonete e lá se deitava com um videocassete para assistir aos jogos enquanto um de seus funcionários o levava de volta para Rosário. "Não acho correto chamá-lo de *El Loco*", afirma Gámez. "No Vélez ele não era louco. Dar a alguém esse apelido pode ser como chamar a pessoa de apaixonada, obcecada por alguma coisa, e Marcelo Bielsa certamente era assim. Um rebelde, sem dúvida. Nunca conheci um treinador como ele. Era único."

Martín Posse, um dos principais atacantes do Vélez, convidou o treinador para seu casamento. O evento ocorreu um dia depois de uma vitória sobre o Boca Juniors, e Bielsa apareceu com um vídeo da atuação de Posse para que o noivo o estudasse. O atacante certamente recebeu presentes melhores. No entanto, Posse, assim como quase todos no Vélez Sarsfield, vê Bielsa como aquele que o fez dar o melhor de si, a pessoa que o transformou no jogador que ele estava destinado a ser. Foi de Posse o gol que deu ao clube o Clausura de 1998, justificando todos os métodos de Bielsa. "Levou uma temporada toda para que entendêssemos o que ele queria, para que ele nos convencesse do que era melhor para a equipe."

Posse estreou pelo Vélez aos dezesseis anos. Em um ano, conquistou o Campeonato Argentino e a Copa Libertadores. "Nunca tinha marcado ninguém. Achava uma perda de tempo. Como atacante, acreditava que só devia atacar. Bielsa me mostrou como grudar no zagueiro adversário e já na pré-temporada eu sabia que o Vélez brigaria pelo título." O time chegou à liderança do campeonato tendo perdido apenas uma vez; porém, a duas rodadas do fim, o Vélez ainda podia ser superado. O Gimnasia La Plata e outra equipe de Buenos Aires, o Lánus, estavam três e quatro pontos atrás na tabela, respectivamente. A última partida no José Amalfitani colocou o Vélez frente a frente com o Huracán, clube no qual César Luis Menotti havia se destacado como técnico no início dos anos 1970. O Lánus foi até Jujuy; o Gimnasia visitou o Newell's no Coloso del Parque.

O Vélez venceu por 1 a 0. O gol saiu no primeiro tempo, uma cabeçada de Posse que encobriu o goleiro. Na comemoração, o atacante arrancou a camisa e a balançou por sobre a cabeça enquanto corria. O Vélez era tão superior que parecia impensável que aquele gol não decidisse o campeonato. E quando soou o apito final, o Vélez tornou-se de fato o campeão. Em Rosário, o Newell's havia feito exatamente o que Bielsa teria desejado: vitória sobre o Gimnasia La Plata. Em Jujuy, empate sem gols. Posse foi carregado nos ombros de seus companheiros durante a volta olímpica pelo Amalfitani. Ariel De La Fuente, terceiro goleiro da equipe, atrás de Chilavert e Caballero, tinha vinte anos. Bielsa escolhera aquela partida para sua estreia. De La Fuente comemorou ficando só de cueca e dando o restante de seu uniforme aos torcedores, passando a camisa e o calção pelo alambrado que os separava. Mais tarde, ao ser entrevistado, Bielsa, vestindo uma camisa cinza de manga longa, parecia completamente tranquilo. Ele dedicou o título ao irmão. Tempos depois, diria a Rafael que não tinha certeza de que lhe dedicar aquele título havia sido a coisa certa a fazer.

Razões para ficar não faltavam. Uma vez mais o clube disputaria a Copa Libertadores — e com uma equipe em sintonia com seus métodos. Ele e Raúl Gámez não eram propriamente amigos, mas havia uma forte ligação entre os dois. No entanto, Gámez sabia que a Europa exerce uma forte atração. O filete de jogadores importantes atuando do outro lado do Atlântico havia se tornado um córrego e, depois, um rio. O número cada vez menor de atletas importantes em clubes argentinos deixava Bielsa frustrado. Em 2019, 1.800 jogadores argentinos atuavam fora do país. Durante a Copa do Mundo de 1998, surgiu uma oferta para que o treinador se juntasse a eles, e vinha do Espanyol, a segunda equipe de Barcelona, que jamais escaparia das sombras do Camp Nou, mas que abriria novos horizontes. "Claro que eu desejava sua permanência, mas Bielsa havia assinado um contrato de apenas um ano", conta Gámez.

Ele deixou o Vélez com uma base excelente e alguns ótimos jovens talentos. Fomos eliminados nas quartas de final da Libertadores e, depois disso, o clube passou a enfrentar dificuldades econômicas. Eu o aceitaria de volta, mas acredito que caso ele retorne à Argentina, a única equipe para a qual iria é o

Newell's. Em um mundo ideal, eu escolheria Bielsa para ser técnico por dez anos, o deixaria em paz e veria o que aconteceria.

A Espanha era um primeiro passo natural para qualquer argentino que desejasse atuar na Europa. Menotti havia treinado o jovem e despreocupado Diego Maradona, no Barcelona; Carlos Bilardo comandara um Maradona mais velho, mais corpulento e desconfiado, no Sevilla; Alfredo Di Stéfano conquistou cinco Copas dos Campeões da Europa, a antiga Champions League, com o Real Madrid; Jorge Griffa passou uma década no Atlético de Madrid. Curiosamente, os dois últimos encerraram suas carreiras no Espanyol. O clube fica em Sarrià, uma das regiões mais ricas da capital da Catalunha, e apresenta duas características bastante singulares: foi o primeiro clube da Espanha fundado somente por espanhóis e é a equipe que mais tempo competiu na Liga sem conquistá-la. A última taça do clube havia sido a Copa do Rei, em 1940. Em 1988, o Espanyol disputou a final da Copa da Uefa e, sabe-se lá de que maneira, conseguiu desperdiçar uma vantagem de 3 a 0, conquistada na primeira partida da decisão contra o Bayer Leverkusen, deixando o título escapar na disputa por pênaltis. Todavia, o clube era estável — havia voltado à primeira divisão espanhola em 1994 e, nas temporadas subsequentes, sua pior posição tinha sido a décima segunda colocação. Além disso, o Espanyol tinha concluído a complexa mudança de campo de jogo, deixando seu antigo estádio em Sarrià e passando a ocupar o Estádio Olímpico de Barcelona, em Montjuïc.[7]

Em junho de 1998, Bielsa foi anunciado como novo treinador do Espanyol. Quando os jornalistas o encontraram no aeroporto El

---

[7] Desde 2009, o Espanyol tem uma nova casa, o RCDE Stadium, conhecido como Cornellà-El Prat. (N.T.)

Prat, a primeira coisa que o argentino quis saber era onde podia encontrar a cafeteria com acesso à internet mais próxima. Queria trabalhar logo. Havia um jogador no elenco que ele conhecia bem: Mauricio Pochettino, que tinha se transferido para o Espanyol quatro anos antes. Martín Posse saiu do Vélez Sarsfield para acompanhar Bielsa na Espanha. O mesmo aconteceu com Claudio Vivas, que, embora não tivesse conseguido se destacar como goleiro no Newell's, havia sido convidado para, aos 22 anos, integrar a comissão técnica de Bielsa. Vivas, que acompanhara Bielsa tanto no Atlas quanto no Vélez, também viria a fazer parte da equipe de Bielsa na seleção da Argentina e no Athletic Bilbao. Naturalmente, Luis Bonini, seu fiel e exigente preparador físico, também cruzou o Atlântico. O impacto em Pochettino foi imediato. Os treinamentos começavam às 7h45, no Centre d'Alt Rendiment Esportiu, em Sant Cugat del Vallès, e eram seguidos por café da manhã e uma sessão de exercícios de noventa minutos de duração. Bielsa chegava depois do almoço para começar a trabalhar. Seu primeiro treino levou Pochettino às lágrimas.

"Nosso encontro foi crucial para mim porque me despertou de um período de letargia. Era como se eu estivesse dormindo, hibernando. Havia me acomodado excessivamente em uma zona de conforto. Estava perdido, mas não tinha consciência disso", conta Pochettino. A primeira disputa do grupo foi a Copa Intertoto, um torneio pouco prestigiado que dava aos clubes que não tinham se classificado para competições europeias a chance de disputar uma vaga, um tanto questionável, para a Copa da Uefa. Mais importante do que qualquer outra coisa, o evento oferecia às pessoas jogos de futebol nos quais apostar, e, embora a edição de 1998 tenha coincidido com a Copa do Mundo da França, propiciou opções de sobra para apostadores animados.

Bielsa não estava muito interessado na Copa Intertoto e colocou, essencialmente, a equipe reserva para disputá-la. Suas atenções estavam voltadas para os treinamentos. Adotou-se um sistema de trabalho em dois turnos e as sessões de massagem, às sextas-feiras, foram abandonadas. No dia 4 de julho, o Espanyol disputou sua primeira partida sob o comando de Bielsa. Um jogo contra o FC Zbrojovka Brno, um dos times menos conhecidos da República Tcheca — e que mandava seus jogos no Za Lužánkami, maior estádio do país, com capacidade para cinquenta mil pessoas. Afirmar que muitos dos assentos não estavam ocupados é uma aposta segura; quem foi ao estádio, porém, viu o Espanyol vencer por 5 a 3.

No mesmo dia, em Marselha, disputou-se uma partida bem mais importante e que seria decisiva para o futuro de Marcelo Bielsa antes mesmo que sua temporada à frente do Espanyol pudesse, de fato, começar. Pelas quartas de final da Copa do Mundo enfrentavam-se Argentina e Holanda, um jogo com lotação máxima, decidido em um momento mágico: o lançamento longo de Frank de Boer, o domínio de Dennis Bergkamp com a ponta da chuteira; o segundo toque de Bergkamp, que deixou Roberto Ayala para trás; e o terceiro toque, com o qual o holandês mandou a bola para o fundo das redes. A derrota pôs fim ao período de Daniel Passarella à frente da seleção argentina. Enquanto esteve no posto, Passarela travou batalhas contra cabelos compridos, joias e homossexualidade. A Associação do Futebol Argentino talvez tenha pensado que era hora de escolher uma abordagem mais sofisticada. José Pékerman, novo diretor esportivo da AFA, telefonou para Bielsa perguntando se poderiam se encontrar. Em 15 de agosto, os dois jantaram no Hotel Princesa Sofia, não muito longe do Camp Nou. Bielsa imaginou que Pékerman queria conversar sobre Pochettino ou Posse. Em vez disso, foi-lhe oferecido o mais alto cargo no futebol argentino.

O momento era o pior possível. Ele ainda não havia comandado o Espanyol em uma partida importante e Marcelo Bielsa, filho e neto de advogados, era alguém que detestava a ideia de quebrar contratos. Por sorte, seu contrato continha uma cláusula que estipulava que ele poderia sair caso fosse convidado para comandar a seleção argentina. Uma cláusula que o presidente do Espanyol, Daniel Llibre, parecia aceitar; sua diretoria, porém, não tinha tanta certeza. Fernando Molinos, diretor administrativo do clube, afirmou que o contrato estipulava, na verdade, que caso a seleção argentina o convidasse, Bielsa poderia "pedir" a rescisão contratual; não estipulava que o Espanyol tinha de aceitar o pedido. Começaram as negociações.

No quarto 619 do hotel Hesperia, Bielsa lutava contra as dificuldades para organizar a pré-temporada da equipe do Espanyol — que chegaria a seu auge com uma vitória por 1 a 0 em cima da Juventus — e tentava garantir que a maior oportunidade de sua vida não fosse desperdiçada. No primeiro jogo da temporada, vitória sobre o Tenerife, 2 a 1.

O Espanyol buscou um meio-termo: Bielsa poderia deixar o clube na véspera do Natal, durante a interrupção de inverno do Campeonato Espanhol, ou quando o clube encontrasse um substituto — o que acontecesse primeiro. Bielsa viajou até Buenos Aires. A reunião com Pékerman, Julio Grondona, presidente da AFA, e Hugo Tocalli, coordenador das equipes de base da Argentina, estava marcada para 8 de setembro, às dez e meia da manhã, no centro de treinamento da seleção alviceleste em Ezeiza, não muito longe do aeroporto. Bielsa chegou uma hora mais cedo.

De tarde, recebeu as chaves de seu reino.

O cheiro de sangue

Pouco tempo depois de ter atingido o ápice de suas ambições e se tornado treinador da seleção argentina, Marcelo Bielsa fez uma palestra para os alunos de seu antigo colégio, o Sagrado Corazón, em Rosário. O tema: fracasso. "O sucesso nos distorce, relaxa e engana", disse. "O fracasso é formativo e nos aproxima de nossas próprias convicções. Os momentos em que fracassei foram aqueles em que mais evoluí; nos sucessos, me tornei uma pessoa pior." Quando Bielsa se levantou para falar sobre o assunto, parecia tentador lhe perguntar o que realmente sabia sobre fracasso. Ele não havia conseguido se destacar como jogador de futebol profissional, é verdade, mas provavelmente tinha consciência disso de antemão, e, ao menos, atuara pelo Newell's Old Boys. Como treinador, Bielsa levou o Newell's, clube que adorava, a dois títulos nacionais e à final da Copa Libertadores. Depois de quatro anos no México, voltou para a Argentina e foi novamente campeão, desta vez com o Vélez. A seleção argentina havia começado sua campanha nas eliminatórias para a Copa do Mundo do Japão e da Coreia do Sul em ritmo estonteante. Aos 45 anos, sua familiaridade com o fracasso era do tipo que eventualmente temos com o caixa da loja localizada na esquina de casa. Sabemos seu nome, se é casado ou não; além disso, quase mais nada. Ao término da Copa do Mundo, no entanto, a relação de intimidade de Marcelo Bielsa com o fracasso passaria a ser daquelas em que uma parte termina a frase iniciada pela outra.

Apesar de seu sucesso em clubes, a escolha de Bielsa não foi bem recebida por todos. Seus críticos diziam que ele não havia jogado pela seleção nacional nem comandado um dos dois principais clubes do país, Boca Juniors e River Plate. Somente no final da espetacular campanha da equipe nas eliminatórias os torcedores começaram a gritar seu nome. Quando a seleção argentina estava pronta para embarcar para o Extremo Oriente, já se falava sobre ele de maneira messiânica. Mas interferência divina parece ter tido mais a ver com a perda de seu goleiro titular. Carlos Roa tinha sido um dos destaques da Copa do Mundo de 1998 — defendeu o pênalti cobrado por David Batty que eliminou a Inglaterra —, e era visto como o sucessor de Peter Schmeichel no Manchester United. Contudo, Roa era adventista do sétimo dia e acreditava que o novo milênio traria o fim dos tempos. Em junho de 1999, depois de ajudar o Mallorca a terminar na terceira colocação do Campeonato Espanhol e conquistar o Trofeo Zamora por ter sido o goleiro menos vazado da competição, Roa doou tudo o que possuía e se refugiou em Villa de Soto, pequena cidade no interior montanhoso da Argentina, à espera do apocalipse. Quando, inevitavelmente, o fim do mundo não chegou, Roa voltou para o Mallorca, que, segundo ele, jamais lhe perguntou qualquer coisa a respeito de seu paradeiro. O clube ficou perplexo, porém, quando o goleiro pediu para não atuar mais aos sábados.

A ideia de Bielsa treinar o Espanyol enquanto preparava a seleção de seu país para a Copa América não se materializou. A vitória sobre o Tenerife foi o único triunfo conquistado pelo clube sob seu comando. Como era de se esperar, o elenco sabia que Bielsa estava de saída e assim que seu nome foi anunciado como técnico da Argentina seu controle sobre os atletas enfraqueceu. As partidas contra Mallorca e Deportivo La Coruña acabaram em derrota; e após perder, de virada, por 2 a 1 para o Valladolid, uma rodada antes do clássico contra o Barcelona, o Espanyol anunciou que Bielsa seria substituído por outro argentino: Miguel Brindisi. O clube terminou o campeonato na sétima colocação. No ano seguinte, sob o comando de Paco Flores, que havia sido jogador do Espanyol, o time catalão venceu o Atlético de Madrid na final e conquistou a Copa do Rei. Foi o primeiro troféu do clube em sessenta anos.

Bielsa levou consigo sua comissão técnica, que deixou Barcelona e se juntou a ele no centro de treinamentos da seleção, em Ezeiza. Román Iucht descreve as cenas no escritório de Bielsa em seu livro *La vida por el fútbol*: "Aquilo foi transformado em um bunker em ponto de ebulição permanente no qual as pessoas trabalhavam até a exaustão. Centenas de vídeos, que com o tempo passariam a ser milhares, empilhados em prateleiras, davam ao lugar um aspecto de laboratório".

Foram feitas listas com nomes de todos os jogadores de futebol argentino profissional passíveis de defender a seleção. No entanto, quando anunciada, a primeira convocação de Bielsa foi conservadora. O radicalismo foi demonstrado no relacionamento com a imprensa. A partir de então, não haveria mais entrevistas exclusivas, nem atletas pagos para escrever colunas como *ghost--writers* e nem jogadores comentando sobre as partidas em estações de rádio e televisão. O primeiro torneio a ser disputado seria a Copa América de 1999. A competição ocorreu no Paraguai, embora o jogador mais famoso do país-sede, Luis Chilavert, tenha se recusado a participar — segundo ele, o Paraguai deveria investir seu dinheiro em coisas mais importantes.

Bielsa também teve de lidar com ausências: Juan Sebastián Verón, Roberto Sensini, Gabriel Batistuta e Hernán Crespo tampouco participaram do torneio. O comando do ataque da seleção argentina ficou a cargo de Martín Palermo, centroavante alto que defendia a equipe do Boca Juniors. Kily González e Juan Román Riquelme dariam sua contribuição atuando em funções mais avançadas. A Argentina estava em um grupo difícil ao lado de Colômbia e Uruguai. Todavia, a primeira partida oficial de Bielsa como treinador de seleção foi um de seus trabalhos mais tranquilos: vitória sobre o Equador, 3 a 1. No primeiro gol, Palermo atraiu os zagueiros permitindo que a falta cobrada por Riquelme encontrasse Simeone, que cabeceou a bola para as redes. Os outros dois gols foram marcados pelo próprio Palermo.

A Colômbia, que havia vencido o Uruguai, era a adversária da Argentina em uma segunda rodada que decidiria o líder do grupo. O que se viu foi uma partida na qual o árbitro Ubaldo Aquino assinalou cinco pênaltis. Quatro foram desperdiçados. Três deles por Martín Palermo.

Nos primeiros dez minutos, dois pênaltis. Palermo cobrou o primeiro, mas a bola subiu demais e acertou o travessão. Em seguida, o colombiano Ivan Córdoba não desperdiçou sua chance. Após o reinício do jogo, Hámilton Ricard, um dos atacantes mais improváveis da história do Middlesbrough, foi empurrado na área por Roberto Ayala. O próprio Ricard bateu e o goleiro defendeu. Outro pênalti foi marcado para a Argentina, dando à equipe a chance de empatar a partida. Os jogadores olharam para o banco de reservas esperando orientações de Bielsa. O treinador indicou que Palermo deveria cobrar. O atacante bateu e o desfecho foi exatamente o mesmo: bola por cima do travessão e o jogador lançando a cabeça para trás, angustiado.

Os últimos quinze minutos foram um pesadelo: Javier Zanetti foi expulso, a Colômbia marcou outros dois gols e a Argentina teve mais uma penalidade máxima a seu favor. Desta vez, Bielsa estava determinado a evitar que Palermo cobrasse, mas suas instruções não chegaram a tempo. A cobrança foi defendida pelo goleiro, e Palermo mostrou-se mais resignado do que frustrado. Bielsa, por sua vez, o chamou de "egoísta".

A derrota para a Colômbia fez a Argentina pegar o Brasil nas quartas de final, na industrial e fronteiriça Ciudad del Este. A seleção argentina enfrentou aquela que provavelmente foi a última grande equipe brasileira, que disputaria três finais consecutivas de Copa do Mundo — e não fosse pelos problemas sofridos por Ronaldo pouco antes da decisão em Paris, em 1998, talvez tivesse vencido as três. Os brasileiros também venceriam aquela Copa América. Assim como viria a acontecer na final do torneio, Rivaldo e Ronaldo marcaram. Com um gol de desvantagem, mais um pênalti foi marcado para a Argentina. Desta vez, quem se apresentou para a cobrança foi Roberto Ayala; Dida defendeu. Ainda assim, o fardo pelo episódio ocorrido no jogo contra a Colômbia acompanhou Palermo por muito tempo — o atacante ficaria mais de uma década sem ser convocado para defender a seleção argentina.

As eliminatórias para a Copa do Mundo de 2002, no Japão e na Coreia do Sul, se aproximavam. Para a Argentina, a classificação costumava ser uma formalidade. A única vez em que a seleção ficou fora de uma Copa do Mundo foi em 1970, no México, aquela em que a magia e a genialidade do futebol brasileiro se consolidaram para sempre no firmamento. Naquele tempo, apenas três equipes sul-americanas se classificavam para a Copa, disputada por dezesseis seleções. A Argentina estava em um grupo ao lado de Peru e Bolívia. Após perder os dois primeiros jogos, os dirigentes argentinos subornaram Sergio Chechelev, árbitro da partida entre Bolívia e Peru, para garantir que a Bolívia saísse com a vitória e deixasse a situação mais equilibrada. A seleção boliviana venceu, mas, ainda assim, a Argentina terminou na lanterna de seu grupo.

Para o torneio de 2002, todas as dez seleções sul-americanas se enfrentariam e quatro equipes conquistariam a vaga automaticamente para a Copa do Mundo; a quinta colocada disputaria a repescagem em dois jogos. Não havia muitas dúvidas de que a seleção alviceleste se classificaria. E os argentinos terminaram as eliminatórias na primeira colocação, doze pontos à frente do Equador, segundo colocado. Os primeiros jogos já deram o tom da campanha: o Chile foi destroçado, em Buenos Aires, 4 a 1; fora de casa, a Venezuela foi superada, 4 a 0; e a Bolívia, por sua vez, foi derrotada no Monumental de Núñez. Contudo, foi na quarta partida que o estilo de Bielsa mostrou-se realmente entranhado no time. Era junho de 2000 e o adversário era a Colômbia, em Bogotá. A seleção da Argentina tinha um passado com a Colômbia que precisava ser resolvido, e ia muito além dos pênaltis perdidos no Paraguai um ano antes.

Em setembro de 1993, a Colômbia enfrentou a Argentina no Monumental, em Buenos Aires. A seleção da casa jamais havia perdido uma partida válida pelas eliminatórias da Copa do Mundo em seu país. Diego Maradona, antes do jogo, deu seu veredito: "A Argentina está aqui", disse, mostrando com a mão um ponto vazio no espaço; então, abaixou a mão uns quinze centímetros e afirmou: "a Colômbia, aqui". A seleção colombiana venceu por 5 a 0. Depois de Faustino Asprilla ter encoberto Sergio Goycochea para marcar o quarto gol, que o atacante comemorou dando uma cambalhota no gramado e, depois, fazendo o sinal da cruz, o auxiliar técnico colombiano, Bolillo Gómez, se virou para Francisco Maturna, treinador da equipe, e disse: "Agora, estamos fodidos". O que ele queria dizer era que na Colômbia aquela vitória provocaria uma onda de histeria nacional parecida com a enfrentada por Bielsa nove anos depois.

A Colômbia deveria ter sediado a Copa do Mundo de 1986, mas a violência das ruas, as lutas contra guerrilheiros e a corrupção inviabilizaram a empreitada. Agora, havia a possibilidade de vencer a Copa do Mundo que, de maneira humilhante, o país não havia conseguido sediar. Pelé apontou os colombianos como favoritos. Todos queriam tirar uma casquinha da seleção, principalmente os mais próximos do chefe do tráfico Pablo Escobar, que, em Medellín, tinha frequentado a mesma escola de Maturana. Membros da seleção colombiana foram levados, vendados, para uma fazenda perto de Cali, onde ficaram sabendo quanto dinheiro receberiam caso tudo desse certo.

Uma vez nos Estados Unidos, os jogadores, compreensivelmente, mostraram-se assustados e se trancaram em seus quartos para evitar os jornalistas. A Colômbia foi a primeira seleção a ser eliminada da Copa do Mundo de 1994. Andrés Escobar, que havia marcado um gol contra na partida entre Colômbia e Estados Unidos, em Pasadena, desafiou os avisos de seu treinador, que acreditava que o elenco deveria retardar sua volta para casa até "as coisas se acalmarem". No estacionamento de uma discoteca em Medellín, Escobar foi assassinado.

Anos depois, no vestiário do estádio El Campín, Bielsa fez uma de suas preleções mais memoráveis.

> Vocês sabem que numa briga de rua, na maioria das vezes, as pessoas brigam até que a coisa se transforme em um banho de sangue; mas, rapazes, existem duas formas de se olhar para isso: há os que veem sangue, recuam e fogem; e há aqueles que querem mais e partem para cima. Eu posso lhes dizer que lá fora, no gramado e nas arquibancadas, há cheiro de sangue.

A Argentina partiu para cima. Batistuta e Hernán Crespo marcaram. Uma espécie de maldição tinha sido quebrada. Bielsa pode ter adquirido uma reputação por preleções altamente técnicas, mas seus atletas gostavam quando ele usava linguagem daquele tipo. Muitas vezes, ele fazia uso de um dicionário de sinônimos. Sua educação ia muito além daquela da maior parte dos jogadores. O treinador havia acumulado muito mais conhecimento do que seria possível transmitir em uma preleção, ou nos quinze minutos de intervalo de uma partida. Bielsa percebeu que era necessário usar uma linguagem simples e precisa. "Ele consegue ser muito bom, e não apenas com questões táticas", recorda-se Juan Sebastián Verón. "Nós levantávamos dali e queríamos acabar com os nossos adversários. Ele falava sobre as pessoas que nos acompanhavam, nossas origens, nossa família, e dizia que lá fora, no gramado, encontraríamos alguém que desejava tirar alguma coisa de nós."

A Argentina perderia apenas uma partida nas eliminatórias da Copa do Mundo — para o Brasil, em São Paulo. A Colômbia não teve qualquer chance na partida disputada no Monumental de Núñez, 3 a 0. O Brasil foi derrotado em Buenos Aires, mas, talvez o resultado mais significativo tenha sido o empate em 3 a 3 com a Bolívia, em La Paz. Localizado a 3.600 metros acima do nível do mar, o estádio Hernando Siles é um lugar onde correr já é uma atividade proibitiva, quanto mais disputar um jogo de futebol por noventa minutos. Em 2013, depois de a Argentina ter lutado para conquistar um empate em 1 a 1 nesse mesmo estádio, Lionel Messi vomitou no gramado e Ángel Di María precisou receber oxigênio.

Em abril de 2001, a equipe de Bielsa perdia por 3 a 1 a dois minutos do fim do jogo. Nenhuma seleção argentina tinha vencido ali. Com a vaga para a Copa do Mundo assegurada, havia todas as desculpas possíveis para relaxar e aceitar uma derrota insignificante. Em vez disso, nos últimos dois minutos de jogo a seleção alviceleste empatou: Juan Pablo Sorín e Crespo marcaram. No vestiário, após o jogo, integrantes da equipe se deitaram no chão, banhados em suor e exaustão. Roberto Ayala estava em uma maca. Bielsa entrou em seguida, perplexo com o que havia acontecido, embora tenha se mostrado bem mais contido durante a entrevista coletiva. "Que resultado maluco, que resultado maluco", disse, repetidamente.

À medida que sua primeira Copa do Mundo se aproximava, Bielsa estava disposto a não deixar praticamente nada à própria sorte. Nenhuma seleção era mais talentosa e nenhuma equipe iria se preparar melhor. Em sua casa, em Máximo Paz, pequena cidade no interior dos pampas, Bielsa assistiu a incontáveis horas de vídeos de cada um dos adversários que a Argentina poderia enfrentar no Extremo Oriente. Cada partida foi dividida em segmentos de cinco minutos nos quais as jogadas eram analisadas e anotações eram feitas com canetas marcadoras. Quando a seleção chegou ao Japão, dois integrantes da comissão técnica tinham sido destacados para trabalhar exclusivamente com análise de vídeos. A bagagem da equipe incluía uma caixa com dois mil DVDs.

No entanto, havia uma coisa que Bielsa não podia controlar, algo que atrapalharia todo o seu planejamento e colocaria nos jogadores argentinos uma pressão que seus colegas colombianos teriam reconhecido. Não eram as ameaças e promessas dos chefes do tráfico, mas, sim, a economia argentina.

Com suas intermináveis pradarias cobertas de gado e trigo, a Argentina é o Texas do hemisfério sul. Às vésperas da Primeira Guerra Mundial, era um dos dez países mais ricos do mundo. Contudo, quando os escombros deixados pela Guerra das Malvinas foram removidos, expondo anos de corrupção e má administração, a Argentina se encontrava em situação terrível. Durante os sete anos sob o comando da junta militar, a dívida externa triplicou para 45 bilhões de dólares. Os políticos civis mostraram-se tão malsucedidos na liderança do país quanto os militares. Em 1989, a inflação estava próxima de 5.000% ao ano. O peso argentino era uma moeda na qual ninguém queria ser pago. Então, o Banco Central do país apresentou uma solução: se a Argentina era, realmente, o Texas do hemisfério sul, por que não adotar a moeda usada no Texas? O peso foi vinculado ao dólar a uma taxa de um para um. A inflação foi excluída do sistema. Contratos, poupanças, fundos de pensão, tudo foi atrelado ao dólar.

Ao retornar à Argentina, depois de quatro anos no México, Bielsa encontrou um país transformado. Em seis anos, a economia crescera 36%. Podia não ser um dos dez países mais ricos do mundo, mas era o mais rico da América Latina. Todavia, na época em que Bielsa tornou-se técnico da seleção as coisas estavam começando a dar errado novamente. Quando o governo Clinton tirou a economia dos Estados Unidos da recessão, o dólar disparou. O mesmo aconteceu com o valor do peso. Isso significava que os produtos de exportação da Argentina — vinho, carne, trigo — estavam, de repente, muito caros, principalmente quando o Brasil desvalorizou sua moeda. A economia argentina começou a desacelerar. Isso, por si só, não teria levado a Argentina ao fundo do poço se o governo de Carlos Menem não tivesse se entregado a uma onda de gastos para facilitar sua tentativa de conquistar um terceiro mandato presidencial, algo sem precedentes e inconstitucional. Dono de longas costeletas e sorriso largo, Menem parecia Neil Diamond. Assim como o cantor, o presidente argentino gostava de se produzir para as câmeras, não em macacões de strass, mas em trajes gaúchos — era a imagem do bom moço que gostava de distribuir dinheiro para incentivar as pessoas a lhe fazerem favores. Em dezembro de 2015, Menem, aos 85 anos, finalmente foi condenado por peculato.

A palavra "economia" deriva dos termos gregos que designam "as regras de uma casa". Quando Menem deixou a presidência, em 1999, dívidas podiam ser encontradas por todos os cantos da casa argentina: sob os assoalhos, nas soleiras, no porão. Em janeiro de 2002, a dívida externa da Argentina totalizava 155 bilhões de dólares. A estrutura toda estava ruindo. Não havia alternativa: era preciso desatrelar o peso do dólar e deixar seu valor flutuar. E flutuou como uma pedra flutua em um penhasco. Aquelas pessoas cujos contratos eram pagos em dólares passaram a receber em pesos, que, agora, valiam uma pequena fração da antiga moeda. Marcelo Bielsa estava entre elas. Ao assinar seu contrato, em 1998, o treinador recebia setenta mil dólares por mês. Quando a AFA passou a pagá-lo em pesos, Bielsa se viu ganhando um terço daquele valor. Ao partir para a Copa do Mundo, fazia quase um ano que Bielsa não recebia um centavo; além disso, tinha, ainda, 490 mil dólares em bônus para receber.

O governo agiu como a Associação do Futebol Argentino e não conseguiu pagar nem os juros de sua dívida externa; seu default era o maior da história da economia. O trabalhador médio do país viu seu salário cair pela metade e, se tivesse emprego, poderia se considerar sortudo. Praticamente um em cada quatro argentinos estava desempregado, tendo direito a receber 3,94 dólares por dia de auxílio. Uma tática usada pelo governo para financiar seus gastos foi pedir que os fundos de pensão trocassem suas reservas em dólares por títulos do governo em pesos. Aqueles que tinham aposentadorias as viam, então, respaldadas não pelo poderoso dólar, mas por pedaços de papel que se desvalorizavam a cada dia. Os bancos começaram a falir. Saques limitavam-se a mil dólares por mês. As instituições financeiras que sobreviveram foram atacadas ou sitiadas. Nas palavras de Michael Smith, gerente da subsidiária argentina do HSBC: "Somos um pouco menos populares do que assassinos em série".

Afirma-se que a onda de crescimento nacionalista na Colômbia antes da Copa do Mundo de 1994 foi a maior da história desde que o país tinha entrado em guerra com o Peru, seis décadas antes. Algo parecido acontecia na Argentina. De Mendoza, no norte, a Ushuaia, às margens do Oceano Antártico, tomado por tempestades, uma nação se convenceu de que venceria a Copa do Mundo porque aquele era um país que não tinha mais nenhuma outra esperança. Em uma pesquisa divulgada pouco antes de a seleção deixar Buenos Aires rumo ao Extremo Oriente, 76% dos argentinos acreditavam que a equipe voltaria com a taça. O time havia se classificado para o torneio depois de algumas atuações impressionantes. A qualidade era inquestionável: Batistuta, Verón, Ayala, Pochettino, Simeone, Crespo, Ortega. Bielsa era um mágico.

A situação de seus rivais mais tradicionais era caótica. A seleção alemã, destroçada e humilhada pela Inglaterra, em Munique, havia se classificado por pouco. O Brasil tinha feito uma das piores campanhas de sua história, sob o comando de quatro treinadores diferentes em dois anos. O último deles, Luiz Felipe Scolari, em comparação a Bielsa, era adepto de um estilo de jogo maçante e sem imaginação. A seleção da Holanda, equipe que havia derrotado os argentinos tão dolorosamente nas quartas de final em Marselha, quatro anos antes, sequer tinha conseguido se classificar. Sim, havia a Inglaterra, mas a Argentina havia eliminado a seleção inglesa em duas das últimas três edições do torneio. De maneira surpreendente para um treinador de uma seleção que disputaria a Copa do Mundo, principalmente o comandante de uma das equipes favoritas, Bielsa não compareceu ao sorteio dos grupos, realizado na cidade de Busan, na Coreia do Sul. O argentino nunca foi o tipo de pessoa que viaja bancado por dinheiro público e sua presença lhe pareceria um tanto fora de propósito. "Não teria acrescentado em nada", disse. "Não se pode indicar nenhum tipo de tática, dar instruções ou fazer avaliações. Pode-se apenas aceitar a sorte que lhe cabe."

A Argentina não teve sorte alguma. O percurso espetacular traçado pela seleção até o torneio de nada lhe valeu. Na fase de grupos, o Brasil estaria ao lado de Turquia, Costa Rica e China. A primeira partida da Alemanha seria uma vitória por 8 a 0 contra a Arábia Saudita. O grupo da seleção argentina, porém, colocava a equipe alviceleste para enfrentar a Nigéria, que havia conquistado a medalha de ouro nas Olimpíadas de Atlanta, seis anos antes; a Suécia, que não perdera nenhuma partida durante as eliminatórias; e a Inglaterra. No entanto, ao conversar com a imprensa no centro de treinamentos da Argentina, em Ezeiza, Bielsa transmitia confiança. "Nos foi dada a chance de disputar partidas que mostram que vale a pena estar vivo", comentou. "O jogo contra a Inglaterra vai ser um jogaço. Quem não gostaria de fazer parte de algo assim? A Nigéria também será um desafio. É o que sonhamos ao longo de toda nossa vida; chegou a hora."

Enquanto relaxava à beira de sua piscina, em Roma, preparando-se para se juntar ao elenco da Argentina, Gabriel Batistuta não demonstrava tanta segurança. Ele sabia o que era a pobreza, mas não compactuava com a ideia de que Bielsa liderava uma cruzada nacional para levar a Copa do Mundo a uma nação aflita. Filho de um trabalhador de abatedouro, Batistuta, quando criança, vasculhava as ruas da cidade de Reconquista em busca de tampinhas de garrafa que pudessem ser trocadas por algumas moedas. Na época em que defendeu a Fiorentina, clube que ergueu uma estátua em sua homenagem, numa cidade que se recusava a aceitar seu dinheiro sempre que ele entrava em um dos modestos restaurantes de rua que gostava de frequentar, Batistuta lembrava-se das tampinhas de garrafa para não se deixar deslumbrar com sua condição. "Não acredito que vamos resolver os problemas do país conquistando a Copa do Mundo. Não vamos", disse ele a Marcela Mora y Araujo, uma das principais jornalistas de futebol do país.

> Tudo o que podemos esperar é trazer um pouco de alegria ao povo, mas não vamos encontrar um emprego para eles. Para os jogadores mais jovens, pode ser muita pressão. Espero que não seja. Tenho certeza de que vamos conversar sobre economia, mas este é o meu ponto de vista: não podemos entrar em campo para resolver a crise da Argentina.

E acrescentou: "Depois do que fizemos com a Inglaterra há quatro anos, eles vão querer se vingar".

Antes de as coisas ficarem sérias, Bielsa decidiu que precisava de uma folga. Ele telefonou para seu velho amigo Carlos Altieri e sugeriu que ambos deveriam ir para a Europa assistir a algumas partidas da Champions League. Altieri disse que trabalhava em um banco e que seria difícil largar tudo e viajar para a

Europa para ver jogos de futebol; Bielsa, porém, insistiu. Às sete horas da manhã, um carro parou na porta da casa de Altieri, em Rosário, para levá-lo ao aeroporto de Ezeiza e para os jogos da Champions. Havia um motorista no banco da frente. Bielsa estava na parte de trás. Suas primeiras palavras foram: "Não estou me sentindo muito bem. Me sinto gordo". Altieri o aconselhou a visitar um *spa* na cidade vizinha de Puiggari, administrado por adventistas do sétimo dia e especializado em programas de desintoxicação, hidroterapia e comida vegetariana. Bielsa costumava visitar o local quando queria enfrentar o estresse do seu dia a dia de maneira mais direta. Houve uma longa e pausa e então Bielsa disse: "Não fique bravo comigo". E foram para a clínica.

Não existem mais Maradonas

A Argentina havia vencido duas Copas do Mundo; a primeira, sob o comando de César Luis Menotti, para quem um futebol de ataque fluente era tudo, alguém que afirmou que sem correr riscos não vale a pena praticar o esporte; o segundo triunfo veio com Carlos Bilardo, treinador que buscava evitar qualquer tipo de risco durante uma partida, e que teve nas mãos o maior talento esportivo já produzido pelo país: Diego Maradona. Embora sempre tenha afirmado que sua ideia era encontrar um meio-termo entre Menotti e Bilardo, Bielsa levou ao Japão uma equipe mais próxima da seleção de 1978 que da de 1986. O triunfo argentino na Copa do Mundo disputada em casa foi marcado pelas circunstâncias que rodearam aquele torneio: a ditadura militar mais cruel da história do país prometendo uma "Copa do Mundo de paz" e a duvidosa goleada por 6 a 0 sobre o Peru, em Rosário, que permitiu que a seleção argentina ultrapassasse o Brasil e se classificasse para a final. No entanto, Menotti havia montado um time espetacular. Caso Johan Cruyff tivesse optado por ir à Argentina — e ele não foi devido a problemas pessoais, não por razões políticas —, a

Holanda talvez tivesse uma equipe capaz de fazer frente aos donos da casa. Porém, Kempes, Luque, Ardiles, Tarantini e Fillol eram a espinha dorsal de uma seleção fenomenal. Os rapazes de 1986 foram arrastados à final contra a Alemanha Ocidental graças àquele que talvez tenha sido o desempenho mais exuberante de um atleta na história da Copa do Mundo.

Dezesseis anos depois, Bielsa havia formado uma equipe tão boa quanto a de Menotti — talvez até melhor. Não havia um único jogador excepcional e isso provavelmente era algo que se adequava às características de Bielsa. Antes de a delegação partir para o Japão, o treinador comentou que daquela vez a Argentina iria se sobressair graças ao esforço coletivo, não devido ao brilho individual. "Não existem mais Maradonas", afirmou. A atitude mais surpreendente de Bielsa foi trazer de volta à seleção um amigo de Maradona, Claudio Caniggia. Ao ser convocado, Caniggia estava com 35 anos e defendia o Glasgow Rangers. O atacante havia feito parte da equipe que disputara a final da Copa do Mundo de 1990, mas não se enquadrava na campanha promovida por Daniel Passarella contra cabelos compridos. Durante o torneio disputado do Extremo Oriente, Caniggia não jogou nenhum minuto, embora tenha recebido, no banco de reservas, cartão vermelho durante o embate com a Suécia, última partida da equipe na competição. Posteriormente, Caniggia não mostraria qualquer ressentimento contra Bielsa, descrevendo-o como um trabalhador incrivelmente árduo. Caso a Argentina tivesse seguido na competição, talvez surgisse uma oportunidade para Caniggia entrar em campo e mostrar lampejos de seu talento para mudar um jogo; porém, isso não aconteceu.

Bielsa escolheu três amistosos contra equipes que apresentavam futebol similar aos dos adversários que a seleção argentina enfrentaria no Japão. Em fevereiro de 2002, a equipe empatou em 1 a 1 contra o País de Gales, em Cardiff. No mês seguinte, na Suíça, novamente o placar ficou igual: 2 a 2 com a seleção de Camarões; na partida contra a Alemanha, em Stuttgart, um gol de Juan Pablo Sorín deu aos argentinos a vitória por 1 a 0. A equipe parecia estar muito bem; porém, apresentava alguns pequenos problemas em sua estrutura, em especial no que dizia respeito a Juan Sebastián Verón. No ano anterior, o argentino havia assinado com o Manchester United, vindo da Lazio, um negócio de 28 milhões de libras — a maior transferência da história do clube inglês. Pela primeira vez, Sir Alex Ferguson deixaria de jogar com dois atacantes. Verón comandaria o meio de campo; Ruud van Nistelrooy, o ataque. Não deu certo. Paul Scholes foi adiantado, precisando atuar de costas para o gol, algo que não se adequava a seu estilo de jogo. Verón e Scholes frequentemente disputavam a mesma bola, atrapalhando-se mutuamente. Scholes era um herói em Old Trafford, uma das crias da "Class of 92", geração dourada do time inglês. Verón era argentino. O Manchester United terminou o campeonato de 2002 na terceira posição, sua pior colocação em onze anos. O Arsenal conquistou o título em Old Trafford; e na Champions League, o United foi eliminado pelo Bayer Leverkusen. Nas palavras de seu capitão, Roy Keane: "Seba foi o bode expiatório da nossa temporada". O treinador de ambos achava a mesma coisa. Em uma entrevista coletiva, Ferguson atacou os jornalistas que haviam condenado Verón, chamando-os de "um bando de idiotas do caralho" e derrubando os gravadores que estavam sobre a mesa.

Se a forma técnica de Verón já não estava grande coisa, sua condição física também era problemática. Durante uma partida do Manchester United contra o Deportivo La Coruña, pela Champions

League — o mesmo adversário contra o qual David Beckham havia quebrado o pé —, o argentino sofreu uma lesão na panturrilha. Ele retornou a Roma para realizar o tratamento, mas quando viajou ao Japão para disputar a Copa do Mundo, o problema ainda o perturbava. E não era algo que ele estava pronto para contar ao seu treinador. Donato Villani, médico da seleção, afirmou que o meio-campista havia somente distendido o músculo da panturrilha. Segundo Verón, Bielsa sabia apenas que "ele não estava muito bem fisicamente". Após a partida de estreia, contra a Nigéria, Verón reclamou que parecia que rottweilers tinham mordido suas pernas.

O centro de treinamentos da seleção argentina ficava em Hirono, duas horas ao norte de Tóquio. Aquele havia sido o centro de treinamentos oficial da equipe japonesa, que, para a disputa da Copa do Mundo em casa, tinha se mudado para instalações mais modernas.

Às vezes, as tensões e expectativas envolvendo a seleção alviceleste precisavam ser extravasadas. Bobby Ghosh, editor de internacional da revista *Time*, lembra-se de uma ida a Hirono em que viu Verón e Juan Pablo Sorín disputarem um lance durante o treinamento. Ambos caíram no gramado enroscados um ao outro. Verón, de cabeça raspada, deu um pulo, apontou para Sorín, dono de cachos esvoaçantes, e o acusou de ter roubado seus cabelos.

"Todos os jogadores deram risada; Bielsa, porém, não achou graça", escreveu Ghosh. "Ele expulsou Verón e Sorín do gramado gritando que se eles não eram capazes de levar aquilo a sério, não mereciam fazer parte da equipe. Verón deu de ombros, sabendo que o treinador não seria capaz de cumprir a ameaça, mas Sorín parecia realmente preocupado. Os dois deixaram o campo, algo que aborreceu os demais atletas." Ghosh, então, anotou o que se passou na sequência: "Bielsa ficou caminhando na beirada do campo olhando para a grama, impecavelmente cuidada, como um botanista insano".

A primeira oportunidade de colocar em prática tudo o que foi treinado, todas as teorias, deu-se no dia 2 de junho, no estádio Kashima, sede da equipe de futebol de maior sucesso do Japão, o Kashima Antlers. O resultado foi um protocolar 1 a 0 sobre a Nigéria, mas foi a escolha da equipe titular o que mais provocou falatório. Os dois principais atacantes da seleção argentina atuavam na cidade de Roma: Gabriel Batistuta defendia a Roma; Hernán Crespo, a Lazio. Batistuta estava com 33 anos, cinco a mais que Crespo, e embora a Roma tenha terminado a temporada na segunda colocação, perdendo o *Scudetto* por apenas um ponto, o desempenho do atacante não havia sido bom. Bielsa decidira que Batistuta e Crespo não podiam atuar juntos — e optou por Batistuta.

Havia bons motivos para a escolha. Batistuta marcara mais gols em duas Copas do Mundo do que Maradona em três. Havia participado do jogo contra a Nigéria em Dallas, pela Copa do Mundo de 1994, que acabou com uma enfermeira sorridente se dirigindo até Diego Maradona e perguntando se ele se importaria de fazer um teste antidoping. O resultado daquele teste abalou a Argentina como nada abalava o país desde o anúncio, no rádio, de que Eva Perón havia morrido.

Além dos gols, outras razões pesavam em favor de Batistuta. Andrei Kanchelskis, companheiro do argentino na Fiorentina, afirma que embora o atacante fosse calado e excepcionalmente modesto para um centroavante, tinha uma aura, uma autoridade em campo. Era um líder. Bielsa nunca havia se mostrado um treinador que tomava decisões baseadas no instinto quando tinha chances de fazer suas análises e chegar a conclusões lógicas, mas, naquele momento, no mês mais importante de sua carreira de técnico, ele aparentemente abriu uma exceção. No estádio do Kashima, Batistuta cabeceou para as redes o escanteio cobrado por Verón. O palpite parecia correto.

Batistuta foi titular contra a Inglaterra, partida que aniquilou as pretensões argentinas naquela Copa do Mundo. Sua atuação não provocou qualquer impacto. Trinta e seis anos tinham se passado desde que Alf Ramsey havia chamado os argentinos de "animais", em Wembley; vinte, desde a Guerra das Malvinas; dezesseis, desde que os atos de esperteza e brilhantismo de Maradona eliminaram a seleção inglesa da Copa do Mundo do México; e quatro anos desde a partida sensacional, de tirar o fôlego, disputada em Saint-Étienne, pelo Mundial de 1998, e que terminou em vitória alviceleste, nos pênaltis. Foi naquela noite, em solo francês, que David Beckham foi expulso por tentar ardilosamente chutar Diego Simeone, que reagiu como um ator veterano. A eliminação inglesa nas oitavas de final do torneio pode ter sido o pior desempenho da equipe em uma Copa do Mundo desde 1958, mas o modo como a seleção foi derrotada fez aqueles atletas serem louvados como heróis, trazidos de volta para casa em um Concorde. A exceção foi David Beckham.

Oriundo do condado de Essex, Beckham tinha escolhido jogar no Manchester United, o que lhe rendeu uma aversão especial por parte dos torcedores do West Ham, clube localizado na região leste de Londres. Perto de Upton Park [casa do West Ham até 2016], bonecos com seu rosto foram pendurados em postes de energia. Alguns foram incendiados. Nos quatro anos subsequentes, Beckham tornou-se absurdamente famoso. Ao excursionar pelo Oriente Médio com o Real Madrid, no verão seguinte, afirmava-se que, depois de "Coca-Cola", "Beckham" era a palavra estrangeira mais conhecida no Japão. O veterano jornalista Brian

Glanville, embora elogiasse suas habilidades futebolísticas, escreveu que David e sua esposa, Victoria, "levavam uma vida de monumental vulgaridade".

Anos depois, a classificação da seleção da Inglaterra para a Copa do Mundo de 2002 se deu graças a uma falta cobrada por Beckham no último minuto da partida contra a Grécia, em Old Trafford. Bielsa estimava muito Beckham, tendo, em 2001, votado no atleta para o prêmio de Melhor Jogador do Mundo da Fifa. Então, no vigésimo primeiro minuto da vitória do United por 3 a 2 contra o La Coruña, pelas quartas de final da Champions League de 2001-2002, Aldo Duscher, meio-campista argentino que tinha iniciado sua carreira no Newell's Old Boys, deu um carrinho imprudente, com os dois pés no alto, em David Beckham.

O inglês foi substituído por Ole Gunnar Solsjær, que marcaria dois gols no jogo, ajudando o time inglês a vencer. Beckham foi levado de ambulância para o hospital, acompanhado de Victoria e Brooklyn, filho do casal, então com três anos. Ali, divulgou-se que ele tinha sofrido uma fratura no pé. Em pouco tempo, outra palavra ficaria quase tão famosa na Inglaterra quanto "Coca-Cola": "metatarso". Embora o jogador inglês mais letal àquela altura fosse Michael Owen, que tinha acabado de ser eleito o melhor jogador da Europa — e cuja velocidade, quatro anos antes, havia deixado a defesa argentina sem reação —, o país estava convencido de que, a menos que Beckham estivesse em forma, a Inglaterra não teria chances no Japão.

O jornal *The Sun* publicou uma foto em tamanho real do pé de Beckham e pediu para seus leitores rezarem sobre ela. O vidente Uri Geller apareceu em programas de televisão matutinos pedindo para que os telespectadores "tocassem a tela do aparelho e pensassem no pé de Beckham". "Enviem energias de cura;

visualizem o osso cicatrizando. Libertem seus poderes de cura; mandem sua energia para o pé dele", dizia Geller. Deve ter funcionado, porque meses depois Beckham comandou a seleção inglesa que enfrentou a Argentina no futurístico estádio Sapporo Dome.

Uma disputa entre Marcelo Bielsa e Sven-Göran Eriksson poderia se parecer com um embate entre um ator altamente metódico e outro que só atua em comédias leves. Contudo, Eriksson foi muitas vezes subestimado, do mesmo modo que com frequência foram superestimadas as capacidades de Bielsa. Dirigindo Lazio e Manchester City, Eriksson enfrentou Sir Alex Ferguson três vezes — e venceu as três. Seu estilo de comando é sereno: "Não era algo de outro mundo, eram apenas decisões práticas a respeito da escolha da equipe e uma forma simples, porém eficaz, de se comunicar", recorda-se Gary Neville. "Ele nos passava a sensação de que tudo estava sob controle; de que se nos mantivéssemos tranquilos, tudo daria certo."

Algumas vezes, esse estilo era excessivamente sereno. Sobre o intervalo da partida de quartas de final contra o Brasil, logo após o gol de empate de Rivaldo, no estádio de Shizuoka, Gareth Southgate se queixou dizendo que quando os jogadores "precisam de um Winston Churchil, se deparam com um Iain Duncan Smith".[8] Em Sapporo, no entanto, comandando uma equipe desfalcada de Neville, machucado, e de Steven Gerrard, seu estilo de comando mostrou-se perfeito. Em Saint-Étienne, em 1998, havia milhares de torcedores argentinos nas arquibancadas, cantando e gritando mais de uma hora antes do início da partida, agitando

---

[8] Iain Duncan Smith é membro do parlamento britânico e alguém que se descreve como um político tranquilo. De 2001 a 2003, foi líder do Partido Conservador Inglês, deixando o cargo depois que membros de seu partido o submeteram ao voto de confiança — Iain Duncan Smith não obteve o número de votos de confiança necessário. Foi ministro do Trabalho e Aposentadoria (Secretary of State for Work and Pension) no governo de David Cameron e defendeu um processo de saída do Reino Unido da União Europeia mais severo. (N.T.)

seus cachecóis sobre suas cabeças de maneira ritmada. Eles irradiavam força e intimidação. Já no Sapporo Dome, praticamente todas as vozes eram inglesas, com as arquibancadas tomadas pela Cruz de São Jorge. A crise econômica tornara impossível para os argentinos — excetuando-se os muito abastados — realizar uma viagem de cerca de dezoito mil quilômetros.

Ainda assim, Bielsa estava confiante. O desempenho contra a Nigéria havia sido encorajador: "Vencer sempre traz paz", afirmou. "Não vi nada na partida contra a Nigéria que me deixasse particularmente preocupado." Pablo Aimar, que tinha disputado uma final de Champions League como meio-campista do Valencia, mostrava-se mais sentimental. "Se nós ganharmos, as pessoas em Río Cuarto, minha cidade natal, vão dançar no telhado de suas casas. Nosso povo está sofrendo muito; o futebol não vai solucionar seus problemas, mas queremos que fiquem felizes pelo menos por algumas horas."

Os noventa minutos disputados em Sapporo não foram de felicidade. Foram tensos, frustrantes, terríveis. A dupla de zagueiros ingleses, Sol Campbell e Rio Ferdinand, foi provavelmente a melhor do torneio. Nicky Butt conteve bem os adversários no meio de campo. A velocidade de Owen parecia letal. Ele já tinha acertado um chute no pé da trave antes de tentar o drible em Mauricio Pochettino dentro da área. Owen acabou no chão, e Pierluigi Collina marcou pênalti. O inglês havia se atirado. "Não acreditem que o futebol inglês é sempre adepto do *fair play*", Pochettino registrou, anos depois. "Owen se jogou como se estivesse em uma piscina." Pochettino sabia do que estava falando: no Newell's Old Boys de Marcelo Bielsa, atirar-se de maneira convincente fazia parte da rotina de treinos.

"Ele realmente me tocou, acertou meu joelho", disse Owen inicialmente, para depois confirmar a narrativa de Pochettino:

Não foi o suficiente para me derrubar, mas eu caí porque, antes, durante a partida, alguém fez falta em mim dentro da área e eu disse ao árbitro que havia sido pênalti, ao que Collina respondeu: "Michael, você sabe que precisa cair para que um pênalti seja marcado". Por isso, pensei: "Da próxima vez que for tocado, vou cair".

A cobrança ficou a cargo de Beckham. Ali estava sua chance de redenção. Para a disputa da Copa do Mundo, Bielsa tinha trocado Germán Burgos, titular do gol da Argentina na Copa América e ao longo das eliminatórias, por Pablo Cavallero, que tinha sido seu jogador no Vélez Sarsfield. Enquanto o capitão inglês se preparava, Cavallero apontava o lado onde achava que Beckham mandaria a bola. Ele chutou no meio do gol. E bateu com tanta força que Cavallero mal se mexeu, apenas caiu de joelhos. Ao som do apito final, havia raiva e ressentimento entre os comandados de Bielsa. Batistuta se recusou a trocar sua camisa. Quando o ônibus da seleção inglesa se preparava para deixar o estádio, alguns atletas da Argentina xingaram os rivais, prometendo revanche.

Depois de tudo, no entanto, a Argentina passou a precisar de uma vitória. Em Kobe, a Suécia havia derrotado a Nigéria por 2 a 1, e liderava o grupo com quatro pontos, mesma pontuação da Inglaterra. A Argentina tinha três; a seleção nigeriana já estava eliminada. Na última partida do grupo, em Miyagi, cidade dominada por campos de arroz, Bielsa precisava vencer a Suécia — ou empatar o jogo, caso acontecesse uma improvável vitória da Nigéria sobre a seleção inglesa. Os presságios não eram bons. Na véspera, a França, atual campeã e uma das favoritas ao lado da Argentina, havia sido eliminada da Copa do Mundo sem marcar um único gol.

Assim como tinha acontecido na partida contra a Inglaterra, a Argentina teve muita posse de bola, mas sem efetividade. Perto dos quinze minutos do segundo tempo, uma falta foi marcada a favor da Suécia. Anders Svensson, àquela altura jogador do Southampton, foi para a cobrança. No início de sua carreira no Elfsborg, Svensson foi comparado a Beckham — em parte devido à aparência, mas também graças à sua habilidade nas bolas paradas. Agora, ele justificava a comparação. Seu chute encobriu a barreira e embora Cavallero tenha tocado na bola, não conseguiu evitar que ela estufasse as redes.

A Argentina tinha meia hora para se salvar. Bielsa colocou Verón e Kily González. E, por fim, ainda que tardiamente, Crespo entrou no lugar de Batistuta — que, depois, afirmou que o gol parecia ficar cada vez menor à medida que os minutos se passavam. Os acontecimentos sintetizavam a principal crítica feita a Marcelo Bielsa em relação ao modo como monta suas equipes: a falta de um plano B. Gary Lineker afirma que Johan Cruyff foi o treinador mais sofisticado com quem trabalhou; porém, se o Barcelona precisasse de um gol e faltassem cinco minutos para o término do jogo, Cruyff mandava os atletas jogarem a bola na área. Por sua vez, como observou o jornalista Esteban Bekerman, "todos sabiam como a Argentina iria atuar porque as equipes de Bielsa atuam apenas de uma forma".

A dois minutos do fim, Ortega sofreu um pênalti, que ele mesmo cobrou. O chute foi horrível, e o goleiro Magnus Hedman espalmou. Crespo, contudo, marcou no rebote. A pressão era incrível. Nos momentos finais, uma falta foi marcada para a Argentina e Verón se posicionou para cobrá-la. O argentino olhou para os lados e viu Bielsa praticamente dentro de campo gritando para ele: "Bata com força, jogue na área, veja onde estão os zagueiros".

Verón precisava daqueles segundos para pensar. Não precisava que lhe dissessem o óbvio. Ele gesticulou na direção de Bielsa para que o treinador voltasse para o banco de reservas, atitude flagrada pelas câmeras, e então bateu uma falta sem perigo algum. O juiz apitou o fim da partida.

Na Argentina, em La Plata, entre aqueles que acreditavam que Juan Sebastián Verón era um mercenário por ter assinado com o Manchester United, o gesto foi mais uma prova de que ele não se importava em vencer com a seleção argentina. "Nunca mais quero ver aquela imagem", afirmou. "Eu pedi apenas para Bielsa dar alguns passos para trás. Nada além disso". Em Buenos Aires, eram cinco e meia da manhã. Crespo chorava. Verón caiu no gramado. "Estou totalmente devastado; é o pior momento da minha vida", disse, mais tarde. "Esperávamos dar a Copa do Mundo de presente para o povo argentino." A cruzada havia acabado tão longe da terra santa, a final da Copa do Mundo, quanto era possível imaginar. "Foi a coisa mais triste ver Bielsa chorar", afirmou Verón, que viu seu treinador bater a cabeça contra os armários.

> No vestiário, havia alguns jogadores no fundo; uns deitados, outros tentando tirar forças de algum lugar. Apertei a mão de cada um deles. Não me lembro do que disse, nem quero me lembrar. Bielsa não conseguia falar. Estava chorando junto a seus assistentes, Claudio Vivas e Lucho [Javier] Torrente. Por um bom tempo ele não conseguiu falar com os jogadores. Suas palavras eram curtas; suas frases, breves. Ele disse que sentia uma decepção enorme e todos começamos a chorar.

Germán Burgos, goleiro que havia ajudado a Argentina a se classificar para a Copa do Mundo e que depois fora preterido por

Bielsa, levantou-se. Ele podia ter se voltado contra Bielsa, falado contra o treinador. Em vez disso, deu-lhe um abraço. "Você não é capaz de imaginar a raiva de alguém que atuou nas eliminatórias e depois foi preterido na Copa do Mundo", disse Diego Simeone. "Ainda assim, ele se levantou e pegou o treinador nos braços. Estávamos todos chorando, mas ninguém se virou contra ele. Isso mostra a nobreza do homem."

Eles voltaram para o hotel, onde um jantar havia sido preparado. Poucos tinham fome. Os jogadores conversaram até de madrugada. Bielsa não se juntou a eles. "Testemunhar sua tristeza e frustração, vê-lo caminhando sozinho pelos corredores do hotel, aquilo partia o coração", comentou Caniggia. De manhã, estavam desesperados para ir embora e deixar para trás aquela Copa do Mundo. Bielsa se recusou a dar uma entrevista de despedida, algo que a maioria dos treinadores na Copa do Mundo fazia com o intuito de resumir a campanha da equipe. Em vez disso, foi correr.

O local que estavam abandonando viria a ter um destino singular. Em março de 2011, um terremoto se abateu sobre o nordeste do Japão, destruindo a usina nuclear de Fukushima. O centro de treinamentos de Hirono se tornou uma base de suprimento para a operação de resgate e ficou fechado por sete anos. Alheia às superstições, a seleção argentina de rúgbi o escolheu para ser sua base durante a Copa do Mundo de Rúgbi de 2019. A equipe também foi eliminada na fase de grupos; desta vez, porém, esse desempenho era mais esperado.

Em junho de 2002, os jogadores argentinos tomaram um trem com destino ao aeroporto de Haneda, em Tóquio, onde pegariam um voo para Frankfurt. Alguns permaneceriam na Europa; outros, viajariam de volta a Buenos Aires. Segundo Verón, todos estavam unidos, e determinados a não assistir a mais nenhuma partida daquele torneio, o que os salvou de ver Cafu, capitão da seleção brasileira, que havia se classificado aos trancos e barrancos, erguer, no céu noturno de Yokohama, a Copa do Mundo. Nas palavras de Verón: "Não queríamos mais nada com o futebol".

Olímpia

Toda grande derrota reclama um culpado. Quando o avião da seleção argentina decolou em Haneda, parecia haver duas opções para um sacrifício de sangue: Marcelo Bielsa e Juan Sebastián Verón. Bielsa foi direto para Buenos Aires e para uma entrevista coletiva, na qual falou por quarenta minutos. Foi-lhe perguntado por que Gabriel Batistuta e Hernán Crespo não tinham atuado juntos. Ele respondeu que não tinha sido possível porque a seleção jamais havia treinado daquela maneira. Bielsa não tentou se esquivar da culpa pelo que ocorrera no Japão. "Eu tinha um material excelente para trabalhar e não posso ignorar o fato de que a pessoa que deveria fazer aquilo para funcionar era eu. Claro que vocês devem me criticar por isso." Quando ele chegou em casa, um jornalista do *Olé* estava à sua espreita. Bielsa pediu para ser deixado em paz.

Mesmo em sua casa, em La Plata, capital da província de Buenos Aires, com suas ruas quadriculadas e arborizadas, Verón não conseguiu ter paz. Em La Plata, os Verón eram a realeza. Seu pai, Juan Ramón Verón, havia atuado pelo maior clube da cidade, o Estudiantes. Em um ano de ouro, 1968, marcou o gol decisivo contra o Palmeiras na conquista da Copa Libertadores; cinco meses depois, em Old Trafford, fez, de cabeça, na final contra o Manchester United, o gol que deu à equipe o título do Mundial de Clubes, que permitiu a La Plata se considerar a casa dos campeões mundiais. Embora tenha cobrado o escanteio que resultou no tento de Gabriel Batistuta contra a Nigéria, Verón não havia jogado bem aquela Copa do Mundo. Contra a Inglaterra, foi substituído — e algumas pessoas chegaram a dizer que jogou mal deliberadamente para agradar ao Manchester United. Depois, ao entrar no decorrer da partida-chave contra a seleção sueca, foi filmado pedindo para Bielsa se acalmar e, na sequência, cobrou uma falta de maneira inteiramente displicente.

Ao voltar para sua terra natal, Verón descobriu que sua mãe, Cecilia, tinha deixado de assistir aos canais esportivos, e que o rádio ficava sintonizado em estações de música — não mais em programas que contavam com a participação do público. Nas ruas, Cecilia podia sentir os olhares, quase ouvir os sussurros. Seu filho estava sendo chamado de traidor. As pessoas não se sentiam mais encantadas pelo fato de Verón defender o Manchester United. Enquanto a economia argentina entrava em colapso, ele vinha recebendo uma fortuna na Inglaterra. Agora, tinha passado a ser um mercenário. A família não era mais a realeza; seus súditos haviam se rebelado; sua coroa caíra. Iani, irmão mais novo de Verón, tinha dezesseis anos e havia crescido com a segurança de saber a qual família pertencia. A sala de jantar da casa tinha se transformado em um santuário das conquistas do pai e do irmão: camisetas, troféus, jornais e fotografias. Iani dizia que daria a vida para poder jogar um minuto pelo Estudiantes. Nada disso importava mais. A escola, de repente, era um lugar desagradável, onde brigas aconteciam.

A ideia de que Verón teria jogado mal em Saporo para agradar Sir Alex Ferguson, um escocês de Glasgow que via a Federação Inglesa de Futebol com desprezo quase absoluto, era risível até para aqueles que tinham conhecimento apenas circunstancial a respeito do Manchester United. E acreditar naquilo, ainda mais nas ruas de La Plata, ainda mais no bairro onde Verón residia, demonstrava bem a dimensão de toda a loucura que envolvia a seleção.

Em 2010, um ano depois de ter repetido o feito de seu pai e conquistado a Copa Libertadores com o Estudiantes, Verón foi entrevistado por Marcela Mora y Araujo para o jornal *The Guardian*. Os Verón eram, uma vez mais, a realeza de La Plata, e ele tinha condições de adotar uma postura mais reflexiva.

> Estávamos enfrentando muitos problemas, principalmente físicos. Eu não estava em forma, e o time também não. Cholo [Diego Simeone] não estava bem; [Nelson] Vivas estava machucado; e ao menos outros quatro ou cinco atletas não estavam em forma. Goste-se ou não, a estrutura de uma equipe passa a ficar sob pressão quando, depois de se disputar tantas partidas com os mesmos atletas, com pouquíssimas mudanças, o time, de repente, se vê em uma situação em que cinco ou seis de seus jogadores estão fora de forma. Nossos resultados refletiram isso. Com Bielsa tínhamos uma ideia e dela nunca nos afastávamos, independentemente do adversário. Estávamos convencidos do que fazíamos. Antes de enfrentarmos a Inglaterra, ele divulgou a escalação com um dia de antecedência. Me lembro de ter feito um teste na véspera porque não estava me sentindo bem o suficiente; eu estava treinando junto a Bielsa e, vendo minha situação, ele me perguntou se eu tinha condi-

ções de atuar. Eu queria tanto jogar que disse "sim". E no jogo acabou sendo totalmente diferente.

A imprensa argentina estava convencida de que a demissão de Bielsa era questão de tempo. Seu contrato estava se encerrando e a manchete da revista *El Gráfico* estampou: "A Batalha pela Sucessão" — colocando frente a frente José Pékerman e Carlos Bianchi. "Bielsa não se despediu, mas já é passado", afirmava o texto. "Ele não pode continuar porque sua relação com Julio Grondona [presidente da AFA] chegou a um ponto em que não há mais volta."

Ouviam-se ecos da última vez em que a Argentina tinha sido eliminada na primeira fase de uma Copa do Mundo. No Chile, em 1962, a seleção alviceleste venceu a partida de estreia por 1 a 0, e, depois de ter perdido para a Inglaterra na segunda rodada, empatou o último jogo. Naquele ano, os argentinos não foram desclassificados em meio à atmosfera prateada e reluzente do Sapporo Dome, mas, de acordo com o jornalista Brian Glanville, "na decadente e esquálida Rancagua, no estádio da Braden Copper Company".[9] Tanto em 1962 quanto em 2002, o Brasil sagrou-se campeão. Contudo, existia uma diferença fundamental: nos anos 1960, não havia qualquer expectativa em relação à seleção argentina. Antes da Copa do mundo de 1962, Pelé deu uma entrevista para a *El Gráfico* e descreveu o time argentino como lento, fora de forma e taticamente ultrapassado. Quarenta anos depois, muitos comentaristas acreditavam que a Argentina de Bielsa era a melhor seleção do mundo.

Bielsa sobreviveu. Quando seu desempenho foi analisado friamente, viu-se que a Argentina tinha dado azar. A equipe tinha sofrido apenas dois gols, e ambos em jogadas de bola parada. O

---

[9] Após o governo chileno adquirir a maioria das ações da mineradora de cobre estadunidense, o estádio foi rebatizado, passando a se chamar, a partir de 1971, *El Teniente*. (N.T.)

desempenho da seleção alviceleste nas eliminatórias havia sido encantador. Isso, de alguma forma, foi levado em conta. A destroçada economia argentina também fortaleceu a situação de Bielsa. As coisas estavam tão ruins que Grondona deu a entender que a AFA não teria condições de pagar para que seus atletas viessem da Europa defender a seleção. Quem assumisse o time teria de aceitar uma redução salarial; Bielsa estava preparado para isso. E, mais importante do que qualquer outra coisa, tinha o apoio dos jogadores. Pouco depois da volta à Argentina, Verón deu uma entrevista em que disse: "Se não vencemos, foi por causa dos jogadores. O treinador não teve nada a ver com isso. Agora, a imprensa está inventando brigas entre mim e Diego Simeone. Por quatro anos fomos a melhor seleção do mundo e agora eles não conseguem nem olhar para nós". A manchete estampava: "Se tivesse pensado melhor, jamais teria ido para a Copa do Mundo". Bielsa leu aquilo e foi procurá-lo. Sua pergunta, logo de cara, foi: "É verdade isto aqui, Verón?".

Bianchi acabou de novo no Boca Juniors, onde conquistaria a Copa Libertadores e, pela segunda vez em sua carreira, venceria o Milan para sagrar-se campeão do Mundial de Clubes. Bielsa regressou a Máximo Paz para refletir e planejar os próximos passos. Ele tinha tempo; um tempo, talvez, com o qual não estivesse contando. Dentro de dois anos, a seleção disputaria a Copa América. Era uma competição que havia muito tempo vinha frustrando o futebol argentino. Entre 1921 e 1959, a seleção alviceleste a conquistou inúmeras vezes; porém, nas décadas seguintes, só conseguiu vencê-la em duas ocasiões. Trazer a taça para Buenos Aires seria, de certo modo, uma compensação pela perda da Copa do Mundo.

Para a Copa América de 2004, realizada no Peru, Bielsa depositaria sua confiança em atletas jovens — Andrés D'Alessandro, Javier Mascherano, Carlos Tévez — cercados por um núcleo de jogadores experientes que haviam estado no Japão, dois anos antes. "Para nós, é uma mescla difícil", disse D'Alessandro. "Para este grupo de meninos, atuar ao lado de jogadores como Ayala, Zanetti, Kily González é complicado. Atingir o nível técnico necessário para defender a seleção e fazer parte da equipe não é uma coisa que se consegue da noite para o dia. Porém, ao chegarmos para disputar a Copa América, nos sentíamos um conjunto."

A Argentina começou o torneio de maneira exuberante. Em Chiclayo, a poucos quilômetros da costa pacífica peruana, a seleção do Equador foi destroçada: 6 a 1. Javier Saviola marcou três gols. A segunda partida, contra o México, trouxe ecos das partidas no Japão. Derrota por 1 a 0 — em uma competição mais difícil como a Copa do Mundo aquilo teria sido fatal. Na Copa América, todavia, era possível se classificar ficando até na terceira posição. Já nos últimos minutos da partida, dois gols, marcados respectivamente por Ayala e Luciano Figueroa, deram à seleção da Argentina a vitória sobre o Uruguai, 4 a 2. Ficar na primeira colocação do grupo, como aconteceu com o México, acabou não sendo vantajoso. Os mexicanos enfrentariam o Brasil, que, depois de perder para o Paraguai, havia terminado na segunda posição do grupo C. A equipe de Carlos Alberto Parreira venceu por 4 a 0.

A classificação argentina para as semifinais não foi nada parecida; o time encarou os donos da casa, a seleção peruana. Foi uma disputa desgastante e acirrada, com marcação firme e poucos espaços. Mascherano estava suspenso. Em seu lugar jogou Fabricio Coloccini, zagueiro que aos dezessete anos havia se transferido para o Milan — clube pelo qual, nos cinco anos subsequentes, disputaria apenas uma partida. Para piorar as coisas, Ayala foi expulso. Aquela foi a única vez durante o torneio em que a Argentina teve de se sacrificar para segurar um resultado.

E a seleção alviceleste se agarrou à vantagem no placar estabelecida pelo jovem Carlos Tévez, de vinte anos, que, vindo do banco de reservas, anotou um gol de falta. Considerando a gigantesca diferença nas origens de ambos, a relação entre Bielsa e Tévez era surpreendente e comovente. Tévez, como muitos meninos pobres de Buenos Aires, cresceu em um enorme projeto habitacional que, assim como muitas outras construções de concreto dos anos 1960, em nada se parecia com os desenhos idealizados pelos arquitetos. Os 39 edifícios intitulados Ejército de los Andes pelos projetistas, mas batizados de Fuerte Apache pelos moradores, foram criados para ocupar o lugar das favelas da região oeste de Buenos Aires. Nas vésperas da Copa do Mundo de 1978, as pessoas foram transferidas em massa para os novos prédios para que a junta militar pudesse apresentar Buenos Aires como uma cidade modelo. O Fuerte Apache foi planejado para receber 22 mil pessoas. Vinte anos depois da Copa do Mundo, quando Tévez, criado pela tia e pelo tio, tinha catorze anos, o Fuerte Apache contava com oitenta mil habitantes, e era solapado por drogas, crimes e assassinatos — em média, um por dia. Era um lugar do qual se sonhava escapar.

Em 2003, Tévez fez parte da equipe do Boca Juniors que conquistou a Copa Libertadores; contudo, seria na Copa América disputada no Peru que sua carreira decolaria. Ele adorava ser comandado por Bielsa, que acreditava ter sido seu melhor treinador. "Quanto ele nos fazia correr?" A reação de Tévez à pergunta foi dar risada para as câmeras de televisão; o ano era 2007 e Bielsa, então à frente do Chile, se preparava para enfrentar a seleção argentina que ele tanto havia ajudado a desenvolver. "É o melhor com quem já trabalhei; é o treinador que me tornou um jogador internacional. Todas as partidas que joguei sob seu comando foram especiais porque ele me dava muita confiança. Se eu sabia que ele estava contente, eu também ficava contente."

A Argentina foi para Lima, capital nacional, e, na semifinal, arrasou a Colômbia, 3 a 0. Tévez abriu o placar. Então, veio a final; então, veio o Brasil. A seleção campeã mundial. No Japão, a equipe de Luiz Felipe Scolari havia derrotado a Alemanha na final e conquistado o título que parecia predestinado à seleção argentina de Marcelo Bielsa. Scolari, que estudara as táticas de Bielsa antes de vencer a Copa do Mundo, estava treinando a seleção de Portugal e se recuperando da derrota para a Grécia, na final da Eurocopa 2004, disputada em Lisboa.

O homem responsável pela equipe tinha passado a ser Carlos Alberto Parreira, que conduzira a seleção brasileira ao título da Copa do Mundo de 1994. As atuações do time foram bastante inconsistentes: goleadas sobre México e Costa Rica; derrota para o Paraguai; na semifinal, vitória, nos pênaltis, sobre a seleção do Uruguai. O momento era dos argentinos e seguiria com a seleção de Bielsa até os acréscimos da decisão. A três minutos do fim da partida, com o placar empatado, César Delgado acertou um chute de dentro da grande área e marcou. Bielsa, agachado sobre um dos joelhos, deu um soco no ar, para baixo, comemorando. Delgado, que no início daquele ano havia descrito Bielsa como alguém "lindamente louco", deve ter imaginado que havia acabado de decidir o confronto entre os dois grandes rivais sul-americanos.

Contando os acréscimos, havia ainda seis minutos a serem disputados — seis minutos em que o Brasil parecia derrotado. Tévez provocou os brasileiros cavando faltas e gastando o tempo. Com um minuto e meio além do tempo regulamentar, Bielsa o substituiu por Ramón Quiroga. O Estádio Nacional, em Lima, é um típico estádio sul-americano, com arquibancadas enormes, abertas, e sobre as quais se elevam gigantescas torres de iluminação de aço e concreto que, lá do alto, fitam o gramado esverdeado. Nas arquibancadas, os torcedores argentinos estão em pé, balançando suas bandeiras e mostrando seus cartazes. Em um deles, se lê: "Bielsa = Cérebro".

Então, quase no fim do jogo, a bola quica na área argentina. Há, talvez, quatro jogadores de uniforme alviceleste ao redor de Adriano quando ele gira e chuta a bola para o gol, vencendo Roberto Abbondanzieri (*El Pato*) e empatando o jogo. O banco inteiro da seleção brasileira — excetuando-se Parreira, que havia vivenciado finais mais importantes — corre em direção ao gramado. Acontece uma briga no círculo central entre as duas equipes, mas não há tempo para o jogo ser reiniciado. A partida será decidida nas cobranças de pênalti.

A primeira cobrança, de Andrés D'Alessandro, para nas mãos de Júlio César, que pula para o canto direito. Gabriel Heinze chuta por cima do travessão. O Brasil não desperdiça suas cobranças e, quando Juan marca o quarto gol, a decisão está encerrada. Os momentos que se seguem são aqueles comuns a tantas disputas por pênaltis: Kily González chora; Javier Saviola se aproxima de D'Alessandro e de Mascherano para consolá-los; *Pato* Abbondanzieri está deitado no gramado, olhando fixamente para o céu cinzento. Bielsa caminha impassivelmente distribuindo palavras de consolo e abraços. Após a derrota, a revista *El Gráfico* publicou um editorial descrevendo a situação do futebol argentino e do técnico: "Bielsa parece menos intransigente em relação às suas táticas e, por conseguinte, a equipe mostra-se mais flexível. Parece mais harmoniosa e menos como se estivesse seguindo um conjunto de diagramas predeterminados... há mais frescor, mais paciência, mais futebol". Mas, então, o artigo se volta para algo que o próprio Bielsa dissera ser a coisa mais importante a respeito daquela competição: vencê-la.

A grande chance de vencer foi desperdiçada, principalmente para Bielsa, que será sempre o mais questionado e o menos amado dos treinadores. Embora não tenha motivos para autocrítica, seu coração deve doer por não ter conquistado o título e reconstruído sua autoestima. A Copa América é o primo pobre da Eurocopa e, embora seja o torneio continental mais antigo do mundo, foi desvalorizada devido à ausência dos grandes astros. Contudo, conquistá-la teria ajudado muito Bielsa. É evidente que o treinador da seleção não é uma figura carismática, alguém adepto da autopromoção; ademais, há muitos que acreditam que Carlos Bianchi seja o melhor técnico do país. O título teria permitido que Bielsa fosse visto de outra forma, uma vez que grande parte da sociedade só admira quem obtém resultados. Triste, mas verdadeiro.

Era uma avaliação comedida a respeito da situação de Bielsa, embora a frase "o mais questionado e o menos amado dos treinadores" não se comprovasse no lugar que realmente importava: o vestiário da seleção argentina. Ali, Bielsa era amado e quase nunca questionado. Os cartazes levados a Lima com seu nome também indicavam que o treinador era admirado por aqueles que haviam comprado ingresso para ver os jogos da equipe argentina. No entanto, para o público em geral, que assistiu aos jogos nos bares e nas salas das casas de Buenos Aires, Rosário e de outras cidades, Bielsa provavelmente não parecia ser alguém fácil de entender. As entrevistas dadas com o olhar fixo no chão, a recusa em empregar frases baratas e de impacto, a estudada ausência de glamour no esporte mais glamoroso do mundo, tudo o transformava em uma figura difícil de ser amada pelos jornalistas que eram obrigados a acompanhá-lo.

Bielsa não esqueceu a derrota facilmente. "Vi o gol de empate de Adriano cinquenta vezes e concluí que há coisas que só Deus pode explicar", declarou. O primeiro gol de empate brasileiro, marcado no fim do primeiro tempo — cobrança de falta que Luizão cabeceou para as redes superando Abbondanzieri e anulando a vantagem argentina obtida depois do pênalti cobrado por Kily González —, também não foi esquecido.

Mais de dois anos depois, logo após a Copa do Mundo de 2006, torneio em que a Argentina foi eliminada pela Alemanha na decisão por pênaltis, *El Pato* estava treinando em Getafe, ao sul de Madrid. Na partida contra o selecionado alemão, válida pelas quartas de final e disputada no Estádio Olímpico de Berlim, Abbondanzieri se lesionou e foi substituído. Da mesma maneira que Juan Sebastián Verón havia se tornado, irracionalmente, o bode expiatório da eliminação argentina na Copa do Mundo anterior, algumas pessoas acreditavam que o goleiro deveria ter demonstrado coragem e continuado em campo para defender as penalidades máximas, embora seja difícil afirmar como faria isso estando machucado. Bielsa lhe escreveu para dizer que sentia muito pelas críticas e ofensas estúpidas. "Foi um gesto nobre", recorda-se Abbondanzieri. "Na carta, ele ainda me perguntou sobre o primeiro gol de empate da seleção brasileira na final da Copa América, quando era o treinador da seleção. 'Por que você colocou tantos jogadores naquela barreira?'."

Não havia tempo para que a dor se instalasse. Dezessete dias depois da final da Copa América, Bielsa, e, junto com ele, boa parte da equipe que havia perdido a final em Lima, já estava em Atenas se preparando para os Jogos Olímpicos. A conquista da medalha de ouro olímpica era importante para o país. A seleção argentina havia chegado perto duas vezes e sofrera derrotas dolorosas. Em 1928, em Amsterdã, a Argentina disputou três partidas até chegar à final, marcando 23 gols — onze contra os Estados Unidos, seis contra a Bélgica, e mais seis na partida contra o Egito. O adversário na decisão foi o Uruguai. Dois anos antes do nascimento do principal torneio de futebol do planeta, o jogo teve status de final de Copa do Mundo. Os pedidos de ingresso chegaram a 250 mil. Quando, um ano mais tarde, decidiu-se qual país sediaria a primeira Copa do Mundo da história, a balança pesou para o lado do Uruguai, que tinha sido campeão olímpico.

A final de 1996 colocou frente a frente duas equipes excepcionais: a seleção argentina de Zanetti, Sensini, Crespo, Ortega e Simeone, e a Nigéria de Babayaro, Okocha, Ikpeba, Taribo West e Daniel Amokachi. Na semifinal, a Nigéria virou uma partida contra o Brasil em que perdia por 3 a 1. A decisão olímpica aconteceu em Athens, Geórgia, cidade americana homônima da famosa capital grega, e foi vista por uma multidão de 86 mil espectadores no Stanford Stadium. A dezesseis minutos do fim da partida, a Argentina vencia por 2 a 1. Então, Amokachi, que havia acabado de deixar o Everton depois de não justificar o investimento de três milhões de libras que o tinha levado a Goodison Park, empatou. E com o gol de cabeça de Emmanuel Amunike, que parecia completamente impedido, a Nigéria tomou para si a medalha de ouro.

A equipe que Bielsa levou consigo para a Atenas original era tão poderosa quanto aquela e, provavelmente, mais determinada. Fazia pouco mais de duas semanas que a seleção argentina tinha disputado a final da Copa América. Alguns atletas, como Gabriel

Heinze, que havia desperdiçado sua cobrança de pênalti em Lima, estavam extremamente motivados. Em junho, o Manchester United contratara Heinze junto ao Paris Saint-Germain. Sir Alex Ferguson logo louvaria o estilo implacável de seu lateral: "Ele é capaz de chutar a própria avó, mas, sem dúvida, é um vencedor — e ainda pode atuar como zagueiro". Ferguson pressupôs que Heinze estaria disponível para a partida de abertura da temporada, contra o Chelsea, em Stamford Bridge. O argentino, porém, avisou Ferguson que não atuaria pelo Manchester United ao menos até o mês seguinte: "Disse ao treinador do Manchester United que se ele quisesse, eu rasgaria o contrato, mas, ainda assim, iria para a Olimpíada. Defender a camisa da seleção argentina é o mais importante. É uma camisa que transcende qualquer outra coisa. Sempre terei uma queda por essa camisa". Sua primeira partida pelo Manchester United só aconteceria em 11 de setembro daquele ano, e ele marcaria um gol no empate em 2 a 2 com o Bolton. Heinze seria eleito o melhor jogador do Manchester United naquela temporada — temporada em que a equipe, reconhecidamente, esteve abaixo da crítica.

Para Bielsa, as Olimpíadas viriam a ser o torneio perfeito. A Argentina conquistou a medalha de ouro com exibições de gala. Carlos Tévez foi o artilheiro do torneio e a equipe não sofreu nenhum gol. Bielsa gostava do aspecto amador que ainda pairava sobre os Jogos Olímpicos. "Amador" era uma palavra que ele usava bastante, não no contexto de "apaixonadamente caótico", mas como alguém cuja principal motivação para praticar um esporte é seu amor por ele. "Estar aqui é sublime", disse, no início da Olimpíada. "É uma experiência inesquecível; mesmo não conhecendo a fundo a cultura dos Jogos Olímpicos, eu ficaria triste se viesse até aqui e não visse nada. Adoraria assistir às competições de atletismo, natação, às partidas de hóquei". Bielsa parecia estar mais relaxado do que nos outros torneios. Suas filhas faziam parte do time de hóquei sobre grama e ele se aproximou do elenco de *Las Leonas* e desenvolveu uma amizade com Sergio Vigil, treinador da equipe. Um dos poucos arrependimentos de Bielsa em Atenas foi não ter visto *Las Leonas*, que eram as campeãs mundiais, conquistarem a medalha de bronze na disputa com a China.

Outra circunstância aproximaria os dois treinadores. Em abril de 2019, quando Bielsa mandou sua equipe, o Leeds United, deixar o Aston Villa marcar um gol, a imprensa argentina foi atrás de Vigil, porque em 2002, numa partida contra a Alemanha, ele convenceu o árbitro a reverter a anulação de um gol, o que deu a vitória às rivais alemãs. "Todas as atitudes de Bielsa ao longo de sua carreira foram tomadas com honra", disse ao *Clarín*. "A coisa mais importante na vida é poder escolher quem você deseja ser na busca por seus objetivos. As ações de Bielsa mostram que a verdadeira arte da vitória está em não perder seu verdadeiro eu, seja quando se ganha, seja quando se perde."

A Associação do Futebol Argentino não queria que seus jogadores ficassem na Vila Olímpica, localizada aos pés do Monte Parnitha, cujas encostas verdes e arborizadas são consideradas os pulmões de Atenas. "Estávamos acostumados a hotéis, a ter nosso próprio banheiro, nosso próprio quarto", disse Kily González, que havia disputado duas finais de Champions League pelo Valencia.

Quando chegamos, nos deparamos com dois edifícios de três andares. As camas eram bastante pequenas. Havia um pequeno criado-mudo e um guarda-roupa minúsculo. Obviamente, não havia televisão nem ar-condicionado, e tínhamos de arrumar nossa própria cama. Às seis horas da manhã estávamos na fila para usar o banheiro e escovar os dentes e, então, nos encontrávamos na sala comunitária para tomar mate. Não tinha rádio, computador, nada. Ainda sonolentos, pegávamos um ônibus para ir tomar café da manhã e levávamos conosco o que usaríamos no treino. Venho de uma região humilde — como muitos de nós — e estava acostumado com aquele tipo de coisa. Foi bom.

"Conhecer esportistas genuinamente amadores foi maravilhoso", disse Nicolás Burdisso, que, aos 23 anos, já havia conquistado três vezes a Copa Libertadores com o Boca Juniors. "Era algo que nunca tínhamos vivenciado e aquilo nos motivou ao longo de toda a competição. Morar na Vila Olímpica nos mostrou um mundo amador que não tinha nada a ver com o futebol. Você estava na fila para comer e, então, um atleta que tinha conquistado uma medalha olímpica adentrava o salão e todos passavam a aplaudi-lo." Burdisso recorda que aquele era um grupo muito unido, e se lembra de Kily González entretendo os mais novos com histórias do tempo em que havia jogado com Maradona, no Boca Juniors.

No entanto, foi outro garoto saído das ruas que brilhou no calor e na névoa da cidade olímpica. Aqueles foram os Jogos de Carlos Tévez. As partidas da seleção argentina dividiram-se entre Patras, o grande porto grego no Adriático, e o estádio Karaiskakis, sede do Olympiacos. Os argentinos começaram o torneio de maneira esplendorosa batendo a Sérvia — o primeiro tempo acabou 4 a 0; a partida, 6 a 0. Tévez marcou dois gols. A Tunísia e a Austrália foram derrotadas, respectivamente, por 2 a 0 e 1 a 0. Nas quartas de final, Tévez marcou três vezes na vitória por 4 a 0 sobre a Costa Rica, colocando a equipe na semifinal para enfrentar a Itália.

O Karaiskakis estava lotado. Comandada por Claudio Gentile, a seleção italiana tinha em campo Daniele De Rossi, Alberto Gilardino e Andrea Pirlo. Giorgio Chiellini, que sustentaria a defesa da Juventus por uma década e meia, e atuaria pela seleção italiana em mais de uma centena de partidas, estava no banco de reservas.

Bielsa colocou Javier Mascherano para marcar Pirlo. Se o entorno da Vila Olímpica era diferente daquele ao qual suas equipes estavam acostumadas, os métodos de Bielsa, por sua vez, mostraram-se mais minuciosos do que nunca. Mascherano lembra que os atletas tinham de dar uma nota, de zero a dez, para suas atuações após cada partida. "Você saía do gramado achando que tinha feito um ótimo jogo e, então, ele repassava cada um de seus erros."

O jogo esteve longe de ser uma disputa acirrada. O trio italiano composto por De Rossi, Gilardino e Pirlo foi completamente eclipsado por Tévez. Aproveitando uma falha de Matteo Ferrari ao tentar afastar a bola de cabeça, o atacante chutou de primeira para abrir o placar. Na metade do segundo tempo, um passe de Tévez deixou Lucho González livre para marcar o segundo, em uma jogada de contra-ataque perfeitamente construída. Depois, a quatro minutos do fim, e com o caminho para a final desenhado à sua frente, o atacante argentino evitou a marcação de Ferrari e cruzou para o gol de Mariano González, que tinha tido sua primeira chance na seleção com Bielsa durante a Copa América. Se Bielsa estava buscando a tradução perfeita de suas ideias, havia encontrado.

Enquanto a Argentina protagonizou uma das histórias de sucesso das Olimpíadas no futebol, o Iraque foi o protagonista de outra. No ano anterior, o país havia sido expulso do Comitê Olímpico Internacional depois de relatos de que o filho de Saddam Hussein, Uday, havia pessoalmente torturado atletas que não tinham atingido os padrões olímpicos por ele impostos — eram espancados com barras de ferro e recebiam a urina de seu carrasco. Contudo, em agosto de 2004, Uday estava morto; o Iraque fora subjugado e vivia o início de um processo de desintegração rumo à anarquia. A equipe de futebol iraquiana viajou à Grécia graças à revogação da expulsão olímpica. O treinador da equipe, o alemão Bernd Stange, porém, não foi com a equipe. Depois de seu motorista de ter sido assassinado, Stange fora informado de que era o próximo alvo. Ele dava as instruções para seus atletas por telefone. Em Patras, a seleção iraquiana venceu Portugal, que contava com Cristiano Ronaldo, por 4 a 2; depois, nas quartas de final, bateu a Austrália. Na semifinal, o Paraguai se mostrou um adversário forte demais, e a decisão olímpica de 2004 acabou sendo protagonizada por duas seleções sul-americanas.

Como a final ocorreria no Estádio Olímpico, o pontapé inicial seria dado às dez da manhã. Ainda que seus atletas viessem a ser poupados do calor arrasador que se abateu sobre Atenas durante a Olimpíada — a maratona feminina começou sob uma temperatura de 35 graus Celsius —, Bielsa não quis correr riscos. Na véspera da partida, foi ao Estádio Olímpico observar a posição do sol às dez da manhã para entender melhor que influências o horário teria na partida.

Um gol marcado por Carlos Tévez foi suficiente para a Argentina conquistar a medalha de ouro. Foi o tipo de gol que deixaria Maradona orgulhoso: após um cruzamento, o atacante argentino antecipou-se ao goleiro Diego Barreto fazendo a ponta de sua chuteira tocar a bola antes das luvas do paraguaio. O típico gol de um jogador de rua e a demonstração do que os argentinos chamam de *viveza*, "astúcia". Não foi uma vitória sem sofrimento. No primeiro tempo, Roberto Ayala lesionou o joelho. Mesmo fazendo tratamento no intervalo, a dor tornou-se insuportável, ainda que Bielsa não o tenha substituído, mas incentivado o zagueiro a se manter em campo. Ayala encontrou forças pensando na dor provocada pela final da Copa América e em como aquela conquista a dissiparia. De maneira justa, quando soou o apito final, a bola estava nos pés de Carlos Tévez. Com uma das mãos ele a pegou; com a outra, socou o ar. Ninguém era mais merecedor. "Estou feliz por Bielsa", disse, mais tarde. "Ele foi muito criticado e merece a conquista; é um trabalhador e uma ótima pessoa."

Na parte interna do Estádio Olímpico, no vestiário e na sala de entrevistas, a emoção transbordava, principalmente em jogadores como Kily Gonzáles, que havia passado por todo o sofrimento no Japão. "Quero lembrar os jogadores da Copa do Mundo de 2002", disse Bielsa em sua entrevista. "Sinto que houve uma grande injustiça no modo como aqueles atletas foram tratados. Era um time excelente que conseguiu bem menos do que merecia. Sei que é difícil, mas espero que eles também possam compartilhar deste momento." Para Bielsa e aqueles que o haviam acompanhado na Copa do Mundo, os Jogos Olímpicos foram uma espécie de exorcismo.

O triunfo argentino envelheceu melhor do que o estádio. Quinze anos após a realização dos Jogos que Atenas não tinha condições de bancar, o complexo olímpico parece o esqueleto de uma fera gigantesca abatida em meio a uma vasta planície de concreto. Tornou-se uma ruína tanto quanto o Partenon ou o Templo de Zeus Olímpico. Suas vigas mestras, bem como todas as demais superfícies de metal, estão incrustadas de ferrugem. As placas, que outrora indicavam aos espectadores o caminho para o velódromo ou até o complexo que sediou as partidas de tênis, estão ilegíveis. A piscina olímpica ainda é usada por nadadores, mas os assentos ocupados pela imprensa, de onde as seis medalhas de ouro conquistadas pelo adolescente Michael Phelps foram celebradas, estão quebrados e retorcidos. Vez ou outra um corredor esporádico passa apressado ao lado das paredes pichadas de grafite, em que se lê uma mensagem, escrita com spray vermelho, que parece ser dirigida ao estádio que já foi palco de sonhos tão vívidos: "É a imortalidade, meu caro".

Versão do diretor

Não havia motivos para partir. O estrago ocorrido no Japão estava ficando para trás. Uma seleção argentina jovem e reformulada tinha chegado à final da Copa América e conquistado a medalha de ouro nas Olímpiadas de Atenas. Na Copa do Mundo seguinte, aquela equipe jovem estaria mais sólida, madura e ameaçadora. Um jogador espetacularmente talentoso, de dezessete anos, nascido em Rosário, e chamado Lionel Messi, estava prestes a estrear pela equipe principal do Barcelona.

Não faltavam motivos para partir. Alguns jamais o perdoariam pelo fracasso no Japão; a primeira medalha de ouro olímpica estava longe de significar uma terceira conquista de Copa do Mundo. Nas partidas em casa, ele ainda era vaiado; parte da imprensa queria alguém mais benevolente, alguém com uma retórica mais convincente e que lhes concedesse entrevistas exclusivas. Alguém, talvez, como Carlos Bianchi. E ele estava exausto e tão vazio quanto havia se sentido quando deixou o Newell's Old Boys.

As eliminatórias para a Copa do Mundo de 2006 já estavam em estágio avançado quando Bielsa e sua equipe voltaram das Olimpíadas. O torneio tinha começado em setembro de 2003, em uma partida contra a seleção do Chile que terminou em 2 a 2, no Monumental de Núñez. Embora os resultados não fossem tão espetaculares quanto os conquistados anteriormente — houve a derrota por 3 a 1 para o Brasil, em Belo Horizonte —, existiam poucas dúvidas de que a equipe se classificaria. A seleção argentina terminaria as eliminatórias na segunda colocação, com a mesma pontuação da equipe brasileira. Em setembro de 2004, Bielsa comandou o time na vitória por 3 a 1 frente ao Peru, em Lima. No vestiário, parecia mais agitado que o normal. "É verdade, havia alguma coisa diferente", conta Javier Mascherano.

> Na época, porém, ninguém viu nada de especial naquilo. Eu achava que era porque havíamos jogado muito bem, vencido o Peru e estávamos mais próximos da Copa do Mundo. Mas ele estava mais emocionado naquele dia do que quando conquistamos a medalha olímpica. Estava berrando e gritando, mas achei que fosse o início de alguma coisa, não o fim.

Dez dias depois, Bielsa foi até Ezeiza. Não havia nada em seu comportamento que sugerisse que pediria demissão. Encontrou-se brevemente com o presidente da AFA, Julio Grondona, foi correr; às oito da noite do dia 14 de setembro, seis anos após ter assumido a função, deu uma entrevista coletiva para anunciar que estava se desligando da seleção. Foram 42 vitórias em 68 jogos, e dez derrotas — as sofridas para a Inglaterra, em Saporo, e para o Brasil, em duas Copas Américas, as que mais demoravam a cicatrizar. Sob seu comando, a Argentina venceu 61% de seus jogos. Eram números que estavam longe de representar um fracasso. "Estou deixando o comando da seleção da Argentina", declarou.

Meus motivos são simples e diretos. Esta decisão começou a tomar forma na volta do Peru. Sinto que não tenho mais a energia necessária para assumir as tarefas exigidas pelo cargo. Não sinto mais a motivação. Reavaliei esta decisão, ponderei por um período e continuo sentindo a mesma coisa. Estou cem por cento convencido de que estou fazendo a coisa certa. Não vou me arrepender.

Entrevistado logo na sequência, Grondona sugeriu que os críticos do trabalho de Bielsa o haviam forçado a sair: "Essa decisão, provavelmente, é resultado de vários anos de aborrecimento, algo que torna difícil encontrar energia para prosseguir". José Pékerman o substituiu, a mesma pessoa que havia indicado Bielsa para o cargo seis anos antes. Pékerman montaria sua equipe em torno de Juan Román Riquelme, um armador dotado de talento e elegância, mas cuja lentidão, muitas vezes, o fazia ser preterido por Bielsa.

Na Alemanha, a alviceleste, mais uma vez, se viu no grupo da morte. Contudo, uma vitória frente à seleção da Costa do Marfim, uma goleada sobre a Sérvia, 6 a 0, e um empate sem gols contra a Holanda deram o primeiro lugar do grupo à equipe argentina. Nas quartas de final, os argentinos enfrentaram os anfitriões, em Berlim, e Pékerman parece ter se apavorado. Riquelme e Hernán Crespo foram substituídos no decorrer do jogo. Mais estranho ainda, nenhum de seus suplentes óbvios, Pablo Aimar e Messi, respectivamente, foi escolhido. A Alemanha venceu a partida nos pênaltis e, na sequência, houve uma grande confusão envolvendo, do lado alemão, Per Mertesacker. Pékerman pediu demissão logo depois.

Àquela altura, fazia dois anos que Marcelo Bielsa não comandava uma equipe. Ele passou os primeiros três meses depois de sua saída da seleção em um convento, tentando se desintoxicar do futebol. "Peguei os livros que queria ler. Não tinha telefone nem televisão. Li muito e não acredito que alguém leia tanto a respeito de futebol quanto eu. Levou três meses para que eu começasse a falar sozinho e a responder às minhas falas — era a hora de voltar."

Entre 2005 e 2007, Bielsa mudou de endereço três vezes em Rosário, mas sempre podia encontrar refúgio na casa em Máximo Paz, pequena cidade a cerca de oitenta quilômetros da capital de Santa Fé, entranhada na vastidão dos pampas. Embora, a bem da verdade, o nome seja uma homenagem a um antigo governador da província de Buenos Aires, as palavras que o compõem ("paz" e "máximo") parecem bastante apropriadas. Bielsa possuía uma fazenda ali, espalhada por duzentos hectares de terra — um lugar onde podia conversar com amigos, armazenar sua gigantesca coleção de vídeos e livros de futebol e ser ele mesmo, andando de bicicleta, lendo os jornais. Se houvesse uma conversa, nem sempre seria sobre futebol. Havia tempo de sobra para os famosos churrascos argentinos, chamados de *asados*. Os *asados* de Bielsa eram, frequentemente, organizados por Victor di Lucia, descrito como um dos "personagens da cidade" e que gostava de usar uma flor na orelha. Os convidados sabiam que não deveriam interrogar o anfitrião a respeito de futebol. Em junho de 2017, alguns anos depois da morte de Di Lucia, Bielsa inaugurou um busto de Victor, erguido em seu bar favorito, o Kiku.

Em outubro de 2006, um visitante veio a Máximo Paz procurar Bielsa: Pep Guardiola. Ele, também, estava em um momento de calmaria profissional. Aos trinta anos, Guardiola havia encerrado seu ciclo no Barcelona em 2001. Depois, viveu duas temporadas frustrantes na Itália, no Brescia e na Roma, e uma lucrativa no Catar. Àquela altura, encontrava-se no noroeste do México defendendo o Dorados de Sinaloa, clube recém-promovido para a primeira divisão, na cidade de Culiacán. Guardiola não jogou muito pelo Dorados; na verdade, não havia ido ao México para jogar, mas, sim, para aprender com o homem que comandava o Dorados de Sinaloa, o homem que Pep Guardiola acreditava ser, provavelmente, o melhor técnico com quem já havia trabalhado, melhor até do que Johan Cruyff.

Juanma Lillo era mais Bielsa do que Cruyff. Não tinha uma carreira como jogador à qual pudesse recorrer e enredava-se principalmente na teoria e no romance do esporte. Possuía uma biblioteca com dez mil livros e revistas sobre futebol. Assim como Bielsa, Lillo tivera Luis César Menotti como seu defensor. Em 1995, aos 29 anos, conduziu o Salamanca à primeira divisão na Espanha, passando a ser o treinador mais jovem a comandar uma equipe na Liga. Contudo, Lillo nunca se manteve em um mesmo clube por muito tempo e algumas pessoas do futebol espanhol o consideravam uma fraude, teoria que ganhava credibilidade a cada demissão. Para Guardiola, não era esse o caso. Ele tinha ficado fascinado com Lillo desde o dia de setembro de 1996 em que o Barcelona, treinado por Bobby Robson, enfrentou o Real Oviedo, comandado por Lillo. Os catalães venceram por 4 a 2, mas houve momentos em que o Oviedo fez o Barcelona parecer um time comum, até amador. No México, os dois conversavam diariamente sobre o treinamento de equipes de futebol.

Era óbvio que Guardiola iria querer falar com Bielsa. Quando ele e Gabriel Batistuta atuaram juntos na Roma, Batistuta o aconselhou a procurar o treinador argentino: "Se você quer ser treinador, tem de se encontrar com esse cara". Em 10 de outubro de 2006, durante um *asado*, Guardiola, acompanhado do diretor cinematográfico e romancista David Trueba, se reuniu com Bielsa. A primeira hora foi tomada por Bielsa interrogando Trueba, que havia acabado de concluir seu novo filme, *Bienvenido a casa*, sobre cinema. Ele só parou quando Trueba disse: "A gente não veio aqui para falar de filmes, certo?". E a conversa mudou para futebol. "Eles começaram e não pararam mais." Trueba recorda-se de discussões frenéticas sobre equipes, planejamento tático, histórias sobre o esporte. O computador de Bielsa foi usado para checar informações e pôr fim a alguns debates. Depois, Bielsa colocou Trueba entre duas cadeiras para demonstrar uma jogada.

Eles passaram a falar sobre os aspectos práticos do dia a dia de um treinador, como lidar com a imprensa, por exemplo. Bielsa explicou por que, àquela altura, havia deixado de conceder entrevistas exclusivas. "Por que vou dar entrevista para um jornalista de um jornal poderoso e negar uma entrevista para um repórter mais modesto do interior? Qual o critério?". Ao se tornar técnico do Barcelona, dois anos mais tarde, Guardiola adotaria política parecida. O mesmo ocorreu em Munique e em Manchester. Ele não dava entrevistas exclusivas e falava com a imprensa apenas durante as entrevistas coletivas, em que todos podem fazer perguntas. Então, Bielsa se virou para Guardiola e disse: "Por que você, que conhece todo o lixo que existe no futebol, a desonestidade das pessoas neste esporte, quer voltar àquele ambiente e ser treinador? Você gosta tanto assim de sangue?". Guardiola respondeu: "Eu preciso desse sangue".

Guardiola tornou-se treinador e derramou uma quantidade considerável de sangue de outras pessoas, em particular de seu mentor, Juanma Lillo. Em novembro de 2010, Lillo comandava o Almería em uma partida contra o Barcelona. Jogando em casa, no Estadio de los Juegos Mediterráneos, sua equipe foi massacrada: 8 a 0. No dia seguinte, Lillo foi demitido. Ele só voltaria a treinar outro time depois de quatro anos.

Podemos nos perguntar por que Trubea jamais transformou aquele evento em um roteiro, como aconteceu com o encontro entre Marilyn Monroe e Albert Einstein, em um hotel em Nova Iorque, que viria a servir de inspiração para uma peça de teatro e, posteriormente, um filme, intitulado *Malícia Atômica*. Marcelo Bielsa, a propósito, é apaixonado por cinema. Quando não estava trabalhando, disse a Trueba, assistia a dois filmes por dia.

Alguns anos depois, em uma manhã na costa pacífica do Chile, o telefone da residência de Luis Vera, em Valparaíso, tocou. Sua esposa atendeu e, então, virou-se para o marido: "É um Marcelo Bielsa querendo falar com você". Luis Vera é diretor de cinema. Em 1973, quando os tanques do general Augusto Pinochet tomaram as ruas de Santiago e a força aérea bombardeou o palácio presidencial La Moneda, ele fugiu do país. Tinha 21 anos. Acabou na Romênia, onde estudou cinema na Universidade de Bucareste e, depois, em 1979, exilou-se na Suécia. Somente com o fim da ditadura, uma década depois, Luis Vera retornou a seu país. Em 2008, ano em que Bielsa lhe telefonou, havia acabado de lançar um filme, *Fiesta Patria*, sobre uma família que, depois do término da ditadura, reúne-se no dia da independência do Chile. Bielsa tinha assistido à produção três vezes.

Os dois já haviam se encontrado anteriormente, no estádio em Valparaíso. Bielsa tinha assumido o comando da seleção chilena e estava assistindo a uma partida na cidade. No intervalo, estava em pé, sozinho, sem que ninguém tivesse coragem de se aproximar para conversar. Luis Vera se aproximou; apresentou-se como diretor de cinema, disse que estava lançando um filme novo e lhe deu seu cartão. Agora, ao telefone, Bielsa perguntava, muito educadamente, se podiam se encontrar. Às seis horas daquela mesma tarde, o argentino chegou a Valparaíso dirigindo um usado e modesto, na opinião de Luis Veras, Nissan Tiida. Então, a dupla foi a um restaurante de frutos do mar às margens do Pacífico. À uma da manhã, seguiam conversando. "Falamos muito a respeito de amor, política — muito pouco de futebol — e muito de cinema", recorda-se Luis Vera.

> Ele me disse que, se não tivesse se tornado treinador de futebol, gostaria de ter sido diretor de cinema, mas duvidava que tivesse talento. No mundo do futebol, manipulado por interesses comerciais, Marcelo representa uma ética romântica; é mais do que um técnico de futebol, porque sua atitude no esporte é a mesma que tem em sua vida. Ele enxerga o mundo como um diretor de cinema.

Luis Vera ajudaria Bielsa a se manter a par dos novos talentos da indústria, apresentando-lhe o trabalho do diretor sérvio Emir Kusturica, cujo documentário a respeito de Diego Maradona foi exibido no Festival de Cinema de Cannes, em 2008.

O primeiro encontro de Bielsa com o mundo do cinema foi resultado de sua constante necessidade de fazer uso de um videocassete. Francisco Lombardi era o mais importante cineasta peruano, além de ser, também, diretor do Sporting Cristal, um dos maiores clubes do país. Admirador do trabalho de Bielsa no Newell's, Lombardi, em 1992, convidou a equipe argentina para um amistoso em Lima. Bielsa havia trazido consigo sua habitual coleção de vídeos para assistir antes da partida, mas descobriu que o tipo de videocassete necessário para vê-los não estava disponível no Peru. Lombardi lhe emprestou o seu. E assim formou-se uma amizade. Lombardi enviava DVDs de seus trabalhos para Bielsa — "porque eu sabia que ele os veria". Certo dia, Bielsa lhe mandou um documento contendo uma análise crítica detalhada de cada um de seus filmes. Quando Marcelo Bielsa aceitou a oferta para treinar o Athletic Bilbao, um dos atrativos era a proximidade com San Sebastián, sede do maior festival de cinema da Espanha. Ali, Lombardi conquistou, duas vezes, o prêmio de melhor diretor.

No período que esteve em Bilbao, o argentino promoveu o trabalho de um jovem diretor chileno, Fernando Guzzoni, indo à exibição de seu filme *Carne de Cão*, em San Sebastián, e ajudando em sua divulgação — Bielsa trajava um abrigo cinza, sua marca registrada. O filme conquistou o prêmio na categoria melhor diretor iniciante, o que lhe rendeu noventa mil euros. "Ele conversou longamente sobre o filme", disse Guzzoni. "Havia gostado do modo como a câmera chegava bem perto do herói, e apreciava a ausência de música. Dava para perceber que sabia do que estava falando. Mostrou-se bastante gentil e amigável, nada parecido com a imagem fria e monástica que muitas pessoas têm dele." Bielsa preferia filmes que fizessem o público pensar, não sendo desses que gostam de filmes leves ou cheios de efeitos especiais. Os prêmios dados a Lombardi foram por seus trabalhos sérios: uma adaptação de *A cidade e os cachorros*, do mais célebre autor peruano, Mario Vargas Llosa; e outra de uma obra de Jim Thompson, escritor americano, alcóolatra, de livros policiais e que, entre outros, publicou *Os imorais* e *Fuga para o inferno*.

Carne de Cão também trata das consequências da ditadura de Pinochet, concentrando-se não em uma família, mas em um indivíduo — um ex-torturador que busca fugir de seu passado. O filme foi elogiado pela revista *The Hollywood Reporter* em uma resenha que admitia que assistir à obra poderia ser "incomodamente desagradável".

Para Lombardi, o que fazia Bielsa buscar a companhia de diretores cinematográficos era o fato de que o trabalho destes

— tirar o melhor de seu elenco — era similar ao seu. O campo de treinamentos é a sala de ensaios; as análises táticas, o roteiro. "Acho que Marcelo poderia ter se tornado um cineasta", afirma. "Ele teria se destacado."

Homem da montanha

Não havia muito a ser dito, no voo de volta da Venezuela, exceto admitir que as coisas tinham de mudar.

Na Copa América, o Chile havia sido humilhado pelo Brasil, 6 a 1. Não foi o resultado que irritou Harold Mayne-Nicholls, presidente da Federação Chilena de Futebol. Seu país tinha um longo histórico de derrotas para o Brasil, ainda que não por aquele placar. Mas foi a indisciplina absoluta da equipe, dentro e fora de campo, que convenceu Mayne-Nicholls da necessidade de mudar o treinador. O comandante no cargo, Nelson Acosta, não tinha muita vontade de seguir. O Chile tinha se classificado para a fase de mata-mata da Copa América após um empate sem gols com a seleção mexicana, na cidade de Puerto La Cruz, onde há uma refinaria de petróleo. Acosta deu permissão a seus jogadores para que saíssem e se divertissem. Eles exageraram um pouco e, no dia seguinte, continuaram se divertindo. Alguns atletas chegaram bêbados para o café da manhã. Comidas foram arremessadas; houve brigas; objetos do hotel foram quebrados. Dois dias depois, veio a partida contra o Brasil. Após o jogo, Acosta disse a Mayne-Nicholls que não trabalharia mais com aqueles jogadores.

Àquela altura, o exílio futebolístico de Bielsa já chegava a quase três anos. Ele havia recusado uma proposta para treinar a seleção da Colômbia, mas Mayne-Nicholls se perguntava se não seria possível convencê-lo a assumir o Chile. Os antepassados de Mayne-Nicholls têm origem na Cornualha, Inglaterra, e na Croácia. Um de seus avós viera de Falmouth; outro, da ilha de Brač, no mar Adriático. Ele se tornou jornalista e depois chefe de imprensa da Copa América sediada no Chile, em 1991, quando a Argentina, comandada por Gabriel Batistuta, sagrou-se campeã. E era naquele momento o presidente da Federação Chilena de Futebol.

Seu primeiro encontro com Bielsa havia acontecido em março de 1992, quando a Universidad Católica, uma das principais equipes chilenas, e da qual era dirigente, empatou com o Newell's Old Boys pela Copa Libertadores. Antes da partida, havia sido pedido para que Mayne-Nicholls arranjasse um local em Santiago para o time visitante treinar; bastante intrigado a respeito de Bielsa, ele decidiu assistir ao treino do Newell's. Mayne-Nicholls testemunhou Bielsa colocar seu elenco para praticar um mesmo exercício, de quarenta minutos, no qual repetia apenas uma jogada. No dia seguinte, de seu assento no estádio, o dirigente chileno viu o Newell's marcar reproduzindo exatamente o movimento que os vira praticar à exaustão.

Alguns anos depois, Mayne-Nicholls se viu em Rosário, conversando com Bielsa. O problema não era o estado de uma equipe que não havia conseguido se classificar para as duas últimas Copas do Mundo, mas dinheiro. A Federação Chilena de Futebol tinha doze milhões de dólares para cobrir os gastos ao longo dos três anos seguintes. O custo com Bielsa e sua equipe seria de 1,5 milhão de dólares, ou mais do que um terço do orçamento anual. Acosta recebia trezentos mil dólares. "Falar com Marcelo foi fácil, mas fechar o negócio, não."

Aquele investimento me obrigaria a responder a inúmeras perguntas sobre o critério usado para escolhê-lo. No primeiro ano, ele não pleiteou seu pagamento e tivemos de insistir para que fosse à Federação coletar seu cheque. Disse que se ele não recebesse seu pagamento, aquilo causaria uma porção de problemas. Falei: "Se eu vir que tem dinheiro na conta, vou usá-lo, e se você vier buscá-lo no dia seguinte, vai ter uma decepção". Antes, quando finalizávamos os últimos detalhes do acerto, disse que desejava que se mudasse para o Chile com sua esposa e suas duas filhas. Expliquei que, caso ele viesse apenas para as partidas, aquilo não pegaria bem; além disso, queria que Marcelo conhecesse nossa cultura e realmente soubesse a maneira como vivemos. Em agosto de 2007, ele começou a procurar uma casa e depois me ligou e disse: "Precisamos conversar". Contou que sua família voltaria para a Argentina. Eu fiquei muito irritado porque aquele ponto fazia parte do acordo. Ele me disse que sua filha, Inés, havia sido pré-convocada para a seleção de hóquei de grama da Argentina. Falou: "Não posso dizer à minha filha que ela tem de ir para o Chile em vez de jogar pela Argentina". Não havia nada que eu pudesse dizer. Uns dez dias depois, ele me telefonou às sete horas da manhã. Fazia dois ou três dias que não parava de chover e, aqui no Chile, no inverno, não é uma chuva como a de Londres; é muito frio e, nas montanhas, tudo fica coberto de neve, completamente branco. Marcelo disse que precisávamos conversar urgentemente. Respondi que levaria as crianças para a escola e o encontraria no centro de treinamento. Cheguei às oito ou oito e quinze da manhã. Ele falou: "Podemos dar uma volta?". Eu estava vestindo uma jaqueta, gravata e sapatos, e à medida que caminhávamos pela beira do gramado, sentia água dentro dos meus sapatos e minhas meias molhadas e geladas. Ele falou: "Preciso que você autorize mais uma coisa".

"O quê?"

"Quero morar aqui no centro de treinamento."

"Marcelo, olhe à sua volta. No inverno, escurece às seis horas. Olhe para a vizinhança. Não há restaurantes, não tem cinema, não tem vida." Àquela altura, já tínhamos contornado uma das bandeirinhas de escanteio e estávamos de frente para as montanhas. O céu estava azul; as montanhas, completamente brancas. "Olha essas montanhas", ele disse. "Jamais me perdoaria se vivesse em um lugar onde não pudesse ver essas montanhas todos os dias." Ele se mudou para o quarto número um e ocupou, também, um quarto adjacente. Um passou a ser seu escritório; o outro tinha espaço para uma cama e uma mesa, e não muito mais do que isso. Ele morou ali três anos. Assistia a vários filmes e acho que foi ali que realmente aprendeu a usar a internet. Uma coisa boa era que podia pedir comida na cozinha. Acho que ele gostava daquilo.

Anos seguidos de pouco investimento tinham deixado o centro de treinamentos em estado lastimável. Os campos de futebol eram ruins e a Federação Chilena não tinha dinheiro disponível para melhorá-los. Então, Bielsa resolveu ir para as ruas, onde dava palestras e cobrava por isso. O dinheiro seria usado para aprimorar o centro. "Se fosse uma escola, ele falava de graça. Se fosse uma grande empresa de mineração, cobrava uma fortuna", afirma Mayne-Nicholls. "O dinheiro ia para uma conta especial. Ele sempre soube quanto tinha na conta e sei que ele deu ao menos uma centena de palestras. Com o primeiro dinheiro que ganhamos, pudemos instalar televisões no centro de treinamentos; depois, melhoramos os campos e, então, a infraestrutura toda do lugar." Embora Mayne-Nicholls tenha dito a Bielsa que ele não precisava classificar a seleção chilena para a Copa do Mundo da África do Sul — estava mais interessado no modo como o Chile jogaria —, aquele, estava evidente, era o objetivo do treinador.

O histórico da equipe chilena era medíocre e errático. Apenas na Copa do Mundo realizada no próprio Chile, em 1962, disputada após o maior terremoto já registrado na história e que deixou dois milhões de desabrigados, a seleção obteve sucesso. Naquele momento, o país teve como inspiração as palavras enunciadas pelo presidente da Federação Chilena, Carlos Dittborn, quando o país lançou sua candidatura, anos antes, para sediar o torneio: "Como não temos nada, faremos tudo". A lembrança mais duradoura é a da Batalha de Santiago, quando Itália e Chile se digladiaram ao longo dos noventa minutos — a polícia precisou entrar em campo quatro vezes. O conflito foi potencializado por um artigo, publicado em um jornal italiano, que descrevia a organização da Copa do Mundo em termos desmoralizantes: "Os telefones não funcionam, os táxis são tão raros quanto maridos fiéis, um telegrama para a Europa custa um braço e uma perna, e uma carta demora cinco dias para chegar". O texto afirmava que a população chilena tinha propensão para "a desnutrição, o analfabetismo, o alcoolismo e a pobreza". Desde a Copa de 1962, o Chile havia disputado treze partidas em quatro mundiais sem conquistar nenhuma vitória.

No entanto, a escolha de Bielsa coincidiu com uma reviravolta dramática no futebol chileno. Pouco antes de o treinador argentino assumir a seleção, o Chile havia terminado a Copa do Mundo sub-20, realizada no Canadá, na terceira colocação. A equipe, que contava com Alexis Sánchez, Arturo Vidal, Carlos Carmona, Gary Medel e Mauricio Isla, chegou às semifinais do torneio sem ter levado um gol sequer em cinco partidas. O Chile perderia por 3 a 0, em Toronto, para a Argentina, que tinha em seu elenco Sergio Agüero e Ángel Di Maria. Tempos depois, o Chile conquistaria a Copa América de 2015. Bielsa não estava mais no comando da seleção chilena quando a bola chutada por Alexis Sánchez viajou mansamente até chegar ao fundo das redes, na disputa de pênaltis, contra a seleção Argentina, que deu ao país seu primeiro troféu. Porém, havia sido Bielsa quem alicerçara a base daquela vitória.

Quando aceitou a proposta para assumir o Chile, Marcelo Bielsa percebeu que não poderia ter consigo a comissão técnica que o havia acompanhado na seleção argentina. Claudio Vivas estava treinando a equipe juvenil do Estudiantes e Javier Torrente era treinador do Cerro Porteño, do Paraguai. Para ocupar o lugar deles, o escolhido foi Eduardo Berizzo. Uma das grandes qualidades de um auxiliar técnico é a capacidade de se fazer acessível, e os jogadores chilenos achavam mais fácil conversar com o ex-zagueiro argentino do que com Bielsa. No entanto, Berizzo também era dono de temperamento explosivo. Como jogador, havia sido expulso quatro vezes em uma única temporada, quando defendia o Celta de Vigo, o que contribuiu substancialmente para o rebaixamento do clube no campeonato espanhol de 2004.

Outra expulsão, já como auxiliar técnico de Bielsa, o impediu de se sentar no banco de reservas durantes todas as partidas chilenas na fase de grupos da Copa do Mundo de 2010. Berizzo foi um dos muitos ex-comandados de Bielsa que se tornaram treinadores, e seu modo de enxergar a vida era parecido com o do mentor. "Bielsa me ensinou que não se pode nunca achar que já se aprendeu tudo. Tudo ainda está para ser descoberto." Se seus trabalhos no Estudiantes e no Athletic Bilbao não foram um sucesso, ele passaria a ser eternamente visto como herói em Rancagua, no Chile. O clube da cidade, o O'Higgins, fora batizado em homenagem a Bernardo O'Higgins, chileno de uma família do Condado de Sligo que libertou o país da dominação espanhola. Em 2013, Berizzo conduziu o O'Higgins ao primeiro título de sua história.

Existiriam, ainda, outros rostos conhecidos no grupo, como Luis Bonini, preparador físico que fazia parte da comissão técnica de Bielsa desde que este havia assumido o Atlas, em 1992. Bonini tinha estudado na Universidad Nacional del Sur, em Bahía Blanca, onde trocou o curso de Economia pelo de Educação Física. Seus primeiros trabalhos foram com natação e basquete, antes que voltasse sua atenção para o futebol. Era tão rigoroso em seu campo de atuação quanto Bielsa.

Pablo Contreras, zagueiro que defendia o Celta de Vigo, tinha sido um dos líderes do tumulto provocado pelos embriagados jogadores chilenos durante o café da manhã em Puerto La Cruz, durante a Copa América, e, por conseguinte, havia sido suspenso da seleção por dez partidas. Bielsa lhe ofereceu uma oportunidade para voltar a fazer parte do elenco.

> Marcelo nos intimidava com suas palavras e seus gestos. Sério, eu juro que tínhamos medo dele, e eu

era um dos mais velhos. Um de nós disse a Bonini: "Professor, estamos cansados". O trabalho era realmente intenso. Os músculos das nossas coxas estavam pesados; nossos adutores queimavam. Bonini disse: "Tudo bem, digam isso ao Marcelo". Marcelo se aproximou. "O professor me disse que vocês estão cansados". Ele virou para Gonzalo Jara [que também atuava na defesa]. "Gonzalo, você está cansado?". Gonzalo respondeu que estava bem. Depois, me perguntou: "Pablo, você está cansado?". Eu era o mais velho. Estava acabado. "Não, Marcelo, estou ótimo". Bonini estava ouvindo aquilo tudo e então chegou perto de onde estávamos e disse: "Vocês são todos uns covardes, uns cagões. Quando o homem chega perto, vocês, de repente, ficam todos paralisados".

Houve outro incidente que ilustra o perfeccionismo de Bielsa. Ele chamou Gary Medel e deu a entender que o meio-campista, o coração daquela equipe chilena, estava três quilos acima do peso. Medel respondeu dizendo ter certeza de que não estava, mas, mesmo assim, foi se pesar. Estava três quilos acima do peso.

Arturo Vidal, que tinha acabado de assinar com o Bayer Leverkusen por onze milhões de dólares, tornando-se o mais caro jogador da história do Chile, não gostava dos métodos de treinamento de Bielsa; até que, em determinado momento, alguma coisa nele se acendeu. "Antes, eu era errático em campo, corria como louco por todo o gramado. Não me concentrava direito nas partidas nem nos treinamentos. Ele me fez perceber a importância do lado mental no meu estilo de jogo."

A primeira partida do Chile nas eliminatórias para a Copa do Mundo da África do Sul seria contra a Argentina, em Buenos Aires. Os argentinos eram treinados por Alfio Basile, que havia levado a seleção para a Copa do Mundo de 1994, onde tudo tinha se transformado em caos depois de Maradona ser pego no exame antidoping. Agora, após a saída de José Pékerman, estava de volta ao comando da alviceleste. A recepção dada a Bielsa no Monumental de Núñez foi boa, principalmente por parte dos jogadores argentinos. Afinal, quase todos haviam sido seus jogadores. Lionel Messi, então com vinte anos, e que nunca havia sido treinado por Bielsa, liderava o ataque argentino ao lado de Carlos Tévez. Ambos foram anulados, dominados pelo meio de campo defensivo da equipe chilena montado em torno de Manuel Iturra; no ataque, por sua vez, Eduardo Rubio e Humberto Suazo davam trabalho a Gabriel Heinze. Porém, dois gols de Juan Román Riquelme, o jogador mais beneficiado com a saída de Bielsa, foram suficientes para dar a vitória à seleção da casa.

Em novembro, empate por 2 a 2, em Montevidéu, contra o Uruguai. Marcelo Salas, que poderia se considerar o melhor atacante chileno, embora estivesse, então, com 32 anos, marcou seus últimos gols com a camisa da seleção — e foram suficientes para dar ao Chile os primeiros pontos de sua história em jogos disputados no enorme Estádio Centenario. No entanto, as lembranças daquele domingo à tarde não perdurariam. Três dias depois, o Chile perdeu, em casa, por 3 a 0, do Paraguai, treinado por Gerardo Martino, que havia sido comandado por Bielsa no Newell's Old Boys. A reação em Santiago, e em outras partes do país, foi hostil, embora, em retrospectiva, Martino estivesse comandando uma equipe de alto nível que venceria Brasil e Argentina nas eliminatórias e chegaria às quartas de final da Copa do Mundo.

A lembrança de Mayne-Nicholls é a seguinte:

> A imprensa começou a dizer: "Por que estamos pagando tanto dinheiro para um treinador que não nos

deixa assistir a seus treinamentos e não atende o telefone quando ligamos?". Havia também muita irritação com os jogadores e os dirigentes. O problema é que ficaríamos até junho de 2008 sem disputar uma partida válida por torneio oficial. Seriam sete meses sem ter muito o que mostrar à imprensa. Jogamos um amistoso contra Israel e perdemos, 1 a 0. Houve um empate contra o Panamá, e uma vitória sobre a Guatemala, mas nada indicava que as coisas mudariam. O principal jornalista esportivo do nosso maior jornal, o *El Mercurio*, pediu a demissão de Marcelo.

Quando as eliminatórias recomeçaram, o Chile, primeiro, superou a Bolívia, na altitude de La Paz; depois, voltou para Puerto La Cruz, local da humilhação sofrida diante do Brasil na Copa América, e venceu a Venezuela, 3 a 2. O confronto seguinte seria contra os brasileiros, no Estádio Nacional, em Santiago. A imprensa chilena havia mudado radicalmente de atitude. Depois de ter pedido a cabeça de Bielsa, tinha passado a afirmar que aquela era "a pior seleção brasileira dos últimos tempos" e previa uma vingança por derrotas que ultrapassavam gerações. A história se repetiu. O pior Brasil dos últimos tempos fez com o Chile o que todas as outras equipes brasileiras dos últimos tempos haviam feito: venceu; placar final, 3 a 0. Em outubro, a tabela de classificação estava equilibrada. O Chile se manteve na quarta colocação, última posição a dar vaga direta para a Copa do Mundo, um ponto à frente do Uruguai, em quinto, e dois da Colômbia. Os paraguaios eram os surpreendentes líderes, com Brasil e Argentina no encalço. Em Santiago, os chilenos enfrentariam a Argentina, seleção que nunca havia sido derrotada pelo Chile em uma partida oficial.

O que se seguiu foi, talvez, o resultado mais significativo da história moderna do futebol chileno. Carlos Carmona viu Gary Medel fazendo a ultrapassagem na lateral e lhe passou a bola. Medel, apelidado "Pitbull" em razão de sua competitividade incondicional, cruzou rasteiro para Fabián Orellana (estreante de 22 anos e que jogava futebol no bairro nobre de La Florida, em Santiago) marcar em um chute de primeira. Com cara de bebê e cabelos esvoaçantes, Orellana parecia a personificação da imagem que os vitorianos tinham de um deus grego. Estava em campo somente porque Alexis Sánchez estava suspenso. O garoto passaria a ser chamado de *El Histórico* e aquele gol o ajudou a se transferir para a Udinese, da primeira divisão da Itália. A jogada que deu origem ao gol era um lance típico de Bielsa. Em março de 2019, o Leeds faria um gol praticamente idêntico contra o Millwall, marcado por Pablo Hernández. Orellana não chegou a explodir no futebol europeu e, embora viesse a conquistar a Copa América, nunca mais teve uma noite como aquela. A respeito de Bielsa, ele diria: "É quase como um pai para mim; o melhor treinador que já tive — pelo menos é difícil pensar em alguém melhor. Essa vitória foi fundamental para nossa equipe, porque passamos a dizer a nós mesmos que podíamos vencer qualquer seleção".

Quando soou o apito final, sinalizadores foram acesos, bandeiras tremularam e o banco do Chile correu para o gramado; Bielsa, porém, foi para o vestiário, cabeça baixa, sem sorrir. A derrota acertaria em cheio seu adversário, marcando o fim de Alfio Basile como treinador da seleção. Numa atitude que só poderia ser justificada com base na intuição, a AFA escolheu Maradona como seu substituto. Maradona adotou técnicas de treinamento que, talvez, pudessem ser reconhecidas por Calígula. O novo comandante da alviceleste chamou setenta jogadores diferentes e, quando suas decisões eram questionadas, segurava as bolas do saco e gritava para os jornalistas que eles podiam "chupá-las e continuar a chupá-las". Chega a ser impressionante que a Argentina tenha chegado até as quartas de final da Copa de 2010, disputada na Cidade do Cabo, onde acabou sendo atropelada pela Alemanha.

Do outro lado dos Andes, havia um grande sentimento de orgulho nacionalista. "Não foi apenas um dia incrível para o futebol chileno, foi um dia incrível para o país", disse Mayne-Nicholls. "Mudou nossa maneira de pensar, e este é o maior legado de Marcelo. A mensagem que ele passou é que, se você trabalhar arduamente e fizer as coisas certas, os resultados vão aparecer." Aquela noite instilou uma lembrança mais agradável no Estádio Nacional, que, após o golpe de estado de Pinochet, em setembro de 1973, serviu como centro de detenção e tortura para milhares de prisioneiros. Os homens ficavam nas arquibancadas e no gramado; as mulheres, nos vestiários, nos escritórios e na piscina vazia. Muitos foram assassinados. O que colocou fim ao uso do estádio como campo de concentração foi a necessidade de sediar, dois meses depois do golpe, uma partida contra a União Soviética válida pela repescagem das eliminatórias para a Copa do Mundo. Quando os dirigentes da Fifa foram inspecionar o estádio, os prisioneiros ainda estavam ali: "Queríamos gritar e dizer: 'Ei, estamos aqui, olhem para nós!'", disse um deles, Felipe Agüero. "Mas eles pareciam interessados somente na condição do gramado." A União Soviética boicotou a partida e o Chile se classificou para a Copa do Mundo da Alemanha com uma vitória por wo.

A classificação chilena para a África do Sul seria um evento bem mais edificante. Depois do triunfo sobre a Argentina, a seleção chilena perdeu apenas um dos oito jogos restantes — para o Brasil, como era de se esperar — e assegurou a vaga com uma vitória por 4 a 2 contra a Colômbia, em Medellín. "Recebi uma mensagem da presidente do Chile, Michelle Bachelet, dizendo que ela gostaria de ir, no dia seguinte, ao centro de treinamentos da seleção cumprimentar a equipe", recorda-se Mayne-Nicholls.

> Demoramos para deixar Medellín e só chegamos nas primeiras horas da manhã. Dissemos aos atletas que eles deveriam estar prontos, trajando seus uniformes, às oito e meia da manhã. A presidente chegou; a equipe estava pronta, mas não se via Bielsa em lugar nenhum. Eu ia ficando cada vez mais nervoso. Não tinha ideia de onde ele estava. Então, de repente, ele apareceu com dois caras que eu jamais tinha visto. Me perguntei o que aqueles dois estariam fazendo ali, com a presidente, quando Bielsa falou: "Gostaria que a senhora conhecesse duas pessoas que fizeram mais do que qualquer um de nós para que nos classificássemos para a Copa do Mundo: este aqui é nosso padeiro e todos os dias ele nos entrega pão fresco; este outro nos traz frutas e vegetais. Não teríamos nos classificados sem eles". Bielsa é assim.

Voortrekker[10]

A segunda Copa do Mundo de Marcelo Bielsa não deixou as mesmas cicatrizes provocadas pela primeira, mas não foi um evento livre de arrependimentos. O período de preparação esteve longe de ser tranquilo. Seu principal atacante, Humberto Suazo, que havia marcado mais gols que qualquer outro goleador sul-americano nas eliminatórias para a Copa do Mundo, estava machucado; além disso, o sorteio, novamente, não foi favorável. Como uma das primeiras seleções a se classificar para o torneio, o Chile teve a chance de definir antecipadamente onde seria seu centro de treinamentos na África do Sul. Bielsa deixou a escolha nas mãos de Luis Bonini. No fim, havia duas opções. A primeira era ficar no Ingwenyama Resort, perto da cidade de Nelspruit, no nordeste do país. Os campos de treinamento eram precários, mas ficavam a uma curta distância, a pé, do hotel. A outra opção era em Kimberley, no coração da indústria de diamantes da África do Sul. O prefeito de Kimberley havia contatado Harold Mayne-Nicholls e se oferecido para arcar com todas as despesas da seleção chilena, caso a delegação decidis-

---
[10] Colonizadores de origem holandesa que migraram, nos anos 1830, da Colônia Britânica do Cabo em direção ao interior do país. (N.T.)

se ficar na cidade. Os campos de futebol eram melhores do que os de Ingwenyama, porém ficavam a dez minutos, de ônibus, do hotel. Presidente de uma federação em constantes dificuldades financeiras, Mayne-Nicholls, naturalmente, preferia Kimberley. Bielsa lhe disse que não via problema — adaptaria seus treinamentos. Bonini se opôs. "Ele explicou que os treinos aconteceriam, algumas vezes, em três períodos, o que significava que os atletas fariam seis viagens de ônibus", explica Mayne-Nicholls.

> Os jogadores ficariam irritados por ter de entrar no ônibus toda hora, e sempre haveria um atleta atrasado. Além disso, Bonini me disse que os jogadores estariam vulneráveis a lesões se ficassem sentados o tempo todo. Sugeriu que optássemos pelo local perto de Nelspruit. Eles pagariam parte dos nossos gastos, mas não tudo. O Uruguai foi o último país a se classificar para a Copa do Mundo. Eu conhecia seu treinador, Óscar Tabárez, e o presidente da federação uruguaia. Eles me disseram que não conseguiam achar um lugar na África do Sul. Eu os coloquei em contato com o prefeito de Kimberley e eles ficaram lá, de graça.

E ficaram um bom tempo no Hotel Protea. A seleção uruguaia chegaria às semifinais da Copa do Mundo, sua melhor campanha desde 1950, quando conquistou a taça.

Em dezembro de 2009, na Cidade do Cabo, realizou-se o sorteio dos grupos da Copa do Mundo. Um dos encarregados de tirar uma das bolinhas do pote era David Beckham, o homem que tanta dor provocara em Bielsa, na cidade japonesa de Sapporo. Não foi tão ruim quanto em 2002, mas o Chile enfrentaria os campeões europeus: a seleção da Espanha. No grupo, havia ainda a Suíça, que tinha perdido apenas uma partida nas eliminatórias e era treinada por Ottmar Hitzfeld, técnico com duas conquistas de Champions League, por Borussia Dortmund e Bayern de Munique. A seleção de Honduras poderia ser vista como a mais fraca, embora contasse com Carlos Pávon e Carlo Costly, dois dos maiores artilheiros das eliminatórias da América do Norte e Central. No mundial, no entanto, Honduras não marcaria um único gol. Assim como no caso dos *voortrekkers* — que abandonaram o relativo conforto da Cidade do Cabo para fundar as repúblicas ideologicamente puras dos bôeres no coração implacável da África do Sul —, uma vez superada a fase de grupos, não haveria caminho fácil para o Chile. À sua espera na primeira etapa da fase eliminatória estaria Brasil ou Portugal. Nas quartas de final, talvez a Itália, campeã do mundo, ou a Holanda.

Para fazer as últimas escolhas para sua convocação final, Bielsa teria dois amistosos, no mesmo dia, a serem disputados em março. O Chile enfrentaria a Costa Rica e a Coreia do Norte, em partidas que seriam jogadas com quatro horas de diferença entre si. Três dias antes, porém, o Chile foi atingido por um terremoto. Não foi tão forte quanto aquele de 1960 que destruiu o país, mas, ainda assim, chegou a 8,8 graus na escala Richter e pôde ser sentido a mais de 2.400 quilômetros de distância. Os jogos foram cancelados. O sul do país, em especial Concepción e Coronel, foi a região mais atingida. Houve saques, motins e toques de recolher.

A decisão de disputar duas partidas em um único dia foi mantida, mas os jogos — desta vez contra Irlanda do Norte e Israel — só ocorreram em 30 de maio. Chovia, uma névoa cobria Santiago, e Humberto Suazo, que marcara dez gols nas eliminatórias, estava machucado. O atacante esteve na Copa do Mundo na África do Sul, mas suas atuações não foram nem sombra das apresentadas nas eliminatórias.

Enquanto isso, Mayne-Nicholls estava em Roma tentando convencer o principal jogador chileno, David Pizarro, a se colocar à disposição para defender a seleção na Copa do Mundo. Pizarro tinha sido peça fundamental no meio-campo da Roma que ficou na segunda colocação do Campeonato Italiano, apenas dois pontos atrás da Inter de Milão — que, comandada por José Mourinho, conquistou a Tríplice Coroa. Pizarro estava com trinta anos e, provavelmente, no auge de sua técnica, mas não defendia a seleção nacional havia cinco anos, tendo anunciado sua aposentadoria depois de a equipe chilena não ter se classificado para a Copa do Mundo de 2006. "Marcelo me disse que se Pizarro não declarasse que gostaria de defender a seleção nacional, não poderia convocá-lo porque estaria sendo injusto com os demais atletas", recorda Mayne-Nicholls.

> Por que ele convocaria um jogador que não quer jogar? Mas eu conhecia David desde que ele era garoto e estava disposto a tentar. Na Europa, o encontrei em Roma para tomarmos um café. Conversamos por duas horas; ele, porém, não se comprometeu com a ideia — e, ainda hoje, me pego pensando o que teria acontecido com nossa equipe se ele tivesse dito sim.

Quando o Chile chegou a seu alojamento em Ingwenyama, os problemas iam além da temperatura congelante da água da suposta piscina aquecida. Elenco e delegação estavam autorizados a ocupar 45 quartos. O hotel tinha, vagos, outros 35, e estava disposto a reservá-los a qualquer um que lá desejasse se hospedar. Bonini foi falar com Mayne-Nicholls para saber se a Federação Chilena não poderia arcar com todo o espaço. O presidente da federação respondeu que não tinha condições de bancar quartos que não seriam usados, mas, então, se chegou a uma solução: os patrocinadores da seleção se hospedariam com o time. Bonini, porém, reuniu todo mundo e afirmou que, em nenhuma hipótese, eles teriam permissão para assistir aos treinamentos.

Em certo sentido, Ingwenyama foi uma boa escolha. Ficava perto do Estádio Mbombela, em Neslpruit, onde o Chile disputaria sua primeira partida, contra Honduras. Com atuação imponente de Alexis Sánchez, a seleção chilena deveria ter vencido por mais do que apenas um gol, mas a grande surpresa aconteceu após o apito final. Horas depois, em Durban, a Espanha perdeu da Suíça. O grupo estava totalmente aberto. Na segunda rodada, o Chile enfrentou a Suíça, em Porto Elizabeth, e a partir do momento em que Valon Behrami recebeu cartão vermelho por ter enfiado a mão no rosto de Arturo Vidal, com meia hora de partida, definiu-se o padrão da disputa. A quinze minutos do fim, Mark González cabeceou para um gol praticamente vazio e deu a Bielsa sua segunda vitória consecutiva.

Nos campos de treinamento em Ingwenyama, Bielsa e Bonini mantinham o ritmo. "Jamais vi um treinador tão perfeccionista", conta o meio-campista Rodrigo Millar. "Quando quer tirar o máximo de um jogador, ele o espreme como a um limão." O Chile enfrentaria a Espanha em um dos maiores estádios de rúgbi da África do Sul, o Loftus Versfeld, em Pretória. Era preciso apenas mais uma espremida.

A Espanha acabaria campeã do torneio, mas aquela foi a noite em que poderia ter sido eliminada. Caso não vencessem o Chile e a Suíça superasse a equipe de Honduras, em Bloemfontein, Andrés Iniesta, Xavi, Iker Casillas, David Villa e Fernando Torres iriam para casa. Ainda era início da tarde no Chile e, em Santiago, aquele desfecho parecia perfeitamente possível. O clima na cidade era de festa: churrascos nas ruas, restaurantes servindo carnes e muito vinho tinto, bandeiras por todos os lugares e rostos pintados. Seria como estar em Sidney em uma partida entre Austrália e Inglaterra válida pelo *Test*: o mesmo sentimento de tentar pregar uma peça no antigo império colonial. Em 2014, o Chile venceria a Espanha no Maracanã, eliminando a seleção europeia na fase de grupos do Mundial; porém, na Copa da África do Sul pouca coisa deu certo. Gary Medel levou cartão amarelo logo no começo da partida e, em caso de classificação do Chile, estaria fora do jogo seguinte. Depois, enquanto Torres corria para tentar pegar um lançamento longo, Claudio Bravo deixou sua área e, com um carrinho, interceptou o passe, mas a bola caiu nos pés de David Villa, que, quase do meio de campo, chutou de primeira para colocá-la no fundo do gol vazio.

Doze minutos depois, Iniesta, de chapa, meteu a bola no canto do goleiro rival, marcando o segundo gol da Espanha; porém, na construção da jogada, Torres havia sido derrubado — sem querer, para a maioria dos espectadores — por Marco Estrada. O jogador foi expulso e muitos dos atletas que estavam no banco de reservas da seleção chilena acharam que Torres exagerou na encenação. Com dois gols de desvantagem e um jogador a menos, o Chile estava praticamente liquidado, ainda que, no intervalo, Bielsa tenha colocado Millar em campo e, um minuto depois do reinício do jogo, o chileno tenha marcado. Vicente del Bosque, treinador da seleção da Espanha, ciente de que outro gol do Chile os colocaria sob o risco de eliminação, tornou sua equipe mais defensiva. Os espanhóis se seguraram até o fim da partida, assim como fazia Honduras, em Bloemfontein.

A Espanha se classificou na primeira colocação do grupo; já o Chile foi condenado a atuar no epicentro do rúgbi sul-africano, no estádio Ellis Park, em Joanesburgo. O adversário seria o Brasil, país que os eliminara de duas Copas do Mundo, 1962 e 1998, e que voltaria a eliminá-los em 2014. Na África do Sul, os chilenos também foram derrotados. Sem Medel, seu "pitbull", e com Suazo ainda não recuperado totalmente, o Chile esteve apático. A partida não chegou a ser uma disputa e a seleção brasileira poderia ter vencido por mais de três gols. Após o jogo, Bielsa admitiu que sua equipe não havia sido capaz de conter os brasileiros. O Chile tinha conquistado admiradores graças a seu estilo de jogo, mas, ainda assim, foi a primeira seleção sul-americana a deixar o torneio. O time havia ido tão longe quanto Portugal, Inglaterra ou México, e superado as campanhas de França, Itália e Costa do Marfim.

De volta da África do Sul, Bielsa, que foi para casa comemorar seu aniversário de 55 anos, aceitou a oferta de extensão de contrato de cinco anos feita por Harold Mayne-Nicholls. O período cobriria duas atraentes disputas de Copa América, uma na Argentina e outra no próprio Chile; e, entre ambas, a Copa do Mundo do Brasil. Porém, o triunfo de Mayne-Nicholls teve vida curta. Os grandes clubes de Santiago, Colo-Colo, Universidad Católica e Universidad de Chile, achavam que durante seu mandato ele havia se dedicado excessivamente à seleção nacional, e, por isso, lançaram Jorge Segovia, presidente do Unión Española, como candidato da oposição. Ainda que Mayne-Nicholls não achasse uma boa ideia, Bielsa se intrometeu na disputa. O treinador convocou uma coletiva de imprensa e prometeu que se demitiria caso Segovia vencesse. "Se quero manter meu direito de não pensar como outras pessoas, devo aceitar que outros podem não pensar como eu", disse.

> O dia em que Harold tiver de deixar a presidência é o dia em que me demito. Sei muito bem que não posso trabalhar com o senhor Segovia. Não tenho nada em comum com ele. Seria impossível. Não se pode tra-

balhar com alguém em quem não se confia. Quero seguir enquanto o atual presidente estiver no comando e se ele estender seu mandato, seguirei com ele.

A intervenção pouco adiantou, servindo apenas para deixar a situação de Marcelo Bielsa insustentável. Em 4 de novembro, Segovia venceu as eleições por 28 votos contra 22. Porém, a Federação Chilena de Futebol decretou que Segovia não poderia presidir o Unión Española e também a entidade. Em janeiro, um novo presidente, Sergio Jadue, foi nomeado. Bielsa também não trabalharia com ele. Recusar-se a trabalhar com pessoas com quem não simpatizava ou não se sentia à vontade estava se tornando uma faceta cada vez mais marcante da personalidade de Marcelo Bielsa. No México, mostrara-se insatisfeito com o América porque não gostava do gigantesco conglomerado televisivo que comandava o clube. Seu período no Olympique de Marseille, posteriormente, terminaria de forma abrupta porque ele deixou de confiar no presidente do clube, Vincent Labrune. O receio de que a Lazio não fosse cumprir suas promessas frustraria uma ida para a Serie A que tinha tudo para ser fascinante.

Jadue tentou manter Bielsa na seleção nomeando, para o amistoso seguinte da equipe, contra a seleção dos Estados Unidos, em Los Angeles, duas pessoas próximas ao argentino: Julio Venegas seria o chefe da delegação; Juan Carlos Berliner, gerente de seleções. No centro de treinamentos, Bielsa e Jadue se reuniram e o treinador disse ao presidente que lhe apresentaria sua decisão por escrito. Depois das dez horas da noite do dia 2 de fevereiro, o novo presidente da Federação Chilena de Futebol convocou uma coletiva de imprensa e afirmou que, por não ter recebido uma resposta de Bielsa, pressupunha que o argentino seguiria à frente da equipe chilena. Se Jadue estava se valendo de sua intuição, ela se mostrou equivocada.

Dois dias mais tarde, Bielsa convocou sua própria entrevista coletiva, e não deixou nenhuma dúvida a respeito do que estava por vir: "Sergio Jadue agiu de uma maneira que não consigo entender e, assim, não posso mais confiar nele". Pela primeira vez, Bielsa sentiu que não podia passar a noite no centro de treinamentos; não era mais o técnico do Chile. O argentino foi para um hotel perto do aeroporto e, depois, pegou um voo para Rosário. Mas Bielsa deixava para trás uma base sobre a qual o futebol chileno poderia se reerguer. Quatro anos depois, as ruas de Santiago seriam tomadas por eufóricos torcedores quando, no Estádio Nacional, o Chile venceu a Argentina e conquistou a Copa América pela primeira vez. No ano seguinte, em uma edição especial para comemorar o centenário da competição, realizada nos Estados Unidos, a equipe chilena venceria novamente a Argentina e manteria o título.

Àquela altura, Sergio Jaude havia sido banido do futebol após se declarar culpado das acusações de extorsão e fraude apresentadas contra ele nos Estados Unidos. Harold Mayne-Nicholls, membro do comitê de avaliação da Fifa para as Copas do Mundo da Rússia e do Catar, havia sido suspenso por sete anos depois de ter perguntado para as autoridades cataris se não poderiam conseguir empregos para seus familiares na Aspire Academy, centro de desenvolvimento de atletas criado no país. Depois de sua apelação, a suspensão foi reduzida para dois anos, e Mayne-Nicholls tornou-se vice-presidente do maior clube chileno, o Colo-Colo, bem como presidente da fundação esportiva Ganamos Todos.

Juan Antonio Pizzi, treinador da seleção chilena na campanha que culminou no título da Copa América de 2016, no MetLife Stadium, em Nova Jersey, afirma: "É indiscutível que Marcelo Bielsa mudou a mentalidade do jogador chileno. Bielsa foi o grande revolucionário do jogo chileno". Manuel Pellegrini, que passou toda sua carreira de atleta na Universidad de Chile e que era o treinador do Manchester City na conquista do título da Premier League de 2014, acredita que Bielsa foi mais importante do que Pizzi ou Jorge Sampaoli, técnicos que levaram a seleção chilena à conquista das duas Copas América. "Sampaoli venceu; Pizzi venceu; mas não estou falando de vitórias. Bielsa é aquele que mais influenciou o futebol chileno porque ousou fazer mais", diz Pellegrini.

Aquele seria o último momento de Marcelo Bielsa como treinador na América Latina. Analisando friamente o assunto, não havia mais para onde ir. O futebol argentino se enfraquecia a cada temporada com o crescente êxodo de jogadores para o outro lado do Atlântico. O Brasil, que demitiu o técnico Dunga depois de uma Copa do Mundo nada inspirada na África do Sul, nunca se mostrou afeito a escolhas heterodoxas. Em 1969, havia optado pelo jornalista comunista João Saldanha, um experimento que terminou com Saldanha correndo atrás de um de seus críticos tendo nas mãos um revólver carregado. Em resumo, ainda era preciso ser brasileiro para treinar a seleção do país. O Uruguai, separado de Buenos Aires pelo Rio da Prata, talvez tivesse um certo apelo, mas era reduto do grande Óscar Tabárez, um homem que, ao menos do ponto de vista intelectual, se parecia com Bielsa, e que levaria a seleção uruguaia a quatro Copas do Mundo. Não existia outro destino possível além da Europa.

PARTE DOIS
EUROPA

Travessia do Atlântico

Era possível vê-lo pela manhã, logo cedo, caminhando na praia, em Getxo; cabeça erguida, perdido em pensamentos e trajando seu abrigo característico. Acima dele, nas falésias, encontrava-se um velho moinho de vento, e, de um dos lados, a foz do rio Nervión, que deságua no Golfo de Biscaia. Alguém poderia se perguntar se ele reparava naquilo. Às vezes, subia os degraus até o pequeno porto de Algorta, onde podia tomar café da manhã. Javier Irureta observava Marcelo Bielsa e pensava se deveria se aproximar. Uma pessoa chega perto do novo treinador do Athletic Bilbao e o cumprimenta. Bielsa resmunga alguma coisa e continua sua caminhada.

Irureta foi jogador e treinador do Athletic. Em 1977, fez parte do elenco que chegou à final da Copa da Uefa e terminou o Campeonato Espanhol na terceira colocação. Sob o comando de Bielsa, o Athletic Bilbao faria algo parecido. O Estádio San Mamés, a grande catedral do futebol basco, seria o palco onde Marcelo Bielsa realizaria um de seus melhores trabalhos.

Fazia tempo que ele desejava ser treinador na Europa. Em abril de 1997, o argentino concedeu uma entrevista a uma televisão mexicana. Era um formato bizarro em que lhe faziam perguntas sobre um assunto ligado às letras de seu nome. Na letra E, o assunto escolhido foi a Europa. Naquele momento, sua preferência era treinar uma equipe na Argentina, o que ele viria a fazer alguns meses depois, no Vélez Sarsfield. Contudo, Bielsa admitiu sua frustração com o estado do futebol argentino, tendo em vista que os melhores jogadores já não estavam no país. Cerca de catorze anos depois, o argumento soaria ainda mais verdadeiro.

Havia várias opções. A Inter de Milão estava seriamente interessada. Depois de ter conquistado a Champions League pela primeira vez desde 1965, a Inter havia vivido uma temporada caótica. José Mourinho, o homem que tinha levado o time ao título contra o Bayern de Munique — parte da tríplice coroa que contou ainda com o Campeonato Italiano e da Copa da Itália —, havia acertado com o Real Madrid. Seu substituto, Rafa Benítez, odiado por Mourinho, nunca se sentiu à vontade no San Siro. Pouco depois de comandar a equipe na conquista da Copa do Mundo de Clubes da Fifa, em dezembro de 2010, ele cobrou publicamente o presidente da Inter, Massimo Moratti, para que o apoiasse durante a janela de transferência ou o demitisse. Moratti o demitiu. Benítez foi substituído por Leonardo, o brasileiro elegante e cortês que havia treinado o Milan na temporada anterior. Leonardo levou a equipe à segunda posição no campeonato antes de deixar o clube para se tornar diretor esportivo do Paris Saint-Germain. Havia forte pressão no vestiário em favor de Bielsa, liderada pelo capitão da Inter de Milão, Javier Zanetti, e por Esteban Cambiasso, que tinham sido seus jogadores na seleção argentina. "Bielsa foi muito importante para mim", afirmou Zanetti. "Todos me ensinaram alguma coisa, mas Bielsa me mostrou a melhor maneira de viver e de interpretar o futebol." Ao recusar a Inter, Bielsa não perdeu somente sua melhor oportunidade de comandar um dos gigantes do futebol europeu, mas, também, de participar da Champions League, competição que jamais disputou. Moratti fez mais uma escolha desastrosa. Gian Piero Gasperini, que havia conduzido o Genoa à primeira divisão e ao quinto lugar no Campeonato Italiano, ganhando a admiração de Mourinho, durou cinco jogos à frente da equipe, com quatro derrotas e nenhuma vitória. O período da Inter como força dominante do futebol italiano estava chegando ao fim.

Bielsa também recebeu ofertas do Sevilla e da Real Sociedad; não houve acordo com o Sevilla, mas o argentino se interessou bastante pela Real Sociedad. Depois de ir a San Sebastián ver uma partida contra o Real Madrid, no Estádio Anoeta, ficou impressionado com o clube e com a qualidade de seus atletas. O Athletic Bilbao, por sua vez, ainda não parecia uma opção. Sob a batuta de Joaquín Caparrós, o time terminara o Campeonato Espanhol na sexta posição e se classificara para disputar a Europa League. Caparrós comandava a equipe de San Mamés havia quatro anos, mas seu contrato estava no fim e o clube passaria por eleições presidenciais. O presidente, Fernando Macua, advogado de Bilbao, estava no cargo fazia tanto tempo quanto Caparrós, que assumira em 2007, ano em que o Athletic escapou do rebaixamento por um ponto. O estilo de jogo de Caparrós era maçante e defensivista, mas ele era popular entre os atletas. Esperava-se que Macua vencesse, mas seu adversário era um ex-jogador.

Josu Urrutia estava no clube desde os nove anos de idade e havia passado quinze na equipe principal; Urrutia fez parte do elenco vice-campeão espanhol de 1998 que ficou atrás do Barcelona, melhor desempenho do time desde a conquista do campeonato de 1984. Era o tipo de carisma com o qual Macua podia apenas sonhar; contudo, não seria fácil para Urrutia. O Athletic Bilbao vivia uma situação confortável e não havia uma crise que ele pudesse explorar. Sua principal promessa era nomear Bielsa treinador. Depois de um mês de telefonemas entre Bilbao e Rosário, havia conseguido um acerto por um ano, embora tenha sido forçado a admitir que nada fora assinado.

Macua afirmava que Bielsa seria um risco — ele não conhecia o elenco e, exceção feita a algumas semanas no Espanyol, jamais treinou na Europa. Urrutia tirou proveito da afirmação. "Se alguém pensa assim, então, não tem cultura futebolística", disse. "Se alguém duvida da habilidade e do prestígio deste homem, recomendo que busque mais informação sobre ele. O Athletic deve correr este risco." Depois, citando Piru Gaínza, grande atacante do Athletic Bilbao que conquistou dois títulos do Campeonato Espanhol e sete copas entre 1943 e 1958, completou: "Para melhorar, é preciso arriscar". E acrescentou: "Temos certeza de que Bielsa é uma pessoa de sucesso e comprometida". Contra todas as probabilidades, Urrutia venceu a eleição. E Marcelo Bielsa mudou-se para Bilbao.

Uma das primeiras pessoas com quem o treinador argentino conversou foi Santiago Segurola, um dos jornalistas mais célebres da Espanha e cuja escrita exprime paixão pela cidade de Bilbao e por seu clube de futebol. Nascido em Barakaldo, na margem esquerda do rio Nervión, tomada pelos guindastes dos estaleiros e pela fumaça das chaminés das fábricas, Segurola era filho de um jogador futebol que atuara em Cádiz e em Granada, mas que, em dezembro de 1936, ficou gravemente ferido na Guerra Civil Espanhola lutando no batalhão basco contra Franco. Depois disso, não atuou mais profissionalmente, mas incutiu em seu filho a paixão pelo Athletic Bilbao.

O Athletic Bilbao é uma equipe ímpar, uma vez que opta por ter em seu plantel apenas jogadores do País Basco, região do nordeste da Espanha que se estende até os Pirineus e o sul da França. É praticamente do tamanho de Yorkshire, mas com uma população menor. Em 1991, depois de 23 anos sem conquistar um troféu, o time de críquete de Yorkshire abandonou sua política de contratar apenas jogadores nascidos em Broad Acres.[11] Apesar da pressão de ser um clube cuja maior glória é nunca ter sido rebaixado, o Athletic Bilbao segue mantendo sua política de contar apenas com atletas bascos. Para Segurola, em um momento de grandes impessoalidade no mercado do futebol, o Athletic optou por continuar singular. "Não tem a ver apenas com o mercado. Para mim, é uma coisa maravilhosa, uma ligação íntima, humana, simples. O parâmetro não é dinheiro, sucesso, a globalização, a China ou o Japão. É algo que diz: 'Somos assim. Vivemos com nossas dificuldades e o fazemos com integridade'."

Franco pode ter reprimido o basco, idioma antigo e diferente de qualquer outro europeu, mas Bilbao se deu bem durante sua ditadura. Entre 1940 e 1980 sua população dobrou, simbolizada pelos fornos altos e grandiosos da usina siderúrgica Altos Hornos, às margens do Nervión, alimentados por carvão trazido da região vizinha das Astúrias. Nas proximidades da siderúrgica, as pessoas viviam em barracos, construídos por elas mesmas, denominados *chabolas*, que lembram as favelas do Brasil. A morte de Franco, em 1975, pode ter permitido que os capitães de Athletic Bilbao e Real Sociedad exibissem a proibida bandeira basca antes do início do clássico, no estádio Anoeta; porém, abriu a Espanha para os ventos gelados da competição estrangeira. Depois de dez anos, o desemprego cresceu de 3% para 25%. Um em cada dois jovens do

---

[11] Denominação dada ao condado de Yorkshire. (N.T.)

sexo masculino em Bilbao não tinha emprego. No coração industrial de Barakaldo, Segurola estima que quase sete em cada dez não tinham trabalho. Décadas de poluição da Altos Hornos e de todas as outras fábricas à beira do rio fizeram com que o Nervión fosse declarado ecologicamente morto. Em agosto de 1983, as margens do rio venenoso transbordaram, deixando a cidade velha debaixo d'água.

Em meio a tudo isto, o Athletic Bilbao tornou-se campeão espanhol. O clube não esperava. No último dia da temporada 1982-1983, Athletic e Real Madrid tinham um ponto de vantagem em relação aos demais. O Real, com melhor saldo de gols, enfrentou o Valencia, que estava na zona do rebaixamento; o Athletic, por sua vez, foi até as Ilhas Canárias pegar o Las Palmas. No Mestalla, o Valencia venceu e se salvou. O Athletic Bilbao, depois de sair perdendo, goleou seu adversário, 5 a 1, rebaixando-o e conquistando a taça pela primeira vez desde 1956.

Segurola afirma que para compreender o Athletic Bilbao é preciso entender a importância daquele título. "Existiam movimentos de ressurgimento nacionalista, o desemprego, as drogas nos portos e um enorme problema de dependência química; o aparecimento da Aids. Foi um período muito sombrio e era preciso se agarrar a alguma coisa. O Athletic era algo sagrado." Do aeroporto, a equipe de Javier Clemente foi levada para o estuário do Nervión e posta em uma embarcação, junto com o troféu. Eles navegaram por doze horas. Um milhão de pessoas se enfileiraram nas margens do rio para ver um time de heróis locais passar. Na temporada seguinte, o clube conquistou a dobradinha [Campeonato Espanhol e Copa do Rei].

Bielsa, provavelmente, era o maior nome a ir para Bilbao desde que Howard Kendall deixou o Everton, campeão inglês, para trabalhar no País Basco, no verão de 1987. Ao narrar sua chegada a Bilbao em sua autobiografia, *Love Affairs and Marriage* [Casos de amor e casamento], é impressionante observar como sua descrição é similar àquilo que Bielsa viria a encontrar quase 25 anos depois.

> Não se esperava que eu conquistasse o campeonato porque se esperava que Real Madrid e Barcelona ganhassem tudo. Ter sucesso na Copa já seria um bônus. A expectativa era que eu fosse até lá e provasse que o futebol basco podia ser competitivo e se classificar para um torneio europeu. Achei um ótimo desafio... nunca vi a política de contar apenas com jogadores bascos como restritiva ou decepcionante. Sabia com o que eu tinha de trabalhar e gostava de lidar com o que tinha em mãos.

Kendall morou no centro de treinamento, em Lezama, e não em um hotel ou em uma casa alugada. Ele utilizava apenas um quarto com banheiro e, no andar de baixo, ficava seu escritório. Os treinamentos eram abertos ao público e Kendall, a princípio, se opôs veementemente àquilo, mas, com o tempo, passou a adorar a ideia. Quando Bielsa assumiu os treinamentos em Lezama, ele às vezes escolhia uma criança e lhe pedia para passar suas instruções à equipe. Assim como ocorreu com Kendall, Bielsa se depararia com a presença de Javier Clemente em todos os lugares. Clemente era uma figura combativa e que durante os anos dourados do Athletic Bilbao frequentemente entrava em conflito com César Luis Menotti, então treinador do Barcelona. Menotti achava as táticas de Clemente destrutivas e defensivistas. Clemente respondia chamando o argentino de mulherengo e "hippie pretensioso". Após a final da Copa do Rei contra o Barcelona em 1984, que deu o *doblete* ao Athletic, os dois times se envolveram em uma briga generalizada. Assim como ocorreu com Kendall, no Everton, Clemente comandou o clube de Bilbao em três períodos distintos, obtendo sempre menos sucesso a cada nova passagem; porém, nunca deixou de ser uma figura presente e com acesso a ouvidos poderosos. Durante o período em que Bielsa esteve à frente do clube, foi um crítico constante de seus métodos.

Os primeiros jogos lhe deram muita munição. O auge da pré-temporada foi uma partida contra o Tottenham, em White Hart Lane, disputada em meio aos tumultos e às manifestações que transformaram aquela região do norte de Londres em um caldeirão. Depois de disputadas cinco partidas do Campeonato Espanhol, os eventos londrinos pareciam uma boa metáfora: o Athletic Bilbao não havia vencido nenhuma e estava na penúltima posição, com dois pontos conquistados. Na rodada seguinte, o time enfrentaria a Real Sociedad, no clássico basco, no estádio Anoeta. Todos os avisos dados por Macua, de que a contratação de Bielsa era arriscada, porque ele não conhecia LaLiga nem o elenco, soavam premonitórios.

Dois gols de Fernando Llorente foram suficientes para que o time vencesse a Real Sociedad; e, então, tudo começou a se encaixar. O time perderia apenas uma das treze partidas subsequentes; em meados de janeiro, tinha ascendido catorze posições, ocupando a quinta colocação na tabela. "Ninguém conhecia bem o Bielsa", disse Segurola — nem Urrutia, nem os jogadores, nem os torcedores, nem a imprensa. Havia quem desconfiasse dele. Não se conhecia o estilo de Bielsa, que, em muitos aspectos, era o mais próximo do que se podia chegar da essência do Athletic. De acordo com Segurola:

> Era dinâmico, agressivo, franco, ofensivo. A realidade era que por anos o Athletic havia sido uma

equipe defensiva, conservadora. Bielsa tirou o Athletic da mediocridade. Mostrou aos jogadores que podiam atuar de outra forma. Montou um time otimista, dedicado e corajoso; uma equipe que não procurava desculpas. Se venciam, venciam. Se perdiam, perdiam. Se venciam jogando mal, admitiam. Se perdiam jogando bem, também admitiam. As exigências de Bielsa chocaram os jogadores. Eles estavam acostumados a um regime paternalista em que se dizia: "Nossos rapazes estão em uma situação mais difícil do que os demais [devido à política de contratar apenas jogadores bascos]". Era uma coisa que dava aos atletas uma desculpa. Quando um jogador tem desculpa, ele perde. Bielsa não dava nenhuma desculpa. O efeito foi poderoso.

O impacto produzido por Bielsa ia além dos vestiários. Certa manhã, um grupo de garotos perguntou se Bielsa podia assinar seu álbum de figurinhas. Bielsa falou para os meninos deixarem o álbum com ele e voltarem a procurá-lo no dia seguinte. Ele devolveu aos garotos um álbum assinado por todos os membros do elenco do Athletic Bilbao.

Uma das últimas atitudes de Macua como presidente foi a contratação de Ander Herrera, e viria a ser uma decisão iluminada. Por ter nascido em Bilbao, o atleta estava apto para defender o Athletic. O primeiro amor de Herrera tinha sido o Real Zaragoza. Seu pai, Pedro, defendeu a equipe de La Romareda, e, em 2004, quando o time chegou à final da Copa do Rei, era dirigente do clube. O Zaragoza enfrentou o Real Madrid e sua pompa *galáctica* e arrogante. Era o time de Zidane, Beckham, Ronaldo e Figo.

Ander Herrera tinha treze anos quando viajou a Barcelona para assistir ao que se esperava ser uma vitória fácil e sem muito esforço de uma equipe que, todos imaginavam, conquistaria a tríplice coroa. O que se seguiu deixou o jovem Ander aos prantos. David Beckham marcou em uma exuberante cobrança de falta; Roberto Carlos, também. O Zaragoza fez dois gols e ambas as equipes ficaram com um jogador a menos; na prorrogação, Luciano Galletti deu a vitória ao pequeno Zaragoza.

Antes de se transferir para San Mamés, Ander Herrera atuou, assim como o pai, no meio de campo do time de La Romareda.

> Eu estava deixando um time como o Zaragoza, que luta apenas para se manter vivo, para ir praticar o futebol romântico de Marcelo Bielsa. Foi uma grande mudança para mim. Jogamos um futebol incrível. Marcelo Bielsa deve sempre fazer parte do futebol. Ele nos dizia: "Não perca tempo discutindo com o árbitro, continue correndo, continue lutando. Se marcar um gol, a melhor maneira de defender a vantagem é marcando outro". Por três ou quatro meses fomos praticamente imbatíveis. Em uma conversa com Alexis Sánchez, que estava no Barcelona, ele me disse: "Meu Deus, quanto vocês estão correndo?". Ninguém corria mais do que a gente.

O ápice veio na noite de novembro em que o Barcelona foi a San Mamés. Cinco anos depois de terem conversado até altas horas em Máximo Paz, Bielsa e Guardiola se enfrentavam debaixo de uma forte chuva. Em uma das arquibancadas do estádio havia uma faixa com um retrato de Bielsa e as palavras: "ATHLETIC KARAJO!!!". Guardiola escalou nove jogadores que, seis meses antes, estavam no time que havia arrasado o Manchester United, em Wembley, e conquistado a Champions League. O que se viu foi algo extraordinário, um choque de convicções e obstinação. Se a luta entre Muhammad Ali e Joe Frazier, realizada no Madison Square Garden, fosse reescrita como uma partida de futebol, esse seria o jogo escolhido.

O ritmo foi extenuante; às vezes, tinha-se a impressão de que a partida precisava reduzir a marcha, parar, tomar um ar. Contudo, mesmo no segundo tempo, quando poças d'água brilhavam no gramado sob os refletores, espirrando água para todos os lados cada vez que uma chuteira as tocava, e quando a bola parava de repente, e de modo preocupante, o ritmo alucinante do jogo jamais diminuiu. Em geral, era o Barcelona pressionando e o Athletic Bilbao respondendo com perigosas jogadas de contra-ataque. "Vocês vieram para cima como animais", disse Guardiola, cuja voz estava fraca, estridente e rouca, ao término da partida, para Bielsa. "Uma ode ao futebol", foi como descreveu Guardiola, na entrevista coletiva. Ele jamais havia enfrentado uma equipe que atuasse com aquele tipo de intensidade.

A chuva foi a responsável pelo primeiro gol. Javier Mascherano escorregou, Markel Susaeta partiu pela ponta esquerda e passou para Herrera, que, da entrada da área, chutou para ver a bola apenas resvalar nas luvas de Victor Valdés antes de entrar. Três minutos depois o Barcelona empatou. Éric Abidal, que oito meses antes havia se submetido a uma cirurgia para tratar um câncer de fígado, se lançou pela lateral esquerda e cruzou para a grande área onde estavam apenas Cesc Fàbregas e um ou dois defensores. Fàbregas se esticou todo para cabecear e marcar.

A partida permaneceu empatada em 1 a 1 por outros improváveis 55 minutos, e o gol, quando aconteceu, quase não pareceu digno da noite que se desenrolava. Iker Muniain, de apenas dezenove anos, havia acabado de dar um lindo giro em que driblara, brilhantemente, Sergio Busquets e Andrés Iniesta. Poucos minutos depois, de forma mais mundana, cobrou um escanteio. Abidal tentou afastar, mas a bola bateu na canela de Fernando Llorente, resvalou no joelho de Gerard Piqué e passou por Valdés, morrendo no fundo das redes. Faltavam dez minutos para o fim do jogo; dez minutos jogados quase inteiramente no campo do Athletic Bilbao. Eles se seguravam. Fernando Amorebieta foi expulso. Llorente, que teve sua camiseta rasgada em um confronto com Mascherano, foi substituído, e trinta segundos após o tempo regulamentar, o Barcelona marcou. Gorka Iraizoz não conseguiu segurar o toque de calcanhar de Iniesta e a bola sobrou livre para Lionel Messi. Foi seu décimo quarto gol na temporada. Era início de novembro. Bielsa estava dando ao Athletic o tipo de futebol que o clube não testemunhava havia uma década, talvez desde seu último título, em 1984. Estava se tornando um herói.

O Athletic Bilbao nunca conquistou um troféu europeu. Em 1977, alcançou a final da Copa da Uefa, superando Milan e Barcelona no caminho, mas perdeu o título para a Juventus devido à regra do gol marcado fora de casa. Bielsa, ao chegar, havia herdado um lugar na Europa League, a sucessora inflada da Copa da Uefa. O treinador argentino jamais treinou uma equipe na Champions League, jamais esteve em um palco no qual pudesse enfrentar os grandes monstros da selva europeia, equipes como Bayern de Munique, Juventus; contudo, essa campanha mostraria do que ele era capaz.

O Athletic quase foi eliminado logo de cara. O time teve de jogar uma fase pré-eliminatória contra o Trabzonspor e a primeira partida terminou em um empate sem gols. O jogo de volta poderia ter sido desastroso, mas o Fenerbahçe, campeão turco, estava sendo investigado por manipulação de resultados, o que levaria seu presidente, Aziz Yildirim, para a prisão. O Fenerbahçe foi eliminado da Champions League e o Trabzonspor convidado para ocupar seu lugar. E, assim, o Athletic se classificou automaticamente para a fase de grupos da Europa League. Tendo como adversários o Paris Saint-Germain, que havia acabado de passar a ser controlado pelo governo do Catar, e o Red Bull Salzburg, clube mais rico da Áustria, seu caminho não seria nada fácil.

A equipe de Bilbao estreou com uma vitória por 2 a 1 sobre o Slovan Bratislava, na Eslováquia; depois, bateu o Paris Saint-Germain, em San Mamés, 2 a 0. O time só perderia uma partida nessa fase, a última do grupo, no Parc des Princes, para o Paris Saint-Germain. O Athletic já estava classificado para a fase eliminatória e Bielsa decidiu poupar alguns atletas. Mesmo assim, faltando cinco minutos para o fim do jogo, o placar estava 2 a 2, até que um gol contra e um pênalti decidiram o confronto. A recompensa pelo avanço seria jogar em fevereiro, em Moscou. Em um gramado coberto de neve, num estádio amplamente deserto, o Lokomotiv venceu por 2 a 1. Na volta, em Bilbao, o Athletic ficou com dez jogadores antes dos quinze minutos da segunda etapa, quando Amorebieta foi expulso mais uma vez. Três minutos depois, Iker Muniain se deslocou em direção à bola desviada por Fernando Llorente, depois de um escanteio, e marcou o gol do Athletic, que segurou o resultado até o fim e se classificou para as oitavas de final.

Muniain era uma joia. Natural de Pamplona, havia subido para o time principal incrivelmente jovem. Tinha dezesseis anos e sete meses quando estreou, em San Mamés, pelo Athletic Bilbao, na primeira partida do confronto válido pela Europa League contra o Young Boys, de Berna; na volta, na Suíça, marcou um gol. Foi o jogador mais jovem a estrear pelo Athletic Bilbao desde 1914. Algumas vezes, no entanto, sua idade o atrapalhava. Houve uma ocasião em que tentou entrar em uma boate em Pamplona e, ao ser impedido, replicou: "Você não sabe quem eu sou?". "Sei", respondeu o segurança. "Você é o Iker Muniain e tem dezessete anos. Agora, cai fora daqui."

Com o tempo, surgiria a sensação de que sua carreira não fez jus às expectativas criadas. Talvez porque a baixa estatura, a velocidade e a juventude o tenham transformado muito cedo em alvo preferencial para carrinhos violentos no Campeonato Espanhol, ou talvez porque tenha sofrido de falta de confiança em si mesmo. Muniain disputou sua primeira partida pela seleção espanhola na goleada por 5 a 0 sobre a Venezuela, em fevereiro de 2012, e foi convocado para as Olimpíadas de Londres. Ao longo dos sete anos subsequentes, não voltaria a ser convocado. Em uma análise do atleta publicada em novembro de 2013, poucos meses depois de Bielsa ter deixado o time de San Mamés, o jornalista David Cartlidge escreveu: "Pessoas com acesso ao vestiário do Athletic Bilbao dizem que Muniain tem personalidade frágil, é extremamente autocrítico e leva as derrotas para o lado pessoal". Muniain foi exuberante na primeira temporada de Marcelo Bielsa em Bilbao, principalmente nas duas partidas contra o Manchester United, pelas oitavas de final da Europa League. Foi a primeira vez, desde o pênalti cobrado por Beckham em Sapporo, que Bielsa atraiu a atenção de uma parcela substancial do público inglês.

Na temporada anterior, o Manchester United havia chegado à final da Champions League, enfrentando o Barcelona em Wembley, onde a equipe foi destroçada pelo brilhantismo de Messi. Em Old Trafford, outro cidadão de Rosário intensificaria a sensação de que o clube começava a deixar de ser uma das forças do continente. O dia 8 de março de 2012 é considerado a data de uma das maiores demonstrações do tipo de futebol que Marcelo Bielsa exige e ama. Wayne Rooney anotou o primeiro e o último gol do jogo, mas, entre esses dois eventos, o Athletic balançou a rede três vezes, e até Sir Alex Ferguson confessou que, não fosse pela excelente atuação de David de Gea, o clube espanhol teria vencido por maior diferença. Foi uma noite de correria, de passes e de pressão intensa; de jogadores de camisa verde se deslocando no gramado como um enxame de abelhas, enquanto na arquibancada milhares de bascos, trajando as cores do uniforme principal do clube, balançavam seus cachecóis vermelhos e brancos sobre as cabeças. Bielsa andava em sua área técnica como um pai dos anos 1950 no corredor de um hospital à espera do nascimento do filho.

Seus rapazes não o decepcionaram. Um dos laterais do Manchester United, Rafael, sofria muito com Muniain; do outro lado do campo, Patrice Evra era levado ao limite por Markel Susaeta e Andoni Iraola. Fernando Llorente, que foi derrubado dentro da área por Chris Smalling, em um lance em que o árbitro não deu pênalti, marcou de cabeça após um cruzamento a meia altura, se posicionando entre Rafael e Smalling. Óscar de Marcos se deslocou para receber um passe espetacular de Ander Herrera, que superou pelo alto a linha de defesa do Manchester United, e marcou o segundo — embora Sir Alex Ferguson tenha reclamado, com razão, da posição do espanhol. O que impressionou no terceiro gol do Athletic foi a velocidade de Muniain para chegar à bola rebatida por De Gea. Ele correu quase vinte metros como um atleta olímpico, e no último minuto do jogo.

Ferguson expressou seu espanto por Bielsa ter colocado sua equipe para treinar por duas horas no antigo centro de treinamento do Manchester United, *the Cliff*, e, por mais uma hora, no gramado de Old Trafford — tudo no mesmo dia. Acreditava que Bielsa podia fazer aquilo porque o time tinha chance de relaxar em algumas partidas do Campeonato Espanhol, enquanto o

Manchester United estava sempre sob intensa pressão. Uma clara indicação de que Ferguson não entendia os métodos de trabalho de Bielsa.

De volta à Espanha, o Athletic perdeu para o Osasuna. O time voltou a vencer o Manchester United na segunda partida do confronto, disputada em San Mamés; contudo, pelo Campeonato Espanhol, aconteceriam em sequência quatro derrotas e um empate, em casa, contra o Sporting Gijón. Em Old Trafford, Marcelo Bielsa havia revelado ao mundo uma obra-prima, que irradiou beleza por Bilbao e muito além. Algumas pessoas, porém, começavam a perceber que rasgos surgiam na tela.

Grand designs[12]

Não vou mentir para você: nos últimos meses não conseguíamos nos mexer. Nossas pernas diziam: "Pare!". Jogávamos sempre com os mesmos atletas e, quando chegaram as finais, não estávamos no melhor da nossa forma. Éramos uma equipe completamente diferente daquela que havíamos sido porque, para ser sincero, estávamos fodidos fisicamente. Não podíamos mais correr. Acho que jogamos 65 partidas naquela temporada — 38 pelo campeonato espanhol, uma final de copa na Espanha e a final da Europa League. Se você olhar as estatísticas, vai ver que Marcelo Bielsa colocava sempre o mesmo time, então pode imaginar como terminamos aquela temporada. Não estou culpando o treinador, ele fez coisas espetaculares para nós e devemos ser gratos pelo futebol maravilhoso, mas no último mês não éramos capazes de nos mover, e esta é a verdade.

---

[12] Programa de televisão britânico que mostra a construção de casas baseadas em projetos bem elaborados e incomuns. (N.T.)

As palavras são de Ander Herrera e foram ditas em uma entrevista ao jornalista Graham Hunter. Parecem um testemunho contundente de como o Athletic Bilbao entrou em colapso quando a temporada atingiu seu clímax. O time havia brilhado intensamente, mas esse brilho se apagou no fim. Na Europa League, as chamas cintilaram quase até o fim. Nas quartas de final, contra o Schalke 04, a equipe teve uma atuação similar àquela da vitória por 3 a 2 em Old Trafford. O time alemão havia chegado às semifinais da Champions League no ano anterior e, com um ataque liderado por Raúl e Klaas-Jan Huntelaar, terminaria aquela temporada na terceira posição da Bundesliga.

A primeira partida, disputada em Gelsenkirchen, foi melhor do que a de Old Trafford porque o Schalke, diferente do Manchester United, competiu em pé de igualdade com o Athletic Bilbao.

Raúl marcou dois gols. O primeiro foi típico de centroavante: o espanhol surgiu entre os zagueiros e o goleiro ao pé da trave; o segundo, um sem pulo espetacular da entrada da área. Na partida de volta em San Mamés, Raúl marcou seu septuagésimo sétimo (e último) gol por um torneio europeu. A parte final do primeiro jogo foi extraordinária: o Athletic Bilbao marcou três gols nos últimos vinte minutos; Huntelaar acertou a trave; e Raúl poderia ter feito seu terceiro gol. Contudo, foi um contra-ataque do Athletic — ainda correndo, ainda pressionando — aos 48 minutos do segundo tempo, e que terminou com Iker Muniain anotando o quarto gol, que decidiu as coisas. Foi o único gol que Bielsa comemorou, socando o ar quando a bola tocou as redes. Estava 4 a 2 e, em Bilbao, o Schalke teria de vencer por três gols de diferença. Na volta, o Schalke marcou duas vezes, mas o time da casa também. Na semifinal, o Athletic teria o português Sporting pela frente.

O confronto de ida foi disputado no estádio José Alvalade: derrota por 2 a 1. No vestiário houve uma discussão entre Bielsa e seu capitão, Andoni Iraola, que não reagiu bem às críticas feitas pelo técnico à sua atuação. Iraola vinha, ao longo de toda a temporada, subindo e descendo pelo flanco direito do Athletic, atuando como lateral direito. Estava machucado e vinha recebendo infiltrações para amenizar a dor. A seleção da Espanha defenderia seu título de campeã da Europa no verão e ele tinha chance de fazer parte do elenco de Vicente del Bosque. No fim, não contava com as condições físicas adequadas. Ander Herrera vinha sofrendo com uma lesão na coxa e pediu para passar um tempo fora do time para se recuperar e estar disponível nas partidas importantes. Bielsa lhe disse que era impossível. Fernando Llorente estava com um problema no joelho.

Mas o Athletic Bilbao se recobrou uma vez mais e apresentou uma última atuação exuberante. Todos os semifinalistas da Europa League vinham da Península Ibérica: o Atlético de Madrid enfrentava o Valencia, na outra semifinal. San Mamés, a velha catedral do futebol basco, era um lugar tomado por cachecóis, faixas e muita esperança. Os narradores e comentaristas já se referiam ao time como o "Athletic Club de Bilbao de Marcelo Bielsa". A identificação entre o clube e seu treinador era completa.

A segunda partida diante do Sporting foi, provavelmente, a melhor atuação de Llorente pelo Athletic. Ele participou de todos os três gols: no primeiro, ajeitou, de peito, o cruzamento de Muniain para Susaeta chutar para o fundo das redes; depois, deu um passe lindo e preciso para Ibai Gómez marcar o segundo. Faltavam dois minutos para o fim do jogo, o placar agregado estava igual e as duas equipes já haviam acertado a trave adversária. Gómez cruzou a bola por baixo e a longa perna de Llorente a alcançou um milésimo de segundo antes de seu marcador, fazendo-a resvalar na trave e ir para dentro do gol de Rui Patrício. De maneira perfeitamente condizente com o momento, quando o árbitro Martin Atkinson apontou o fim do confronto, a bola estava nos pés de Fernando Llorente. O atleta, então, deitou-se no gramado, de costas, olhando para o céu, ouvindo o som das arquibancadas, e chorou. O Athletic Bilbao não venceria nenhuma outra partida naquela temporada, sendo derrotado em cinco dos últimos seis jogos — entre esses, as finais da Europa League e da Copa do Rei.

Na final da Europa League, disputada no Estádio Nacional de Bucareste, o time de Bilbao tinha pela frente o Atlético de Madrid, comandado por Diego Simeone, *protégé* de Bielsa. Clube espanhol contra clube espanhol; treinador argentino contra treinador argentino; Atlético contra Athletic; duas equipes que envergam uniformes listrados em vermelho e branco — embora o uniforme reserva do Athletic seja verde, como se viu na partida em Old Trafford. Se havia semelhanças fora do campo, dentro dele houve apenas grandes diferenças. O Athletic Bilbao foi completamente dominado pelo time de Madri.

Na final de 2011, disputada em Dublin, Radamel Falcao tinha feito a diferença na vitória do Porto sobre o Braga. Agora, em outra final entre dois clubes do mesmo país, ele marcou duas vezes, e ainda acertou uma bola na trave. O primeiro gol foi um chute magnífico da entrada da grande área; o segundo, depois de dar um drible que deixou o lateral esquerdo do Athletic, Jon Aurtenetxe, no chão. A opção de Simeone por dois meios-campistas de contenção à frente dos zagueiros neutralizou as jogadas perigosas de Susaeta, Llorente e Muniain. A partida terminou 3 a 0. "O que fizemos contra o Atlético de Madrid é algo que jamais vou conseguir esquecer", conta Herrera. "Éramos favoritos e todos esperavam que vencêssemos. Vejo semelhanças com a partida entre Manchester United e Ajax, pela final da Europa League de 2017. Eram crianças contra adultos. Não nos culpo pela final contra o Barcelona porque aquele era um dos melhores Barcelonas da história."

A final da Copa do Rei aconteceu em Madri, no estádio Vicente Calderón, a casa do Atlético de Madrid. Aquele seria o último jogo de Pep Guardiola como treinador do Barcelona, o fim de uma relação que havia começado aos treze anos de idade nos gramados de La Masia, centro de treinamentos da base do clube. O primeiro arremate de Lionel Messi aconteceu aos 25 segundos de partida. A disputa em si durou 25 minutos, tempo necessário para Pedro marcar duas vezes e Messi mandar, de pé direito, a bola para o fundo das redes. O Athletic Bilbao parecia exausto, esgotado, mas teria sido difícil para qualquer time do planeta lidar com a despedida que o Barcelona havia preparado para seu comandante.

"Talvez eles estivessem cansados, mas foi muito mais do que isso", pondera Santi Segurola.

> Era uma equipe com elenco reduzido, uma equipe com dois problemas: primeiro, havia o cansaço, o esgotamento mental; depois, o fato de terem enfrentado dois dos melhores times de sua respectiva era. Não estamos falando apenas do Barça, mas do Barça de Guardiola, Messi, Xavi, Iniesta... Quem mais você quer que eu mencione? Estavam todos ali. Eles haviam perdido, dois anos antes, em Valencia, a final da Copa do Rei para o Barcelona, ainda sob o comando de Caparrós. Na decisão em Madri, 75% do estádio estava tomado por torcedores do Athletic. Eles compraram ingressos dos torcedores do Barcelona. Pagaram uma fortuna. A outra final

foi contra o Atlético de Madrid. Àquela altura, não sabíamos, mas o time que começou aquela final era o melhor Atlético de Madrid de todos os tempos — o Atlético de Simeone. Ele havia chegado em janeiro daquele ano. E começou a montar a equipe com Juanfran, Godín, Miranda, Filipe Luís, Falcao. Era a base da equipe que conquistaria o Campeonato Espanhol, chegaria a finais europeias, que venceria duas Supercopas da Uefa. Era esse o time.

Na Copa do Rei, a maior parte do drama se desenrolou depois da partida, em um camarote do estádio Vicente Calderón, e, no dia seguinte, nos vestiários de Lezama. Nos camarotes executivos, alguns dirigentes do Athletic Bilbao já tentavam convencer Josu Urrutia a não renovar o contrato de Bielsa. Diziam ao presidente que os atletas estavam cansados de seu comandante. Os treinamentos tinham se tornado extenuantes; as preleções, repetitivas. Por mais elogios que tivesse recebido, era hora de partir. Os diretores anti-Bielsa contavam com o apoio de Javier Clemente, que considerou a equipe "fisicamente morta em janeiro" e foi direto aos microfones da Radio Marca dizer isso: "Marcelo Bielsa precisa aprender o que o Athletic Bilbao significa", afirmou.

Se continuar na próxima temporada, precisa se sair melhor nas finais e adequar seu jogo ao estilo do clube. No fim, tudo o que nos restou foram algumas poucas frases. Bielsa é um treinador frugal com as palavras. Não diz nada. É um mistério e não sabemos o que se passa em sua mente. É por isso que o chamam de *El Loco* — devido à sua personalidade e a seu temperamento.

No dia seguinte à derrota para o Barcelona, Bielsa conversou com seus jogadores no centro de treinamentos. A conversa foi gravada e, cinco meses depois, vazada para a imprensa.

> Nos próximos dias, o clube e eu vamos decidir se eu continuo aqui no Athletic na próxima temporada. Caso eu não os veja novamente, gostaria de lhes desejar tudo de melhor. Gostaria de dizer rapidamente a vocês que a temporada terminou muito mal, realmente mal. Sou responsável pela maneira como acabou e quero lhes dizer o motivo de um modo muito claro. Vocês fizeram uma partida excelente contra o Sporting e, depois daquilo, tudo deu errado. O jogo de ontem confirmou minha impressão porque os atletas que respondem ao meu modo de pensar, de ver o futebol, jogadores como De Marcos, Amorebieta, Susaeta, Muniain não estavam na melhor forma para o jogo. É uma cicatriz, uma ferida. Ontem, ouvi alguns de vocês batendo papo e brincando. Para mim, é uma coisa inaceitável, inaceitável, pessoal — mobilizar o nosso povo e depois decepcionar toda essa população ao não atingirmos o nível de expectativa que havíamos criado. Estou profundamente envergonhado por ter decepcionado os torcedores do Athletic Bilbao. Nós os decepcionamos, pessoal. Como não se sentir responsável quando os jogadores que devem representar da melhor maneira minhas ideias a respeito do futebol são os que menos demonstram comprometimento nestas partidas? Não sei se vocês entendem o que estou querendo dizer. Fora isto, gostaria que vocês admitissem que são muito jovens, são imaturos milionários, que não precisam se preocupar com o futuro porque tudo de

que necessitam é feito para vocês, e podem dar risada enquanto algumas pessoas foram obrigadas a voltar de Madri para cá a pé. E no dia em que vocês perderam uma final.

Foi oferecido a Bielsa mais um ano de contrato, seria o último ano do Athletic Bilbao em San Mamés. O clube não ganharia somente um estádio novo, uma arena para 53 mil espectadores que, do lado de fora, não parecia muito diferente da Allianz Arena, do Bayern de Munique, e que custaria 211 milhões de euros; o centro de treinamento em Lezama também passaria por uma reforma completa no valor de 1,2 milhão de euros. Seriam construídos novos vestiários para os atletas e treinadores, um refeitório novo, *lounge* e sala de imprensa. Os escritórios, que também seriam reformados, tiveram de ser temporariamente transferidos para o estacionamento. Uma nova pista de atletismo seria construída. Como viria a demonstrar à frente do Leeds, Marcelo Bielsa mostrava-se plenamente satisfeito em trabalhar em um estádio antigo e com ótima atmosfera, mas acreditava que os campos de treinamento e a reestruturação de Lezama eram extremamente importantes. Bielsa, irmão de um arquiteto, ofereceu o que chamou de "plano de reforma austero para Lezama". Da Argentina, mantinha contato quase diário com os empreiteiros, passando, às vezes, quatro horas ao telefone. Ele supunha que metade do trabalho estaria pronto quando o elenco se reunisse para os treinamentos da pré--temporada, em 2 de julho.

Ao voltar para a Espanha, o centro de treinamentos parecia um episódio de *Grand Designs* que tinha dado muito errado. Havia betoneiras em funcionamento, canos a serem instalados, caminhões de construção e capacetes de proteção por toda parte. A reforma seguiria até dezembro. Bielsa caminhou pelo lugar furioso. Ele estimava que apenas 15% da obra havia sido realizada, e tirou fotografias do que considerava um trabalho de má qualidade. Houve uma discussão com o responsável pelo projeto. "O problema não é o trabalho não estar terminado, mas ter sido feito de maneira tão ruim", disse.

> Quando vi como estava ruim, fiquei indignado e fui ver o responsável pela obra. Eu o ofendi com o que disse e ele também foi rude comigo. Acredito que o que foi feito é uma fraude, um roubo, um embuste. Começar a pré-temporada nestas condições me desacredita como treinador.

Bielsa disse, ainda, que não moraria no centro de treinamentos porque o dinheiro gasto nas reformas dos quartos havia sido excessivo. O estado do local de treinos da equipe destruiu o relacionamento de Bielsa e Josu Urrutia. A obra tinha sido realizada pela empresa de maior prestígio de Bilbao, Construcciones Balzola. A firma era a responsável pela espetacular fachada, em curva, de titânio, do museu Guggenheim, cujo projeto de Frank Gehry simbolizava o renascimento da orla do rio Nérvion e de suas docas enferrujadas e apodrecidas. Além disso, também havia ficado responsável pela construção do Museo de Bellas Artes de Bilbao. O clube emitiu uma nota em seu site distanciando-se das palavras de seu técnico. "O clube não concorda com a avaliação negativa de seu treinador a respeito da obra, do seu estágio atual em relação ao estabelecido em contrato e acerca do profissionalismo das pessoas envolvidas no projeto. O Athletic pede desculpas pelos danos que as declarações de um empregado do clube podem ter causado à empresa e a seus funcionários."

Se Bielsa estava infeliz com o estado do centro de treinamentos, ficou consternado com a política de transferências do clube. Em agosto, Javi Martínez foi vendido ao Bayern de Munique por quarenta milhões de euros. Como o Arsenal veio a descobrir ao trocar Highbury pelo Emirates, estádios novos precisam ser pagos. Bielsa não ficou empolgado com as novas contratações: o atacante Aritz Aduriz e o lateral esquerdo Isma López. Em uma entrevista coletiva, afirmou: "Não pedi esses jogadores; além disso, as posições que disse que precisamos reforçar não são aquelas em que Aduriz e Isma atuam".

Isma López, contratado junto ao Lugo, pequeno clube no noroeste da Espanha que havia acabado de subir para a segunda divisão, disputaria somente oito partidas pelo Athletic Bilbao antes de ser vendido. Todavia, Bielsa estava equivocado quanto a Aduriz, que era de San Sebastián e aprendera a jogar futebol nas areias da praia famosa da cidade, a Playa de la Concha. Talvez Bielsa estivesse desconfiado por ser a terceira vez que Aduriz assinava com o Athletic e pelo jogador já estar com 31 anos. Aquele estava longe de ser seu tipo de contratação. Contudo, Aduriz, que na juventude preferia o clima de inverno das escaladas e do esqui nos Pirineus aos verões na Playa de la Concha, passaria uma bela e duradoura "temporada de veraneio" em Bilbao. O atacante marcou catorze gols em seu primeiro ano no clube, número que viria a superar em cada uma das quatro temporadas seguintes. Aos 35 anos, Aduriz integraria o elenco da seleção da Espanha na Eurocopa de 2016.

Em parte, Aduriz teve a chance de disputar os jogos de que precisava para fazer sucesso porque a cabeça de Fernando Llorente já estava em outro lugar. Seu contrato venceria no verão de 2013 e Llorente buscava um novo clube: pensava principalmente na Juventus. Com 27 anos, e tendo passado toda a carreira no Athletic Bilbao, ele já não dispunha de muito mais tempo para conseguir uma grande transferência. Llorente tinha sofrido com uma lesão no joelho no período em que a temporada anterior atingiu sua dramática reta final, e havia concordado com a interpretação de Clemente: o elenco havia se exaurido devido ao rigoroso regime de treinamentos de Bielsa. Atletas que desejam sair do clube podem ser como um veneno para o grupo. No Liverpool, Steve McManaman cumpriu o restante de seu contrato com uma série de apresentações desinteressadas enquanto esperava seu término para que pudesse defender o Real Madrid — em 1999, o Liverpool terminou o Campeonato Inglês na sétima colocação. Vinte anos depois, não ter deixado de lado quatro jogadores do elenco do Tottenham que estavam sem contrato envenenou o ambiente do clube e contribuiu diretamente para a queda de Mauricio Pochettino.

Teria sido melhor se Urrutia tivesse simplesmente vendido Llorente para a Juventus pelo preço que a equipe italiana estivesse disposta a pagar — nem a Velha Senhora de Turim pagaria os 35 milhões de euros da multa rescisória de um atleta com apenas mais dez meses de contrato. Todavia, Llorente seguiu em San Mamés, embora Bielsa, de maneira bastante sensata, o tenha deixado no banco de reservas. A torcida ficou ao lado do treinador. Llorente foi vaiado já na primeira partida do Athletic e, desde então, as vaias nunca mais cessaram.

A segunda temporada de Bielsa em Bilbao, assim como a primeira, começou mal. Apenas uma vitória nas primeiras seis rodadas pela Liga. O Athletic levou catorze gols e perdeu o clássico contra a Real Sociedad, 2 a 0. Pessoas que acompanhavam os treinamentos em Lezama viram Bielsa mandar Llorente para o recém-reformado vestiário: "Decidi que sua ajuda não se faz mais necessária", disse Bielsa, depois. "Se isso é sinal de um conflito, então temos realmente um conflito." Llorente não começou a partida seguinte, vitória por 3 a 1 sobre o Sparta Praga.

Ao contrário de sua primeira temporada em San Mamés, no entanto, não houve melhora. O Athletic fracassou nas duas competições em que havia encantado a todos: Europa League e Copa do Rei. Em casa, na fase de grupos do torneio europeu, não conquistou uma única vitória; pela Copa do Rei, dois empates contra o Eibar, um clássico basco. Eibar é uma cidade de aproximadamente 27 mil habitantes que foi devastada por bombardeios na mesma época de Guernica, durante a Guerra Civil Espanhola. Em 26 de abril de 1937, Wolfram von Richthofen, comandante da Legião Condor — esquadrilha da Luftwaffe, a força aérea alemã, enviada para auxiliar no avanço de Franco —, escreveu em seu diário que a destruição de Eibar havia sido um "fenômeno interessante". Em novembro de 2012, o time de futebol de Eibar estava na terceira divisão, embora a equipe, dali a dezoito meses e após dois acessos, viesse a disputar a elite pela primeira vez em sua história. O confronto de ida, disputado no pequeno estádio municipal de Eibar para cinco mil espectadores, terminou em um empate sem gols. Na volta, em San Mamés, Mikel Arruabarrena, que embora tivesse integrado a equipe de juniores do Athletic Bilbao, nunca chegou a disputar uma partida pelo time principal, colocou o Eibar em vantagem. A dois minutos do fim, Aduriz empatou, mas era tarde demais. O Athletic estava eliminado devido à regra do gol marcado fora de casa. Bielsa classificou o resultado como "inexplicável".

Restava pouca coisa a disputar. A temporada se dissolveu em uma série de resultados que pouco fizeram para melhorar o clima em Bilbao ou colocar o Athletic em posição mais alta na tabela. Era a última temporada jogada em San Mamés, a casa do Athletic desde 1913 e estádio mais antigo da Espanha. Chamavam-no *La Catedral*, e algum tipo de missa solene de despedida deveria ter sido realizada. Aconteceram alguns pontos altos ao longo da temporada: vitórias sobre o Atlético de Madrid (3 a 0) e Valencia (2 a 0), além de outro empate em 2 a 2 com o Barcelona. Contudo, o último clássico contra a Real Sociedad terminou em derrota, assim como a última partida válida pelo Campeonato Espanhol disputada em San Mamés, 1 a 0 para o Levante. O estádio merecia uma despedida melhor. Marcelo Bielsa também. Desta vez, Josu Urrutia não renovou seu contrato. "A segunda temporada abalou Bielsa; ele sofreu muito", conta Santi Segurola.

> O relacionamento com os diretores, ou com alguns dos diretores, se rompeu ou, ao menos, ficou mais tenso. Em geral, porém, ele contava com um apoio incrível da torcida. Não apenas daqueles que frequentavam San Mamés, mas das pessoas que não iam ao estádio, que talvez não tivessem dinheiro para serem sócias do Athletic, e que, ainda assim, eram torcedoras incondicionais do clube, sem nenhum pingo de ceticismo — pessoas que tinham apenas uma relação emocional e sincera com o clube. Isso nunca se perdeu. Ele foi demitido em meados de junho, no fim de uma sexta-feira, quando as pessoas estavam partindo para suas casas de veraneio ou para a praia. O Athletic o demitiu com uma declaração sem muito estilo. Bielsa tinha uma relação próxima com as pessoas comuns dali. Gostava de explorar os vilarejos ao redor de Bilbao para conhecer o litoral. Ele tem uma forte ligação com as pessoas normais, com os trabalhadores. Ainda há quem o visite na Inglaterra. Bielsa é uma figura mítica no Athletic

e, quanto mais o tempo passa, mais cresce essa mitologia. Deixou uma marca eterna, não apenas no time e no clube, mas, principalmente, nas pessoas. É um time que tem suas raízes na terra. Bielsa é carismático, trabalhador, peculiar. É disso que sinto falta. Dizem que Bielsa é louco. Nunca o vi enlouquecido. É singular, esperto, muito inteligente, muito exigente, mas não é louco.

Bielsa passou seu período em Bilbao em um hotel chamado Embarcadero, um lugar modesto e estiloso com vista para o porto de Getxo, de onde os jogadores da equipe de 1983 começaram sua jornada pelo rio poluído carregando o troféu do Campeonato Espanhol. O rio Nervión estava limpo agora. Na baía, a água brilhava e Bielsa resolveu passar mais duas semanas ali. Ao longo daquela quinzena, as pessoas se dirigiam ao jardim em frente à recepção do Embarcadero e deixavam pequenos presentes ou cartões com mensagens. Se deixavam um endereço, Bielsa enviava uma mensagem de agradecimento. À medida que os dias se passavam, mais presentes chegavam. Como disse Santi Segurola: "Era uma espécie de Natal".

Mestre e comandante

Ele chegou como uma estrela do rock. Havia uma multidão de pessoas; havia faixas; havia câmeras e microfones apontados em sua direção. Sinalizadores foram acesos. Onde Marcelo Bielsa ia, criava-se uma expectativa.

    O chefe de segurança do Olympique de Marseille, Guy Cazadamont, apanhou Bielsa e seu intérprete, Fabrice Olszewski, no aeroporto de Marselha, em Marignane, no dia 24 de junho de 2014 e os levou em uma minivan até o centro de treinamentos do clube, o La Commanderie. Eram cerca de cem os torcedores aguardando. Ao saírem do carro, Bielsa fez um gesto para Cazadamont indicando que desejava ir até os torcedores. Ele tinha ficado particularmente intrigado com um cartaz escrito em espanhol: "Haznos Soñar!" [Nos faça sonhar!]. Alguns dos torcedores que se aglomeraram nos portões do La Commanderie eram membros da torcida mais fanática do Olympique de Marseille, a South Winners — assim chamados devido à primeira faixa que exibiram no estádio Vélodrome, em que se lia "Win for Us" [Ganhe por nós]. Eles se destacavam por usar jaquetas de aviador cor de laranja e por seu ódio apaixonado pela torcida organizada do Paris Saint-Germain. O estilo de futebol de Bielsa os inspirava.

Salim Lamrani, que viria a ser intérprete de Bielsa no Lille e no Leeds, e que tinha crescido como torcedor do Olympique de Marseille, escreveu: "A notícia de sua contratação provocou o tipo de euforia entre os torcedores normalmente destinada aos grandes jogadores. Na história do Olympique de Marseille, nenhum treinador jamais despertou tamanha paixão em seus torcedores". Samir Nasri, nascido nos subúrbios ao norte de Marselha, que defendeu a equipe do Vélodrome e seguiu torcendo pelo clube mesmo muito tempo depois de ter ido para a Premier League, observou: "Parecia que havíamos contratado Cristiano Ronaldo". Se Bielsa foi tratado como uma estrela do rock, ainda que de um tipo mais reservado e intelectual, como Leonard Cohen, então Olszewski, com seus cabelos compridos e cavanhaque, seria a escolha indicada para o posto de guitarrista. E, a princípio, comportou-se como tal. Logo no início de uma partida, Olszewski se dirigiu ao *lounge* dos atletas e pediu uísque com Coca-Cola. A garçonete manteve seu copo sempre cheio. "Desci para o vestiário e a assessora de imprensa colocou a mão no meu ombro e disse: 'Fabrice, você vai participar da entrevista coletiva'. Eu estava completamente bêbado, cagando de medo. Se você for assistir à minha primeira entrevista coletiva, vai notar que o que eu traduzia não era exatamente o que o treinador estava dizendo."

Tendo crescido no Chile e na região francesa de Champagne, Fabrice Olszewski conheceu Bielsa durante o Torneio Sub-21 de Toulon, disputado seis anos antes. Seu estilo de interpretação era individualista e, certa vez, quando uma pergunta foi feita em espanhol ao treinador, Olszewski a "traduziu" para o idioma do treinador, fazendo Bielsa pedir uma salva de palmas para os jornalistas ali presentes. O relacionamento dos dois era intenso, algumas vezes. Olszewski era suficientemente autoconfiante a ponto de dizer a Bielsa, diretamente: "Você é como Van Gogh, um gênio; porém, em termos de relacionamento humano, é um pouco complicado". Bielsa sentiu-se lisonjeado pela comparação; no entanto, mais tarde chamaria o intérprete para a briga quando este se recusou a traduzir o que considerava ser uma série de instruções autoritárias e insultantes dirigidas ao meio-campista Momar Bangoura, de 23 anos. "Esta é a única forma de resolvermos a questão", disse Bielsa a Olszewski. A oferta foi recusada.

Imediatamente após sua chegada ao La Commanderie, Bielsa queria realizar um treinamento. No Brasil, estávamos no meio da Copa do Mundo — a Argentina jogaria contra a Nigéria, em Porto Alegre, no dia seguinte. Não havia muitos jogadores à disposição, mas Bielsa se virou com alguns atletas da base e com aqueles que não tinham sido convocados para o maior espetáculo do futebol mundial.

Em público, Bielsa parecia entusiasmado com a cidade e seu time de futebol. "Uma das razões para minha vinda é ver o estádio Vélodrome lotado; é uma das imagens mais bonitas que o esporte tem a oferecer", disse. O Vélodrome, com seu teto curvilíneo e contínuo e vista para as montanhas da Provença, cobertas por lavandas, era o principal estádio do futebol francês. Foi palco de duas das principais partidas da Copa do Mundo de 1998: a vitória da seleção holandesa sobre a argentina, arrematada pelo magnífico gol da vitória marcado por Dennis Bergkamp, e o combate de titãs entre Brasil e Holanda, na semifinal. O treinador argentino havia assinado contrato de apenas um ano, embora com salário de trezentos mil euros por mês, mas o Vélodrome era um palco tão adequado aos seus talentos quanto haviam sido a catedral de San Mamés ou o Coloso del Parque.

Apesar disso, o centro do mundo de Bielsa era o La Commanderie, um edifício branco, moderno e elegante, construído em 1991, quando o Olympique de Marseille parecia que viria a ser o sucessor do Milan como a força dominante do futebol europeu. O clube havia reservado uma suíte para Bielsa no hotel Intercontinental, no Porto Velho de Marselha, coração da cidade desde que os gregos estabeleceram um entreposto comercial ali, seis séculos antes do nascimento de Cristo. Bielsa, como sempre, não gostou do hotel e pediu que lhe construíssem um quarto no centro de treinamento — também queria camas para os jogadores descansarem entre as sessões de treinamento.

Assim como a cidade que a gerou, a história do Olympique de Marseille é repleta de drama, heroísmo e escândalos. Não há clube na França de passado minimamente parecido. Para Marcelo Bielsa, era o palco perfeito. O clube moderno havia surgido em 1986, com a chegada de um empresário parisiense chamado Bernard Tapie, que parecia um astro de queixo quadrado dos seriados americanos de televisão. Tapie tinha feito sua fortuna com uma cadeia de lojas de comida orgânica intitulada La Vie Claire. Sua equipe de ciclismo conquistou o Tour de France por anos seguidos. Uma das primeiras medidas de Tapie seria acabar com a pista de ciclismo que batizara o Vélodrome. O Olympique de Marseille estava em decadência, e ocupava a décima segunda posição do Campeonato Francês. Dentro de três anos, o clube venceria a Ligue 1 pela primeira vez desde 1972, época em que a cidade ficara conhecida pelas drogas e violência, sendo pano de fundo para o filme *Operação França*. Tapie traria para o estádio Vélodrome jogadores da qualidade de Jean-Pierre Papin, Didier Deschamps, Chris Waddle, Eric Cantona, Fabien Barthez e Rudi Völler. Tornou-se ainda político socialista e ministro do governo François Mitterrand.

Em 1991, o Olympique de Marseille chegou à final da Copa dos Campeões da Europa, perdendo, de maneira dolorosa, nos pênaltis, para o Estrela Vermelha, de Belgrado. Àquela altura, Tapie tinha como consolo a propriedade da marca Adidas. Dois anos depois, o consolo supremo: o Olympique de Marseille bateu o Milan e se tornou campeão da Europa. Então, veio o escândalo da manipulação de resultados. Pouco antes de viajar a Munique para disputar a final com o Milan, o Olympique de Marseille conquistou o título francês ao vencer o Valenciennes por 1 a 0. Nenhum atleta do Olympique de Marseille se contundiu na partida, permitindo que todos estivessem aptos para participar da final europeia, o que faz sentido, tendo em vista que a equipe do Valenciennes havia sido subornada para assegurar que não acontecesse nenhuma entrada mais violenta durante a partida. A história vazou.

Fazia tempo que se ouviam histórias dizendo que o Olympique de Marseille burlava as regras, comprava árbitros. Quando comandava o Monaco, pensar em Bernard Tapie revirava o estômago de Arsène Wenger. Certa vez, os dois precisaram ser apartados no túnel do estádio Vélodrome. Em comparação a Tapie, Wenger consideraria Mourinho um amigo. E então vieram as prisões e condenações. Irregularidades financeiras foram descobertas e resultaram no rebaixamento automático da equipe para a segunda divisão do Campeonato Francês. Em 1995, Tapie foi condenado a dois anos de prisão.

O predecessor de Bielsa, José Anigo, havia atuado no Olympique de Marseille e foi o comandante da equipe na campanha até a final da Copa da Uefa de 2004, e, naquele momento, ocupava o cargo de diretor esportivo e técnico interino do time. O clube de Marselha terminou o Campeonato Francês 29 pontos atrás do campeão Paris Saint-Germain; vinte pontos atrás do

Monaco. O Olympique de Marseille não só fracassara na tentativa de se classificar para a Champions League como também não havia conseguido vaga para a Europa League.

O simples fato de Anigo conseguir se concentrar em alguma coisa já era algo espantoso. Três meses antes de ele assumir o comando do time, seu filho, Adrien, dirigia seu Renault pela avenida Jean-Paul Sartre quando dois motociclistas se aproximaram e o mataram a tiros, pela janela do carro. Adrien era membro de uma gangue e já tinha sido preso por assalto à mão armada. Gangues munidas de AK-47 operavam abertamente em Marselha. A época da Operação França estava de volta. O fato de Marselha ser, àquela altura, a Capital Europeia da Cultura apenas aumentava o constrangimento.

Em seu escritório no La Commanderie, Bielsa descobriu estar menos no controle das coisas do que supunha. O presidente, Vincent Labrune, que havia atuado na televisão e no cinema, gostava da companhia de agentes de futebol e de fechar contratos sem consultar mais ninguém — e, depois, os vazava para a imprensa. Nada disso tinha potencial para fazer com que sua relação com o novo treinador fosse tranquila. Bielsa se mostraria ainda menos seguro se tivesse ouvido uma declaração de Labrune a um agente, reproduzida pelo jornal *Libération*. "Ele está aqui por um ano. Vai fazer uma limpeza no clube."

Bielsa tinha dado a Labrune uma lista de nomes de uma dúzia de jogadores com os quais gostaria de contar, e muitos deles eram defensores ou meios-campistas com características defensivas. Entre esses nomes estavam: Javier Manquillo e Toby Alderweireld, do Atlético de Madrid; Martín Montoya, lateral direito do Barcelona; e Mauricio Isla, da Juventus. Eram nomes ambiciosos, mas Bielsa, provavelmente, esperava que a diretoria conseguisse um ou dois. O clube prometera, ou ao menos ele pensava que lhe havia sido prometido, gastar 35 milhões de euros para montar um elenco com dois jogadores para cada posição. O fracasso na tentativa de contar com outros nomes presentes na lista parecia inexplicável. Gary Medel, seu jogador na Copa do Mundo de 2010, preferiu ir para o Cardiff City. Outro alvo era Benjamin Stambouli, do Montpellier. Stambouli nasceu em Marselha e tanto seu pai quanto seu avô treinaram o Olympique de Marseille; deveria ser uma contratação razoavelmente simples. Em vez disso, Stambouli foi para o Tottenham, por cinco milhões de euros, e ficou apenas uma temporada em White Hart Lane, disputando, na maior parte do tempo, partidas das renegadas Europa League e Copa da Liga Inglesa.

Antes de aceitar a oferta de Labrune, Bielsa estudou cada partida disputada pelo Olympique de Marseille nos dois anos anteriores. Teria sido melhor analisar os balancetes do clube, que demonstravam uma queda de faturamento alarmante tanto em números absolutos quanto em relação a seus concorrentes. Quando o Olympique de Marseille defendeu o título de campeão francês, em 2010, era o clube mais rico da França. De acordo com o relatório anual Football Money League, publicado pela empresa de consultoria Deloitte, a receita do clube, na temporada 2010/2011 tinha sido de 150,4 milhões de euros, pouco menor do que a da Juventus e pouca coisa maior do que a da Roma. O Lyon, com 132,8 milhões de euros, era o segundo clube que mais faturava no país. Três anos depois, Bielsa assumiu um clube cuja receita havia sofrido um declínio de vinte milhões de euros. Tinha passado a arrecadar pouco menos do que o Aston Villa, e pouca coisa a mais do que o Sunderland. Naqueles três anos, a Juventus, clube com o qual o Olympique de Marseille podia se comparar, aumentara suas receitas em 126 milhões de euros. Contudo, nem a Velha Senhora alcançaria o Paris Saint-Germain, que passara a ser uma espécie de empresa de propriedade do governo do Catar. A receita do clube parisiense era de 474,2 milhões de euros — o que o tornava o quinto clube mais rico do mundo, não muito longe de Barcelona e Bayern de Munique —, superando os faturamentos somados de todos os demais participantes do Campeonato Francês.

A saída de alguns atletas da equipe do Vélodrome deixaria Marcelo Bielsa perplexo, não apenas devido à qualidade dos jogadores, mas porque nenhum esforço realmente havia sido feito para mantê-lo informado sobre tais eventos. Labrune adotaria uma política parecida em relação às contratações do clube. A perda mais significativa foi a de Mathieu Valbuena. Contratado junto a uma equipe amadora para ocupar o lugar de Franck Ribéry, quando este foi defender o Bayern de Munique, Valbuena era carinhosamente conhecido como "pequena bicicleta", devido à sua velocidade, resistência e tamanho. Quando se envolveu em uma briga com Deschamps, o clube declarou que Valbuena era "inegociável".

Mas, agora, Valbuena tinha passado a ser negociável e se transferiria para o Dínamo de Moscou, que, apesar de sua história, não era mais uma das grandes potências do futebol russo — o clube não conquistava um título desde 1976. Bielsa ficou sabendo da negociação apenas na véspera da data programada para a partida do atleta. Quando se encontraram, o argentino lhe disse que ele havia sido o melhor jogador da seleção francesa na Copa do Mundo do Brasil. "Quero que você saiba que aqueles que dizem que você não estava nos meus planos são mentirosos. Eu teria de ser completamente louco para não querer você na minha equipe". Bielsa também desejava a permanência de Lucas Mendes, lateral esquerdo brasileiro de 24 anos que havia disputado duas temporadas inteiras no Vélodrome, mas não houve tempo para conversas; o atleta estava de saída para o Catar, onde defenderia o El-Jaish. O Olympique de Marseille mais do que dobrou os dois milhões de euros investidos na contratação do jogador junto ao Coritiba, seu clube de origem. Devido ao perfil do clube para o qual o atleta estava se transferindo, Bielsa acreditava ser possível convencê-lo a permanecer no Vélodrome. O El-Jaish tinha sido criticado publicamente por ter se recusado a permitir que o jogador francês Zahir Belounis deixasse o país depois de Zahir ter acusado o clube de não pagar seus salários — no Catar, não é permitido deixar o país sem a autorização de seu empregador. Em outubro, Belounis deu uma entrevista à CNN dizendo: "A vida se tornou um pesadelo para mim, minha mulher e minhas duas filhas pequenas. Eles me mataram por dentro". Depois de dezenove meses, após intenso lobby do governo francês, Belounis conseguiu permissão para sair. Apesar de tudo, Lucas Mendes partiu para o Catar.

Bielsa percebeu que teria pouca influência nas contratações dos novos atletas e se opôs, em especial, à chegada do substituto de Lucas Mendes, o zagueiro brasileiro Dória, de dezenove anos, contratado do Botafogo por sete milhões de euros já quase no fim da janela de transferência. Em uma declaração precipitada, o Olympique de Marseille descreveu Dória como "o futuro do futebol brasileiro". Significativamente, talvez, o atleta foi fotografado não ao lado de seu treinador, mas de Labrune. O presidente do clube não sabia, mas antes mesmo de completar vinte anos, Dória já faria parte do passado em termos de futebol brasileiro. Sua carreira na seleção nacional, que até aquele momento resumia-se a três minutos disputados em um amistoso contra a Bolívia — quando Luiz Felipe Scolari o colocou em campo, a partida já estava 3 a 0 para o Brasil —, não teria prosseguimento. O atleta tampouco fazia parte dos planos imediatos do Olympique de Marseille. Bielsa criticou publicamente sua contratação: "Para mim, são necessárias vinte partidas para analisar um jogador".

> O fato de Dória substituir Lucas Mendes não melhora a equipe. Lucas Mendes estava no Olympique de Marseille havia dois anos e era parte integrante do clube porque sabia como se adaptar à equipe. O presidente tinha me dito que não contrataria atletas de outros países porque o Olympique de Marseille não tem recursos para avaliar jogadores que não atuam na França.

Dória não atuou uma única partida pela equipe principal com Bielsa, que o relegou ao time B do Olympique de Marseille. Depois, voltou ao Brasil, desta vez emprestado para o São Paulo; em seguida defendeu o Granada, e acabou no Yeni Malatyaspor, da Turquia.

Àquela altura, Bielsa percebeu que não comandaria um elenco composto por 22 atletas e com dois jogadores para cada posição. Nunca houve a possibilidade de se investir 35 milhões de euros em contratações, e ele tampouco seria consultado sobre como o dinheiro seria gasto. "O saldo do mercado de transferências foi negativo", disse aos jornalistas. "O presidente me prometeu coisas que sabia que não seria capaz de cumprir. Se tivesse sido honesto comigo, eu teria aceitado, mas dadas as circunstâncias, minha vontade é me rebelar." Relatos da entrevista coletiva traziam uma foto em que se via Bielsa gesticulando e de cabeça erguida — algo raro quando ele está falando com jornalistas. Em pé, ao lado do púlpito, estava a assessora de imprensa do Olympique de Marseille, Elodie Malatrait, com uma mão no rosto e a outra segurando seu telefone. Parecia a imagem do desespero total, embora Malatrait tenha negado que a foto fosse um registro fiel de seu estado emocional. "Ele não olha para os jornalistas quando fala e isso passou a ser motivo de debates entre esses profissionais", afirma Malatrait.

> Eles acreditavam que era uma demonstração de falta de respeito ou de coragem, mas Bielsa não é assim. É uma mistura de timidez e poder. Algumas vezes, suas atitudes nos enfureceriam, mas, ao mesmo tempo, tudo o que queríamos fazer era abraçá-lo. Ele tinha um lado muito afável.

Havia pouco otimismo no início da temporada. A partida de abertura aconteceu na Córsega, contra o Bastia. Um jogo frenético: três gols nos primeiros dezessete minutos, seis no total, e os pontos divididos entre as duas equipes. Claude Makélélé, treinador do Bastia, foi generoso ao avaliar a equipe do Olympique de Marseille, declarando que o time tinha dado bastante trabalho aos donos da casa e que faria o mesmo com os demais adversários. Talvez Makélélé estivesse sendo excessivamente generoso. O primeiro jogo em casa de Bielsa foi contra o Montpellier, um clássico da região da Provença. O Vélodrome havia sido reformado espetacularmente para a Eurocopa 2016, e o teto curvilíneo ficou ainda mais elevado, com ângulos ainda mais elegantes. A atuação do Olympique de Marseille, do ponto de vista arquitetônico, não foi digna nem de uma casa pré-fabricada. O Montpellier venceu com facilidade, 2 a 0. Éric di Meco, que havia conquistado a Copa dos Campeões da Europa com o Olympique de Marseille e era, então, vereador na cidade, comentou: "Se ele obtiver sucesso com este time, é mágico". E Bielsa, afinal, teve sucesso. Foram oito vitórias consecutivas e, de repente, ele se tornou o Mago Merlin, ou Gandalf.

O Nice perdeu de 4 a 0 no Vélodrome; o Rennes, de 3 a 0. Em setembro, o Olympique de Marseille foi até a cidade de Reims enfrentar o Stade de Reims, clube que, nos primórdios da Copa do Campeões da Europa, era quem carregava a bandeira da França na competição. André-Pierre Gignac perdeu um pênalti no início da partida e marcou dois gols antes dos vinte minutos. O Olympique de Marseille venceu por 5 a 0. Gignac marcou oito gols nas primeiras sete partidas. Atleta alto e ótimo cabeceador, foi um dos "quase-craques" produzidos pelo futebol francês. O atacante tinha ascendência cigana e espanhola e havia crescido em Martigues, no litoral de Marselha, onde, por um período, as praias e a luminosidade atraíram colônias de artistas. "Minha família vivia em trailers e trabalhava nos mercados". Na temporada 2008-2009, ele foi artilheiro da Ligue 1, levando o Toulouse da décima sétima para a quarta posição. Seu faro goleador o fez ser contratado pelo Olympique de Marseille, mas não bastou para torná-lo protagonista da seleção nacional. Seu gol mais famoso, o segundo na vitória por 2 a 0 sobre a campeão mundial Alemanha, em 2015, foi eclipsado pelas explosões ocorridas nas cercanias do Stade de France que marcaram uma noite de terror em Paris — que culminaria com o massacre na casa de espetáculos Bataclan.

Gignac gostou de Bielsa logo de cara e desenvolveu-se um relacionamento que se manteve vivo mesmo depois de os dois terem deixado a equipe do Vélodrome. Em abril de 2019, na época em que a primeira temporada de Bielsa no Leeds estava chegando a seu momento decisivo, e Gignac disputava sua quarta temporada no México, defendendo o Tigres, da região metropolitana de Monterrey, o atacante francês deu uma entrevista ao jornal *L'Équipe*. Quando seu contrato com o Olympique de Marseille chegou ao fim, em 2015, Bielsa tentou convencê-lo a ir para o

Manchester United, então comandado por Louis van Gaal, alguém que Bielsa há muito admirava. "Ele queria me motivar", recorda-se Gignac. "Sabia que eu adorava o Manchester United por causa do Ruud van Nistelrooy." Porém, Gignac tomou uma decisão quixotesca e assinou com o Tigres, sediado na Universidad Autónoma de Nuevo León. Havia alguns atrativos: sua estreia ocorreria na semifinal da Copa Libertadores, em Porto Alegre, contra a equipe brasileira do Internacional. Na partida de volta, Gignac marcou o gol que levou o Tigres à final, disputada contra o River Plate. O primeiro jogo, no estádio Universitário, terminou em empate sem gols; na volta, em Buenos Aires, o Tigres foi goleado. A opção pelo clube mexicano, porém, se provou um sucesso. "Nós ainda trocamos mensagens, ou ele me envia mensagens por meio de seu assistente, Diego Reyes", diria Gignac, quatro anos mais tarde.

> Marcelo é uma pessoa que não gosta de conversar. Ele me escreve pequenos bilhetes. Me enviou uma carta quando marquei o centésimo gol pelo Tigres. Aquele cara mudou minha carreira para sempre. Ele mudou a maneira como enxergo o futebol. Investiu em mim como ninguém jamais investiu. Em outra carta, me disse que eu era um jogador amador em um esporte profissional. Palavras assim me provocam arrepios.

Depois da goleada em Reims, Gignac marcou, nos acréscimos, o gol da vitória na partida contra o Caen, e o segundo gol do Olympique de Marseille contra seu antigo clube, o Toulouse. O clube chegava a oito vitórias seguidas. A maioria delas com Bielsa observando o jogo sentado sobre uma caixa térmica de plástico. Para Christophe Dugarry, era um início bastante impressionante. Dugarry falava como ex-jogador do Olympique de Marseille e vencedor de uma Copa do Mundo com a seleção francesa. "Ele, certamente, tem alguns bons jogadores, mas quantos são selecionáveis? Três, quatro, talvez. Nunca vi um treinador deixar sua marca em um time com tamanha rapidez." Raymond Domenech, que havia conduzido a França à final da Copa do Mundo, em Berlim, oito anos antes, afirmou: "Tive a oportunidade de assistir a um de seus treinamentos. Bielsa é uma pessoa que passa seu tempo com os jogadores; trabalha muito individualmente e o que ele fez com uma equipe que é, essencialmente, a mesma do ano passado, é admirável".

Seus treinamentos eram implacáveis. Em um jogo-treino entre titulares e reservas, Dimitri Payet estava tendo desempenho muito ruim e, então, a poucos minutos do fim da atividade, marcou um gol espetacular, completamente imprevisível. "Boa, Dimitri, boa", gritou Jan Van Winckel, preparador físico do time, mas o elogio não perdurou. Bielsa adentrou o gramado pisando duro, acompanhado de Fabrice Olszewski, e gritando com Payet: "Não, não! Isto estava uma bagunça, uma bagunça completa. Vá para os vestiários. Você não irá nos acompanhar. Vá embora, vá!". Payet saiu, desanimado. "Ele tinha razão", recorda-se Olszewski. "Depois, ele me explicou que se o tivesse parabenizado, teria permitido que Payet acreditasse que tudo que havia feito naquela manhã estava correto, e aquilo não era algo que ele podia permitir."

Diante do Olympique de Marseille estariam em breve dois dos maiores obstáculos na tentativa de se manter na liderança da competição: o Lyon e o Paris Saint-Germain, sendo que este seguia invicto na competição. A equipe do Vélodrome enfrentaria os dois adversários fora de casa em um intervalo de três semanas. O Lyon era a equipe que mais tinha sofrido com a ascensão do Paris Saint-Germain graças ao investimento catari. Em junho de 1987, o Olympique Lyonnais havia sido comprado por Jean-Michel Aulas, um empresário tão extravagante e bem-sucedido quanto Bernard Tapie fora em Marselha, embora o período de Jean-Michel Aulas tenha durado mais tempo. O Lyon venceu sete campeonatos seguidos. Seu modelo de negócios era gastar pouco com jovens talentos e vendê-los pelo maior preço possível. Michael Essien, Mahamadou Diarra, Karim Benzema e Éric Abidal passaram pelo Stade de Gerland antes de serem vendidos por valores substanciais. Em 2008, o Lyon era o clube mais rico do futebol francês, com receita de 155 milhões de euros, quase trinta milhões de euros a mais que o Olympique de Marseille. Dois anos depois, o time chegou às semifinais da Champions League, eliminando Liverpool e Real Madrid antes de cair diante do Bayern de Munique. Foi o melhor desempenho de um time francês desde que o Olympique de Marseille havia conquistado o torneio dezessete anos antes. Aulas era elogiado por seu modelo de negócios, mas nenhum empresário, por mais astuto que fosse, seria capaz de competir com o fluxo de dinheiro catari jorrando no Parc des Princes.

O Olympique de Marseille poderia ter vencido tanto o Lyon quanto o Paris Saint-Germain; porém, perdeu as duas partidas, e viu sua vantagem na liderança do campeonato passar a ser de apenas um ponto sobre o time de Paris. O Lyon era o terceiro, dois pontos atrás. A equipe de Marselha dominou as ações em ambos os jogos. No Stade de Gerland, Anthony Lopes fez duas defesas espetaculares em tentativas de André Ayew. No Parc des Princes, a cabeçada de Gignac, no início do jogo, parou no travessão.

Nas duas partidas, aqueles que se locomoveram desde a região da Provença testemunharam decisões da arbitragem que lhes pareceram difíceis de compreender. Contra o Lyon, Florian Thauvin reclamou de dois pênaltis não marcados pelo árbitro. Em Paris, com o time da casa em vantagem, Bielsa viu seu volante,

Giannelli Imbula, ser expulso — um cartão vermelho que seria anulado posteriormente, após apelação. Atacando uma equipe com um homem a menos, Edinson Cavani marcou o segundo gol.

A equipe sofreria mais uma derrota, em Mônaco, onde o Olympique de Marseille foi batido com um gol de Bernardo Silva, antes da parada de inverno da Ligue 1. O Olympique de Marseille seguia líder do torneio com 41 pontos, três à frente do Paris Saint-Germain e quatro a mais que o Lyon. Havia sofrido quatro derrotas, mas três eram explicáveis. O time tinha dado azar na derrota para o Lyon — o ex-presidente da França, Nicolas Sarkozy, comentou que, no geral, o time de Bielsa merecia ter vencido por 2 a 0. Em Paris, um erro da arbitragem arruinou a equipe; e a única derrota no Vélodrome havia ocorrido na primeira rodada, quando a filosofia radical de Bielsa ainda não tinha tido tempo de se materializar. Apenas o mais recente insucesso, ao longo da costa, em Mônaco, não podia ser facilmente explicado; porém, em Marselha, era Natal.

Na vizinha Allauch, pastores conduziam suas ovelhas pelas ruas. No alto da principal rua da cidade, La Canebière, na igreja dos Reformados, uma missa era celebrada em homenagem aos fabricantes de *santons* — estatuetas usadas como adornos de presépios. No Porto Velho, havia as luzes e os sons dos mercados natalinos. Em meio às risadas e ao cheiro dos sabonetes e perfumes da Provença, sabia-se que o Olympique de Marseille era o líder do Campeonato Francês. Contudo, quando a Virgem Negra desfilou pela praça Saint-Victor, em 2 de fevereiro, para que o arcebispo abençoasse a cidade e o mar, o clube começava a sofrer um colapso nervoso.

Avalanche

A avalanche que acabou com o sonho de título do Olympique de Marseille, e que no fim provocou a saída de Marcelo Bielsa, teve início em um lugar onde muitas avalanches costumam realmente ocorrer: nos Alpes. O Grenoble é ótimo exemplo de até onde é possível levar a ambição no futebol. Pequeno clube de uma região que tem o esqui como esporte predominante, o time já havia tido Youri Djorkaeff em seu elenco; e seu pai, Jean, como treinador. Até 2004, a equipe vivia modestamente na segunda divisão do futebol francês; então, passou a ser o primeiro clube de futebol do país a pertencer a uma empresa estrangeira, tornando-se propriedade de uma companhia japonesa chamada Index Holdings, que criava jogos para telefones celulares. A Index construiu um novo estádio para vinte mil torcedores, chamado, de modo grandiloquente, de Stade des Alpes; pouco tempo depois de sua inauguração, o time foi promovido para a Ligue 1 pela primeira vez desde 1963. O presidente do clube, Kazutoshi Watanabe, discursou. O clube, disse ele, "está aos pés de uma grande montanha. Em seu cume, está a Champions League". O Grenoble, de fato, tinha um longo caminho pela frente, mas que não o conduziu a noites no Santiago Bernabéu, e sim à falência e à quinta divisão do futebol francês.

Em 2009, o Grenoble começou sua segunda temporada na elite do futebol da França perdendo suas doze primeiras partidas, algo que ocorreu com o Manchester United em 1930. O resultado, nos dois casos, foi o mesmo: rebaixamento e última colocação ao final do torneio. Na parada de inverno de 2010, o Grenoble ocupava a lanterna da Ligue 2 e tinha uma dívida de 2,9 milhões de euros. Em meio a tudo isso, o clube concluiu que um dos jogadores formado em suas equipes de base, Olivier Giroud, não era bom o suficiente para defender o time principal.

Esse erro de cálculo não é nada se comparado às dívidas da Index Holdings, fomentada por fraudes e aquisições internacionais desastrosas, suficientes para levar o clube à falência e às divisões amadoras do futebol na França. Em janeiro de 2015, o Grenoble ainda vivia seu processo de recuperação esportiva e financeira. Mas empatar em casa com o Olympique de Marseille, pela Copa da França, trouxe a lembrança do *glamour* que a equipe, ainda que por um breve período, chegou a ostentar. A partida seria televisionada. Para garantir que o Grenoble, então na quarta divisão, recebesse as receitas da transmissão e dos ingressos, que haviam sido todos vendidos, o gramado do Stade des Alpes, que contava com marcações tanto para futebol quanto para rúgbi, foi coberto por uma lona impermeável e aquecedores foram utilizados. A conta do Grenoble no Twitter brincou dizendo que a melhor opção para a equipe era evitar que o ônibus do Olympique de Marseille chegasse ao estádio.

O ônibus chegou e, com seis minutos de jogo, André-Pierre Gignac colocou o time de Marselha em vantagem com um gol de grande talento individual — que ele comemorou junto aos torcedores da South Winners. O que ocorreu na sequência foi o desenrolar de uma partida que merece ser cultivada e guardada na memória daqueles que acreditam que o futebol não é nada sem romance. O Grenoble igualou o placar e, quando Gignac marcou o segundo, o time da casa empatou novamente. Paul Cattier, goleiro saído da base do Grenoble, fez a partida da sua vida. Florian Thauvin, que havia começado a carreira no Stade des Alpes, mas que fora negociado durante o processo de falência do clube, teve três chances de resolver o jogo e desperdiçou todas. Na decisão por pênaltis Cattier ainda defenderia sua cobrança.

É difícil imaginar o que mais Bielsa poderia ter feito. Como André Ayew estava prestes a viajar para disputar a Copa Africana de Nações, o treinador argentino colocou Dimitri Payet em seu lugar. Ayew entrou em campo só aos oito minutos da prorrogação e marcou o terceiro gol do Olympique de Marseille. Bielsa também deu uma oportunidade a seu goleiro reserva, Brice Samba, de 21 anos. Assim como Paul Cattier, Samba se lembraria para sempre daquela noite, mas de uma perspectiva bem diferente. No último minuto da prorrogação, o Grenoble marcou o terceiro gol. A partida foi para os pênaltis: Cattier defendeu; Samba, não. Sua carreira como jogador do Olympique de Marseille estava efetivamente acabada.

Contudo, uma eliminação em jogo de Copa nem sempre provoca ressaca. Na semana seguinte à surpreendente vitória do Hereford sobre o Newcastle, em 1972 — partida que invariavelmente é mostrada sempre que a Copa da Inglaterra precisa ser reavivada —, o Newcastle bateu o Manchester United fora de casa (o clube ficaria 41 anos sem conquistar uma vitória em Old Trafford). O Olympique de Marseille, porém, continuou perdendo. Nos oito jogos subsequentes o time desperdiçou quinze pontos contra equipes, em sua maioria, medianas: derrotas para Montpellier, Nice e Caen; empates com Rennes, Reims e Saint-Étienne. A liderança do campeonato havia sido perdida para o Lyon; a segunda colocação, para o Paris Saint-Germain; e o Monaco se aproximava rapidamente. Todos os velhos inimigos estavam se juntando.

Bielsa perdeu André Ayew e seu zagueiro central, Nicolas N'Koulou, para a Copa Africana de Nações, disputada na Guiné Equatorial. N'Koulou não durou muito tempo na competição — a seleção de Camarões foi eliminada na fase de grupos. No entanto, ao voltar para a França, uma cirurgia no joelho só lhe permitiria retornar aos campos em abril; N'Koulou não jogava pelo time desde a parada de inverno. Ayew passou bem mais tempo na Guiné Equatorial. Gana, dirigida por Avram Grant, chegou à final, e após um empate sem gols com a Costa do Marfim, foram necessárias 22 cobranças de pênaltis para definir o campeão. A sequência terminou quando o goleiro da Costa do Marfim, Boubacar Barry defendeu o chute do goleiro rival e, na sequência, converteu sua cobrança. Cinco dias depois, Ayew estava de volta ao Vélodrome para marcar o segundo gol no jogo contra o Reims — um empate nos acréscimos que resumia bem a segunda metade da temporada do Olympique de Marseille.

Ayew planejava deixar o Olympique de Marseille depois da Copa do Mundo disputada no Brasil. Seu irmão mais novo, Jordan, que passara a carreira toda na equipe do Vélodrome, havia se transferido para o Lorient; porém, no último dia da janela de transferências, Vincent Labrune convenceu André Ayew a permanecer. Ele admitiu que tinha dúvidas quanto a ser comandado por Marcelo Bielsa.

> Honestamente, no início, eu não compreendia aquilo muito bem. Não entendia o motivo desse ou daquele exercício, mas, com o tempo, e após várias conversas com o treinador, percebi como ele queria que atuássemos. Ele me surpreendeu positivamente. É um dos melhores. Claro que não conquistou os títulos de Guardiola ou Mourinho, mas é incrível a maneira como transmite sua mensagem.

O canal de televisão do Olympique de Marseille mostrou um pouquinho do modo como Bielsa se comunicava com seus atletas. No começo de março, o Olympique de Marseille havia viajado a Toulouse, onde conquistou sua primeira vitória fora de casa em cinco meses. Não foi uma vitória qualquer, mas uma goleada por 6 a 1. No intervalo, a vantagem era de quatro gols. Michy Batshuayi, que começava a ofuscar André-Pierre Gignac como melhor atacante do Olympique de Marseille, marcou duas vezes. Era uma sexta-feira à noite. O Olympique de Marseille ocupava, então, a segunda colocação, à frente do Paris Saint-Germain no saldo de gols, e um ponto atrás do Lyon. No fim de semana, seus rivais também golearam: o Lyon fez 5 a 1 no Montpellier, fora de casa, e o Lens foi goleado por 4 a 1 no Parc des Princes. A diferença, novamente, estava em três e quatro pontos, mas a vitória em Toulouse, e o modo como ela tinha acontecido, mostraram que o Olympique de Marseille ainda era candidato ao título. O próximo adversário seria o Lyon, no Vélodrome. A partida, naturalmente, foi a escolhida para ser televisionada no domingo, e quando na véspera o Paris Saint-Germain perdeu para o Bordeaux, o interesse pelo jogo passou a ser ainda maior. Enfrentando a equipe com o melhor ataque da competição, Bielsa decidiu experimentar, armando o time com três zagueiros e colocando seus três atletas mais velozes, Benjamin Mendy, Giannelli Imbula e Brice Dja Djédjé, no meio de campo. Ayew, Thauvin e Gignac formariam o ataque, com Dimitri Payet vindo de trás. Apesar dos dois gols em Toulouse, Batshuayi foi preterido.

 O Vélodrome estava mais cheio e barulhento do que ao longo de toda a temporada. O Olympique de Marseille jogou melhor. Gignac acertou a trave; Jérémy Morel foi expulso após uma entrada imprudente, embora o zagueiro até tenha acertado a bola. Em uma confusão quase em cima da linha do gol, parecia que Lucas Ocampos havia marcado; porém, o árbitro não deu o gol, afirmando que a bola não tinha cruzado a linha. A partida terminou empatada em 0 a 0. O Lyon manteve a vantagem de quatro pontos. Saindo do campo em direção ao vestiário, os jogadores de Bielsa estavam convencidos de que a diferença deveria ser de um ponto apenas. Então, Bielsa começou a falar. Os atletas estavam sentados; seu treinador, vestindo um abrigo, caminhava de um lado a outro no vestiário, falando em espanhol e sendo traduzido para francês. Ele não olhou particularmente para ninguém e o efeito foi o mesmo de um professor dando uma aula para um grupo de alunos inteligentes em preparação para o vestibular. "É muito difícil aceitar uma injustiça", disse Bielsa.

> Se vocês jogarem como jogaram hoje, encontrarão, no fim do caminho, uma conquista. Vão conseguir o que merecem. Neste momento nada vai acalmá-los porque esta partida aniquilou vocês. Aceitem a injustiça; no fim, tudo acaba se equilibrando. Faltam nove jogos. Se jogarem assim nestes nove jogos, não tenham dúvida, vocês alcançarão a recompensa que merecem, ainda que, agora, pareça impossível. Engulam o veneno — fará vocês mais fortes. Vocês conseguirão o que merecem.

Depois, levantando a voz pela primeira vez, apontou para seus jogadores e disse: "Eu parabenizo cada um de vocês, cada um". O time aplaudiu.

Algumas dessas pontuações são bastante comuns. "Se vocês continuarem a jogar assim, vão conseguir o que merecem" é uma frase proferida por treinadores de futebol desde os gramados das escolinhas até os vestiários da Champions League. Contudo, são as palavras que Bielsa incorpora a estas mensagens que impressionam. "Esta partida aniquilou vocês... Aceitem a injustiça... Engulam o veneno." Quando o discurso chega a seu clímax — "Eu parabenizo cada um de vocês, cada um" —, ele praticamente se curva, em reverência, como um ator. Aquilo causou o impacto desejado. No fim de semana subsequente, o Olympique de Marseille se viu em meio às minas de carvão do norte da França, enfrentando o Lens. Vitória por 4 a 0.

Embora discursos coléricos nos vestiários produzam ótimas histórias — há um vídeo em que se vê Neil Warnock gritando para um de seus zagueiros, que havia deixado livre o adversário que deveria marcar, e perguntando: "Onde você estava? Na porra da Letônia?" —, os jogadores preferem ver tranquilidade em seus treinadores. Bielsa não é de gritar. Um dos mais famosos episódios de vestiário, o que envolveu o Liverpool na final da Champions League contra o Milan, em Istambul, é frequentemente lembrado por seus momentos de confusão: Rafa Benítez dizendo para Djimi Traoré que ele seria substituído; depois, afirmando que ele permaneceria em campo; então, mandando o Liverpool para o segundo tempo com doze jogadores e dizendo para Didi Hamann seguir em frente. Contudo, o que Jamie Carragher se recorda é da tranquilidade de Rafa Benítez, falando um idioma no qual não se sentia à vontade, explicando como o Liverpool, perdendo de 3 a 0 depois de disputados 45 minutos, passaria a atuar no 3-5-2 com Steven Gerrard e Luis García pressionando Andrea Pirlo. Aquilo mudou tudo.

Para o Olympique de Marseille, então, tudo dependia da partida contra o Paris Saint-Germain, no Vélodrome, a ser disputada no domingo, 5 de abril. Mais uma vez a equipe começou bem — uma cabeçada forte de Gignac, subindo mais que a zaga, depois de um cruzamento brilhante de Payet, colocou o time de Marselha em vantagem. Por cinco minutos. Blaise Matuidi fintou Dja Djédjé na entrada da grande área do Olympique de Marseille e chutou. A bola desviou levemente na luva de Steve Mandanda e bateu na trave antes de estufar a rede. Dois minutos antes do intervalo, uma clássica marcação com pressão alta fez um buraco se abrir na defesa do Paris Saint-Germain — Gignac se infiltrou e marcou. O Olympique de Marseille, no entanto, perdeu a partida por causa de Zlatan Ibrahimović, autor de 156 gols em 180 jogos pela equipe de Paris, que fizeram dele o maior artilheiro da história do clube até então. Ele não marcou nenhum gol naquela noite no Vélodrome, mas mudou o jogo.

Depois de jogados quatro minutos no segundo tempo, Ibrahimović cobrou uma falta pavorosa, caindo no chão após chutar a bola — que acabou rebatendo em um companheiro de equipe e sobrou para o zagueiro brasileiro Marquinhos empatar. O jogo mal havia sido reiniciado quando Ibrahimović e Jérémy Morel se engalfinharam para pegar um cruzamento rasteiro. Em um emaranhado de pernas, o zagueiro chegou primeiro e desviou a bola contra a própria meta, vencendo Mandanda e anotando o quinto e último gol da partida.

O simples fato de Ibrahimović estar defendendo o Paris Saint-Germain era uma demonstração do que o Olympique de

Marseille e o Lyon tinham de enfrentar. No verão de 2012, o atacante estava praticando esqui aquático no mar Báltico, perto de sua casa, na ilha de Vaxholm. Ele defendia o Milan, estava satisfeito e era muito bem pago. Ao voltar para casa, se deparou com cinco chamadas perdidas de Mino Raiola. Quando Ibrahimović entrou em contato com o agente, ficou sabendo que o diretor esportivo do Paris Saint-Germain, Leonardo, queria falar com ele. Zlatan Ibrahimović tinha pouco interesse em atuar na Ligue 1 e disse a Raiola que mandasse uma lista de exigências tão absurdas para Leonardo que nenhum clube de futebol sensato aceitaria. Vinte minutos depois, Raiola telefonou novamente dizendo que o Paris Saint-Germain havia concordo com tudo.

Uma vez mais, os atletas de Marcelo Bielsa tiveram que engolir o veneno. Desta vez, um veneno letal — e o Olympique de Marseille agonizou definitivamente. O time perdeu os três jogos seguintes, sendo o último um confronto bastante disputado contra o Lorient, em casa, que terminou com a equipe bretã vencendo por 5 a 3. O jornal *L'Équipe* fez uma análise das derrotas que arruinaram o Olympique de Marseille. Contra o Caen, em fevereiro, a equipe de Marselha vencia por dois gols de vantagem, em casa, a 27 minutos do fim, e, de alguma forma, conseguiu levar a virada. O treinador do Caen, Patrice Garande, observou que na busca por mais gols, muitos jogadores do Olympique de Marseille se lançaram ao ataque. O 4-2-3-1 de Bielsa passou a ser um 4-1-4-1 com apenas um meio-campo defensivo protegendo a defesa. De repente, o time estava vulnerável.

O diário *L'Équipe* culpou Bielsa pela derrota por 1 a 0 em Nantes. Foram tantas as mudanças durante a partida disputada no Stade de la Beaujoire que suas táticas tornaram-se "ilegíveis". No intervalo, perdendo por um gol, Bielsa tirou o volante Imbula e colocou o atacante Thauvin, que foi atuar na ponta esquerda. Gignac, que quase sempre comandava a linha de frente, foi deslocado para atuar atrás de Batshuayi. Treze minutes depois, entrou Ocampos. Thauvin passou a jogar pelo centro, Romain Alessandrini foi para a ponta esquerda e Gignac voltou a sua posição de origem, à frente de Batshuayi. A onze minutos do término do confronto, com Ocampos mudando de lado, Mario Lemina passou a ser o terceiro jogador do Olympique de Marseille a jogar na ponta esquerda. O resultado foi uma confusão. O Olympique de Marseille controlou a partida, teve 64% de posse de bola, mas chutou apenas seis vezes ao gol, e somente duas bolas acertaram o alvo.

O time também teve mais posse de bola na partida contra o Lorient, cuja tática era defender com as linhas recuadas e tentar jogadas de contra-ataque tendo o irmão de André Ayew, Jordan, liderando as investidas. Aos nove minutos de jogo, Jordan abriu o placar, e antes dos quinze minutos da primeira etapa, o Lorient já vencia por dois gols de vantagem. Quando Batshuayi entrou em campo, o Olympique de Marseille tinha nada menos do que cinco atacantes em campo. Depois de ter empatado a partida em 3 a 3, a equipe levou outros dois gols, nos últimos seis minutos.

Não houve mais derrotas. Os últimos quatro jogos terminaram com vitória, três deles com facilidade, e todos com certo estilo. A quarta vitória aconteceu no Vélodrome, contra o Monaco, que em meio a todo aquele caos, havia superado o Olympique de Marseille e assumido a terceira colocação do Campeonato Francês, última posição a dar vaga para a Champions League. Até então, Bielsa não tinha vencido nenhuma das três equipes que, com o Olympique de Marseille, compõem o grupo das grandes potências do futebol francês. Por sua vez, o Paris Saint-Germain e o Lyon, que terminaram, respectivamente, na primeira e na segunda posições, não perderam nenhuma partida para seus principais rivais diretos.

No momento em que a bola começou a rolar naquele domingo de maio, à noite, o Olympique de Marseille era o quinto colocado, cinco pontos atrás do Monaco, e atrás, no saldo de gols, do Saint-Étienne, que na véspera goleara o Nice por 5 a 0. Em cinquenta segundos a diferença de gols havia aumentado. João Moutinho colocou o Monaco à frente. Pouco antes do intervalo, Bernardo Silva acertou a trave. Era o tipo de sorte que tinha abandonado completamente o Olympique de Marseille desde o Natal — e desta vez o time se aproveitou. André Ayew empatou; depois, a três minutos do fim do jogo, Alessandrini recebeu um passe de Payet dentro da grande área e marcou; a duas rodadas do fim da Ligue 1, o Olympique de Marseille estava dois pontos atrás do Monaco. O título do campeonato já não era mais possível, mas as esperanças podiam ser negociadas, transformadas. Naquela noite, o Vélodrome se contentaria com a vaga para a Champions League.

A diferença a ser tirada era de dois pontos; havia mais duas rodadas a serem disputadas. Contudo, ninguém mais cometeu deslizes. O Olympique de Marseille terminou na quarta colocação. O time chegou duas posições — e nove pontos acima — do lugar que havia ocupado doze meses antes. Em termos de estatística bruta, a primeira temporada de Bielsa em Marselha foi uma grande conquista; mas tinha sido mais do que isso. Uma cidade havia se motivado e, durante o inverno, chegou a sonhar com o título. O Olympique de Marseille anotou o maior número de gols em uma temporada desde a conquista do título, em 1972. Dois anos antes de Bielsa assumir o clube, o time de Marselha havia terminado na segunda colocação, marcando 42 gols em 38 partidas, menos do que o Troyes, que acabou o torneio na décima nona posição e foi rebaixado.

O futebol francês estava mudando, deixando de ser a competição mais aberta da Europa e passando a ser a mais estéril. Entre 2008 e 2012, cinco clubes diferentes — Lyon, Bordeaux, Olympique de Marseille, Lille e Montpellier — conquistaram o título. Então, o dinheiro do Catar começou a jorrar no Parc des Princes, destruindo os demais. O Paris Saint-Germain conquistou sete dos nove campeonatos seguintes. O Monaco e o Lille foram os únicos clubes a quebrar essa sequência. Nesse período, o Olympique de Marseille só alcançou uma vez posição superior ao quarto lugar atingido sob a batuta de Bielsa (foi vice-campeão em 2019-2020), e não houve muito a que se apegar. Entre 2015 e 2018 o Paris Saint-Germain venceu quatro Copas da França consecutivas, e se não fosse uma disputa de pênaltis contra o Rennes, na final de 2019, teria conquistado cinco.

Bielsa teve impacto mesmo sobre os atletas mais complicados do Olympique de Marseille. Para Dimitri Payet aquela foi uma das melhores temporadas de sua vida. Payet admite que pode ser alguém difícil de se comandar. "Eu sei que sou babaca — é uma das minhas especialidades", foi o que disse anos depois, após se recusar a jogar pelo West Ham para forçar uma volta ao Olympique de Marseille, em janeiro de 2017. "Quando quero irritar todo mundo, eu irrito." O relacionamento de Payet com Marcelo Bielsa não lhe permitiu que se comportasse como um babaca. "Ele me fez realizar coisas que ninguém mais conseguiu", recorda-se.

> Em seu primeiro dia, disse: "Vou manter você na rédea curta". Ele sabia do meu potencial e queria que eu o demonstrasse em todos os jogos, em todos os treinamentos. Uma vez, quando estávamos nos preparando para a partida contra o Lille, na última rodada antes da parada de inverno, eu estava um pouco

relaxado. Ele me levou para longe do grupo e me disse que eu não tinha o direito de errar.

O que impressionou Payet foi o modo como Bielsa falou, a linguagem usada:

> Bielsa era louco na maneira como atuava, em seu trabalho, em suas emoções, no modo como comemorava um gol, as vitórias. Ele usava palavras fortes, mas as proferia com muita serenidade, muita tranquilidade. Durante uma preleção antes de um jogo, olhei para Steve Mandanda, apontei para o treinador e falei: "Eu morreria por ele". O modo como ele conseguia nos motivar era uma coisa de louco. Suas palavras eram capazes de nos levar muito longe.

A arte da transação

Enquanto se aproximava sua segunda temporada em Marselha, Marcelo Bielsa recebeu a oferta de um novo contrato de dois anos. E bastante generoso: no valor de dez milhões de euros. No entanto, um detalhe o deixava insatisfeito, um detalhe que colocaria fim a seu vínculo com o time do Vélodrome. Embora seu salário tenha sido ajustado de trezentos para 415 mil euros por mês, apenas o primeiro ano de seu novo contrato estava assegurado. Caso o Olympique de Marseille não terminasse entre os quatro primeiros colocados em 2016, o clube não precisaria cumprir o segundo ano do pacto. Bielsa, porém, queria um acordo para os dois anos. Se viesse a ser demitido ao término da temporada que se iniciava, queria que o segundo ano de seu contrato fosse pago integralmente em parcelas mensais até a data de sua expiração. Não se tratava de uma condição absurda; era algo que a maioria dos treinadores com seu histórico teria pedido.

Em 5 de agosto, uma quarta-feira, estava marcada uma reunião entre Bielsa, o diretor-executivo do clube, Philippe Perez, e Igor Levin, advogado que respondia pela proprietária do

Olympique de Marseille, Margarita Louis-Dreyfus. Segundo matéria publicada no jornal *Le Parisien*, houve uma acentuada inflexibilidade na abordagem do Olympique de Marseille. Levin, relatou o diário, "agiu como um americano". O advogado, na verdade, é de nacionalidade russa, embora atuasse em Nova York e não fosse especialista em contratos futebolísticos. A reunião não terminou bem. De acordo com o relato dado por Bielsa dois anos depois, ele ouviu que se desejasse a garantia de que teria dois anos de contrato, o clube iria impor uma cláusula reduzindo seus vencimentos em 10%. Bielsa respondeu: "Você tem certeza do que está fazendo? Você representa o presidente e a proprietária?". Eles afirmaram que sim. "Ótimo", disse o treinador, deixando a reunião. Naquela noite, escreveu sua carta de demissão.

Seu segundo verão na Provença havia sido tão complicado quanto o primeiro e, uma vez mais, em razão dos episódios envolvendo o mercado de transferências. Jogadores que Bielsa e muitas outras pessoas em Marselha acreditavam que não deveriam sair deixaram o clube. Entre os principais estavam: Dimitri Payet, vendido ao West Ham; Florian Thauvin, em negociação com o Newcastle; Giannelli Imbula, que se transferiu para o Porto. As vendas arrecadaram 59,8 milhões de euros, mas o Olympique de Marseille começaria a nova temporada mais fragilizado do que terminara a anterior. O clube havia passado, ainda, repentinamente, a suspeitar de Bielsa. Oito dias antes, o México tinha demitido seu treinador, Miguel Herrera. Era o técnico que tinha levado a seleção mexicana à conquista da Copa Ouro da Concacaf, nos Estados Unidos, o que deveria ter lhe assegurado mais dois anos no cargo. Rendeu-lhe quatro dias. Quando o elenco formava fila para pegar o voo no aeroporto da Filadélfia, Herrera envolveu-se em uma briga com um repórter televisivo, Christian Martinoli, crítico contumaz da equipe, que discutira com a filha de Herrera no Twitter. Depois da divulgação das imagens do incidente com Martinoli, o destino de Herrera foi selado. A Federação Mexicana de Futebol entrou em contato com Bielsa para lhe oferecer o cargo de Herrera. Bielsa não respondeu a essas investidas, embora em sua carta de demissão tenha feito referência a propostas para ganhar "três vezes" o salário que recebia no Olympique de Marseille.

Jan Van Winckel, preparador físico do clube francês e que mantinha relação sólida com Bielsa, considerava a situação do treinador tão precária que começou a procurar emprego na Arábia Saudita. Três dias depois da reunião com Perez e Levin, em um sábado à noite e sob atmosfera pesada, ocorreu a partida de abertura do que deveria ser a segunda temporada de Bielsa em Marselha, contra o Caen, em casa. O jogo foi esquecido mais cedo do que a entrevista coletiva que se seguiu. Andy Delort, que não havia deixado saudades após sua única temporada no Wigan, decidiu a disputa com uma bomba que tocou no travessão de Steve Mandanda antes de ir para o fundo das redes. O Olympique de Marseille havia sido bem melhor naquela noite: Benjamin Mendy acertou a trave, e o goleiro do Caen, Rémy Vercoutre, teve atuação excepcional. Ao final da partida, Bielsa, vestindo uma camisa branca do Olympique de Marseille, levantou-se da caixa térmica de plástico onde se sentava e se preparou para a coletiva pós-jogo. Elodie Malatrait, assessora de imprensa do clube, foi encontrá-lo em seu escritório para conduzi-lo à sala de imprensa. "Coloquei minha cabeça pela porta entreaberta e o vi andando em círculos, absorto em seus pensamentos; ele podia ficar daquele jeito depois de uma derrota. Quando vi que seu intérprete estava completamente pálido, me alarmei. Percebi que algo estava acontecendo."

No vestiário, seus jogadores encontravam-se totalmente alheios ao que Bielsa estava prestes a fazer. Alguns acharam sua atitude — contar para os jornalistas antes de avisar seus jogadores —, na melhor das hipóteses, desrespeitosa. Na sala de imprensa, o treinador argentino falou sobre a derrota para o Caen por quinze minutos; então, começou a ler uma carta de demissão que tinha Labrune como destinatário:

> Após uma série de reuniões, chegamos a um acordo a respeito dos termos para prorrogarmos o contrato para 2016-2017. Ao longo dos últimos meses, trabalhei acreditando que tudo estava resolvido e que faltava apenas assiná-lo. Na última quarta-feira, fui chamado para uma reunião com o CEO e o advogado, Igor Levin, e eles me disseram que gostariam de alterar alguns dos pontos anteriormente acordados. Foi após esse encontro que tomei minha decisão, que explico agora e afirmo ser definitiva. Não sei se vocês aprovam ou ignoram, mas o fato é que recusei ofertas relevantes para seguir em Marselha, porque estava muito interessado no projeto. Contudo, hoje não posso aceitar esta situação instável trazida à tona pela tentativa de alteração dos termos do contrato. Minha decisão é não mais trabalhar com vocês. Trabalhar em parceria exige um pouco de confiança e agora nós não temos isso.

Ele não havia dito a Malatrait o que estava prestes a fazer e, ao encerrar a entrevista coletiva, anunciou: "Meu trabalho aqui está terminado; estou voltando para meu país de origem". Quando Bielsa se encontrou com Vincent Labrune pela última vez, o presidente lhe perguntou: "O que você fez?".

"Eu disse que não queria negociar com os outros dois", respondeu o treinador.

"Isso não tem importância. Vamos assinar o contrato juntos. Já lhe disse isso."

"Agora é tarde."

O clube emitiu um comunicado sugerindo ter evitado uma situação em que ficaria refém de seu treinador:

> A diretoria do Olympique de Marseille fez tudo para oferecer ao clube um treinador à altura de tal responsabilidade; porém, sob nenhuma circunstância o OM pode ser feito prisioneiro de alguém que coloca seus interesses pessoais muito acima dos interesses da instituição. O Olympique de Marseille está imbuído de valores ímpares e é dono de uma história rica o suficiente para recusar-se a se submeter às exigências de uma única pessoa.

Foi uma declaração desafiadora e eloquente, mas que ignorava a principal preocupação de Bielsa: garantir que seu contrato fosse pago por completo caso ele viesse a ser demitido — e não a de se tornar um ditador da equipe do Vélodrome. Pelo segundo verão consecutivo, atletas do clube estavam sendo vendidos contra sua vontade. O comportamento do Olympique de Marseille parecia continuamente provocativo.

A revista *France Football*, assim como o jornal inglês *The Guardian*, emprega um colunista chamado "O Jogador Secreto", um futebolista profissional em atividade cuja identidade não é revelada para que ele possa dizer o que pensa. De acordo com esse colunista, foram as enormes expectativas do Olympique de Marseille que derrubaram Bielsa, algo que já havia provocado o fim de muitos outros trabalhos. "Honestamente, é muito complicado atuar ali. A cidade inteira traz consigo esse peso e isso passa para o clube." Ele comparou o Olympique de Marseille a outro clube famoso pela paixão de seus torcedores: o Lens, localizado em meio às minas de carvão do norte da França. "O Lens tem uma atmosfera incrível, um estádio e torcedores magníficos; quando se joga na cidade, há um clima de festa. No Vélodrome, por sua vez, a atmosfera é muito pesada e isso se sente no ar."

Algumas pessoas esperavam que Bielsa tivesse deixado o time do Vélodrome muito antes. Entre essas, seu intérprete, Fabrice Olszewski: "Eu sabia muito bem que ele não ficaria", relata.

> Se queriam que ele continuasse? Não sei, mas não podíamos seguir daquela maneira. Eu achei que haveria uma crise mais cedo. Em um determinado momento, todos achavam que sairíamos na metade da [primeira] temporada. Quando ele se irritava, dizia: "Merda, jamais deveria ter assinado com este clube". Depois, achei que ele fosse sair no dia 31 de agosto [fechamento da janela de transferências], porque anteveria os resultados possíveis com os atletas que tinha. Não aconteceu como ele desejava. Havia os atletas que ele realmente queria que ficassem e que tinham saído: Morel, Fanni, Payet.

Vieram à tona histórias como a do dia em que Steve Mandanda deu carona a Bielsa e o treinador, ao longo de toda a viagem, sequer olhou para seu capitão — muito menos conversou com ele. Mandanda o admirava muito. Quando Bielsa deixou o clube, disse que sentia como se tivessem lhe dado uma paulada na cabeça. E o caso de Lucas Ocampos, contratado junto ao Monaco, por empréstimo, e que recusou uma oferta da Fiorentina simplesmente porque queria ser treinado por Marcelo Bielsa. Na manhã seguinte à saída de Bielsa, Ocampos estava a ponto de chorar. Dias depois da ruptura entre treinador e clube, uma longa e embasada análise sobre a saída de Marcelo Bielsa foi publicada no diário *Libération*, citando várias fontes anônimas. Um membro da comissão técnica afirmou: "Era uma coisa que sempre acontecia; não se pode viver assim para sempre. Bielsa ameaçava sair sempre que alguma coisa o desagradava. Vivíamos com medo de ofendê-lo". A fonte citada teria dito, ainda, que o clube havia concordado com todas as exigências do treinador, incluindo o pedido para que seu salário fosse pago em dólar, não em euros, devido a uma taxa de câmbio mais favorável. O artigo citava também, de maneira anônima, um dos atletas do Olympique de Marseille: "Não era questão de amar ou odiar Bielsa. Com ele se sabe que tudo vai ser difícil, que você não vai ter vida, não vai ver sua família, mas estávamos todos convencidos de que estaríamos no pódio quando chegasse o mês de maio".

O ponto principal do artigo era demonstrar que Bielsa havia recebido poderes em demasia, não o oposto, embora o jornalista do *Libération*, Mathieu Grégoire, admitisse que o clube havia mudado para melhor. Ele citou o presidente do Lyon, Jean-Michel Aulas, que afirmou que se Bielsa trabalhasse para ele, "não teria a chave de todas as portas. Não se pode trabalhar desta maneira no Olympique de Lyon. Passa a ser um risco, independentemente de o trabalho ser bem-sucedido ou fracassado". Para substituí-lo no Marseille, falou-se em Jürgen Klopp, que teria gostado da paixão que emanava do Vélodrome, mas não da política do clube. Labrune optou pelo ex-meio-campista do Real Madrid, Míchel, que tinha levado o Olympiacos a três títulos gregos consecutivos. Foi uma escolha desastrosa. Quando Míchel foi demitido, em abril de 2016, o Olympique de Marseille ocupava a décima quinta posição no Campeonato Francês. O time não ganhava uma partida da Ligue 1 no Vélodrome havia cinco meses; a última vitória, em qualquer palco, tinha acontecido em fevereiro. Apenas a campanha do time na Copa da França dera sobrevida a Míchel. Franck Passi, ex-assistente de Bielsa, foi escolhido para comandar o time interinamente e prometeu uma "missão de guerra" para levar o time à final, algo que o clube conseguiu; porém, à sua espera no Stade de France estava seu arquirrival, o Paris Saint-Germain.

Vincent Labrune não sobreviveu muito tempo. O clube estava à venda e ele saiu ao término da temporada. O jornal *La Provence*, de Marselha, foi mordaz ao afirmar que ele havia sido "o pior presidente da história do Olympique de Marseille".

De volta a Rosário, Bielsa manteve sua promessa e não aceitou nenhuma das ofertas que lhe foram feitas. Podia ter optado por treinar a seleção mexicana ou voltado ao Chile para substituir Jorge Sampaoli. Em vez disso, assistiu a jogos de basquete e viu sua filha mais velha, Inés, jogar hóquei sobre grama — era possível vê-lo fazendo anotações durante as partidas. Em meio a isso tudo, ele supervisionava um projeto extraordinário: a construção de um hotel no centro de treinamentos do Newell's Old Boys, em Bella Vista. Bielsa investiu 2,5 milhões de dólares de seu próprio bolso na construção de um edifício que oferecesse acomodação aos jogadores e funcionários do Newell's antes das partidas, sala para análise de vídeos, auditório, cozinha e refeitório. O edifício foi batizado de Hotel Jorge Griffa, em homenagem ao mentor de Bielsa. Uma das exigências do treinador era a não divulgação de seu envolvimento no financiamento do projeto. Mas não havia praticamente nenhuma chance de isso acontecer. A ideia da construção foi apresentada a Guillermo Lorente, presidente do Newell's, em março de 2013 pela irmã de Marcelo Bielsa, María Eugenia, arquiteta profissional. María Eugenia disse a Lorente que seu irmão acreditava que seus anos no clube haviam sido fundamentais para sua carreira e queria recompensar o Newell's por isso de alguma maneira.

Lucas Bernardi, então treinador do Newell's, e Gabriel Heinze foram consultados sobre as necessidades do hotel. Bielsa queria que o hotel fosse "austero, moderno e duradouro". A acomodação dos jogadores ficava de um lado; a da comissão técnica, do outro. Os quartos eram à prova de som, para ajudar no sono e na concentração dos atletas, e decorados em vermelho e preto, as cores do Newell's. Nos corredores e nas áreas comuns liam-se frases motivacionais e viam-se fotos dos homens que levaram conquistas ao Coloso del Parque: Heinze, Batistuta, Martino, Rodríguez e Valdano. Não havia nenhuma menção a Bielsa, embora o muro ao lado do estacionamento contasse com 22 buracos — na tradicional linguagem das apostas na Argentina, o número 22 refere-se a *El Loco*.[13] Isso, certamente, foi obra de María Eugenia.

Em novembro de 2018, o Hotel Jorge Griffa foi oficialmente inaugurado. O evento ocorreu dois dias depois da vitória do Leeds sobre o Wigan, e Bielsa não pôde viajar até Rosário. Àquela altura, o Coloso del Parque já se chamava Estádio Marcelo Bielsa, uma honraria que trouxe orgulho ao treinador argentino, mas também um certo constrangimento. Por meio de uma chamada de vídeo, Bielsa falou para uma multidão. Seu discurso demonstrou a enorme paixão que tinha — e jamais deixaria de ter — pelo Newell's, e o imenso respeito que nutria por Jorge Griffa, o homem que o formara. "De 1992 até hoje, tive poucas oportunidades de me comunicar com os torcedores do Newell's", disse.

---

[13] A *quiniela*, um dos principais jogos de azar da Argentina, possui um quadro, baseado na interpretação dos sonhos, em que diferentes imagens são associadas aos números de 1 a 99. A imagem que corresponde ao 22 é a de um louco. (N.T.)

A última vez que isso aconteceu foi quando batizaram o Coloso del Parque com meu nome, um dia que recordo como um dos mais felizes da minha vida. Sentir-me amado e ver esse amor ser comunicado por quarenta mil pessoas foi uma emoção difícil de explicar. Há momentos em que não se consegue expressar o que se sente, porque a intensidade toda nos oprime. Naquele momento, eu sabia que não merecia aquela distinção. Vivi de perto os últimos cinquenta anos da história do Newell's e, na minha opinião, a pessoa mais importante desse período foi Jorge Griffa. Ele merecia o reconhecimento que recebi. Não exagero ao dizer que, diariamente, revivo um momento dos vinte anos que passei neste clube — atletas, colegas, funcionários, jogadores que não vingaram, torcedores, amigos, partidas, histórias, reuniões, encontros. Um número infinito de recordações. Excetuando-se minha vida privada, nada me causa mais emoção do que me lembrar do Newell's. Griffa me ensinou a entender o futebol; era um visionário e não há nenhum aspecto do esporte que não dominasse.

As palavras "Gracias, Marcelo Bielsa" foram projetadas na parede lateral do prédio. Jorge Griffa inaugurou oficialmente o hotel e vaticinou que Bielsa voltaria a comandar o Newell's Old Boys.

Em abril de 2016, oito meses depois de ter deixado o Olympique de Marseille, Bielsa concordou, a princípio, em trabalhar na Serie A treinando a Lazio. À primeira vista, parecia uma jogada de mestre: o treinador tecnicamente mais bem preparado do mundo atuando no campeonato mais técnico do mundo. O que se seguiu, no entanto, foi um fiasco que faria Bielsa se demitir dois dias após ter sido anunciado pelo clube italiano. Quando as conversas entre o clube e o treinador começaram, a Lazio havia acabado de perder o clássico local para a Roma por 4 a 1, derrota que provocou a queda do então treinador da equipe, Stefano Pioli. A Lazio terminaria aquele Campeonato Italiano na oitava posição, 26 pontos atrás da Roma, terceira colocada, e a 37 da campeã Juventus.

A partir de meados de junho houve quatro semanas de intensas negociações, travadas a distância entre as cidades de Roma e Rosário, e, em meio a essas conversas, Bielsa entregou ao presidente da Lazio, Claudio Lotito, e a seu diretor esportivo, Igli Tare, uma lista de atletas que esperava que fossem contratados até 5 de julho. No fim de junho parecia que o acordo estava selado. No dia 6 de julho, o anúncio foi feito, provocando a divulgação de uma carta aberta e apaixonada por parte da torcida organizada da Lazio: "Chamam-no *Il Loco*. Muito bem; nós adoramos a gloriosa loucura do herói romântico, aquele que se coloca acima do que há de sórdido no jogo, em prol da superioridade espiritual e do desprezo à mediocridade. Nós o recebemos com entusiasmo na Lazio e o apoiaremos sem preconceitos, garantindo a serenidade devida às pessoas sérias que trabalham arduamente".

Aquele era o tipo de reação pela qual Lotito deve ter esperado ansiosamente. Na temporada anterior, a Lazio viu sua torcida organizada armar um boicote aos produtos do clube em protesto contra a incapacidade do time de obter sucesso na Serie A. Dezesseis anos haviam se passado desde que a Lazio conquistara o *Scudetto*; treze desde que seu então presidente, Sergio Cragnotti, o homem que levou o clube ao título do Campeonato Italiano, de Copas da Itália e do troféu da derradeira edição da Recopa Europeia, havia enfrentado acusações de fraude e, por fim, sido preso. A Lazio jamais se recuperou das dívidas de 91 milhões de euros que ele deixou de herança — dinheiro tomado emprestado para pagar pelas glórias buscadas no campo.

A equipe italiana anunciou que Marcelo Bielsa chegaria em Roma no dia 9 de julho. Bielsa jamais chegou. Na véspera, 48 horas depois de ter sido anunciado, o treinador argentino pediu demissão, acusando Lotito e Tare de não terem contratado nenhum dos jogadores que ele havia pedido. Em sua declaração, Bielsa afirmou:

> Após quatro semanas de trabalho, não temos nenhum dos sete atletas que foram explicitamente aprovados pelo presidente Claudio Lotito. Ficou combinado que ao menos quatro jogadores seriam contratados até o dia 5 de julho. Até essa data, nenhuma das transações se materializou. Apesar disso, o clube divulgou o contrato ainda que o mesmo não fosse exequível sem o cumprimento daquelas promessas.

Como ainda faltavam oito semanas para o encerramento da janela de transferências, a Lazio divulgou seu próprio comunicado, tão agressivo quanto o emitido pelo Olympique de Marseille no verão anterior. "Nós vimos com perplexidade o pedido de demissão de Marcelo Bielsa e de sua comissão técnica, em completa violação dos contratos assinados e enviados à federação." Os torcedores da Lazio entrevistados pela imprensa mencionavam estar passando pela "milionésima humilhação", enquanto a empresa aérea Ryanair explorava a crise com uma propaganda, apresentando um desenho de Marcelo Bielsa, em que oferecia passagens a 19,99 euros para quem precisasse "sair correndo de Roma".

O pedido de demissão repentino de Marcelo Bielsa lembrava a decisão de seu irmão Rafael, em dezembro de 2005, de deixar o cargo de embaixador argentino na França logo após sua nomeação. Na entrevista coletiva em que explicou por que não poderia abdicar de seu cargo no Congresso para assumir o posto em Paris, Rafael afirmou ter mudado de ideia porque "homens não são como rios que não podem mudar seu rumo".

Onze anos depois, Marcelo preferiu não enfrentar as câmeras, embora a Lazio tenha convocado uma coletiva de imprensa em seu centro de treinamentos, em Formello. Apesar de Lotito der dito à imprensa que não falaria, a mesa organizada pelo clube contava com pessoas bastante poderosas: o advogado do clube, Gian Michele Gentile, o diretor-executivo Armando Calveri e o diretor esportivo Igli Tare. Curiosamente, ao longo das quatro semanas de negociações que produziram um contrato de treze páginas, parece não ter havido nenhuma negociação cara a cara entre Bielsa e a Lazio. Tudo foi conduzido por telefone ou e-mail. Gentile confirmou que Bielsa tinha enviado uma proposta de contrato à Lazio, que a respondeu com algumas alterações. Então, as duas partes chegaram a um acordo e, em 1º de julho, o contrato havia sido encaminhado à federação. E disse, ainda, que não existia nenhuma linha que fizesse referência à lista de jogadores que Bielsa havia pedido — a presença desse tipo de cláusula teria sido bastante incomum. Gentile afirmou à imprensa que o clube procuraria ressarcimento pelos danos causados por Bielsa, embora nenhuma ação legal jamais tenha sido proposta.

O próximo a falar foi Tare; o diretor esportivo do clube informou que havia entrado em contato com três dos atletas pedidos por Bielsa: Marcos Llorente, do Real Madrid; Emanuel Mammana, do River Plate; e Jérémy Morel, ex-atleta de Bielsa no Olympique de Marseille e que estava no Lyon. Cada um deles deveria reforçar a defesa da Lazio, que tinha levado 52 gols, mais que qualquer uma das dez primeiras colocadas do Campeonato Italiano anterior. O meio-campista defensivo Marcos Llorente tinha 21 anos e era membro da realeza do Santiago Bernabéu: seu pai, Paco, conquistou o Campeonato Espanhol sob a batuta de John Toshack; seu tio-avô, Francisco Gento, disputou oito finais de Copa dos Campeões da Europa pela equipe merengue. Emanuel Mammana era um ano mais novo e tinha conquistado a Copa Libertadores com o River Plate. Morel era um atleta experiente e valorizado. O Lyon impediu as duas contratações; primeiro, negou-se a negociar Morel com Tare; depois, foi mais eficaz do que a Lazio e fechou com Emanuel Mammana. Tare disse, ainda, que Bielsa estava interessado em um quarto jogador: Rodrigo Caio, zagueiro de 22 anos que atuava pelo São Paulo.

A Lazio monitorava Rodrigo Caio havia dois anos, mas as negociações eram complicadas porque o São Paulo ainda estava disputando a Copa Libertadores e porque o atleta defenderia a seleção brasileira na Olimpíada do Rio de Janeiro, que aconteceria na sequência. Se a Lazio vinha monitorando Rodrigo Caio havia dois anos, sabia também que, no verão de 2015, uma transferência para o Valencia, no valor de 16,5 milhões de euros, havia fracassado. Quando tinha quinze anos, Rodrigo Caio fraturou a patela e, no momento da avaliação pelo clube espanhol, três médicos, incluindo o renomado Ramón Cugat, da cidade de Barcelona, opinaram que as condições do atleta não eram as ideais.

Bielsa perguntou também sobre Jean Beausejour, que havia sido seu jogador na seleção do Chile, e Alexandre Pato. Este último havia se mostrado, durante algum tempo, um centroavante sensacional. Pato marcou um total de cinquenta gols no Campeonato Italiano em suas primeiras quatro temporadas pelo Milan, mas depois sofreu com sucessivos problemas de lesão. O atacante havia retornado ao Brasil para defender o Corinthians, e empréstimos para São Paulo e Chelsea não serviram para impedir sua queda de rendimento. "Bielsa pediu a contratação de Alexandre Pato. Porém, eu tinha dúvidas quanto à sua condição física", disse Tare.

> Bielsa me garantiu que podia colocá-lo em forma. Tivemos uma reunião com o agente de Pato para elaborar um contrato de quatro anos num valor similar ao que havíamos gastado com Miroslav Klose [2,1 milhões de euros por ano]. Conversei com Pato e ele me disse que por motivos pessoais não queria deixar o Brasil. Falei com Bielsa a respeito do contrato do jogador, e uma terceira pessoa lhe disse que os números [que estávamos apresentando] eram inverídicos. Eu teria me demitido se os valores que eu estava propondo não pudessem ser pagos.

Não havia previsão de que Lotito falasse com a imprensa em Formello, mas a fúria dos jornalistas foi tão grande quando souberam que o presidente do clube não responderia a nenhuma pergunta que, acuado, ele encarou o microfone. "Realizamos um ato de amor em homenagem aos torcedores. Todos diziam que a Lazio não faz as pessoas sonharem", comentou, antes de confirmar que Simone Inzaghi, cujos gols tinham levado a Lazio à conquista do *Scudetto* sob o comando de Sven-Göran Eriksson, seria promovido das equipes de base e ocuparia o cargo de treinador do time principal. "Queremos trazer de volta ao vestiário o amor pela Lazio", disse Lotito. Era o tipo de frase dita por proprietários de clubes de futebol quando não há mais nada a se dizer. Se a única coisa que Inzaghi traria consigo seria o predicado de ter vestido a camisa azul-clara, o clube estava em maus lençóis.

Na verdade, Inzaghi, surpreendentemente, mostrou-se um treinador competente, levando a Lazio a um título de Copa Itália e à quarta colocação do Campeonato Italiano, provavelmente o máximo possível com os recursos de que dispunha. Quanto a Bielsa, ele passou a ser um treinador que havia deixado o Olympique de Marseille depois de uma rodada e a Lazio após dois dias. O argentino ainda era um treinador requisitado, mas o brilho daquela primeira temporada em Bilbao e dos primeiros quatro meses em Marselha começava a desaparecer aos olhos de seus admiradores.

Triunvirato

Ninguém sabia o que o futuro guardava. Eram dois figurantes correndo em uma locação de papel machê barato que parecia balançar ao ritmo daqueles passos acelerados. A câmera para. Os figurantes pegam seus capacetes e baixam as armas de plástico. "Este é o pior filme do qual você já participou?", um deles pergunta ao outro. O filme era *Star Wars*. Para Marcelo Bielsa, o Lille foi mais como *O Portal do Paraíso:* elenco épico, orçamento vasto e um diretor aclamado — que levou todos para o abismo.

O elenco formado por Gerard López, presidente do Lille, parecia excepcional. Luís Campos, homem cuja habilidade ao negociar atletas havia permitido que o Monaco quebrasse a hegemonia do Paris Saint-Germain no Campeonato Francês, era o diretor esportivo. Marc Ingla, responsável por transformar o Barcelona em um gigante comercial, o diretor-executivo, e Bielsa comandaria os jogadores. O objetivo do clube era chegar entre os cinco primeiros colocados.

Talvez porque cada um dos envolvidos acredita que deve ser o comandante único, triunviratos tendem a cair por terra. O primeiro deles, formado pelos dois maiores generais romanos, Júlio César e Pompeu, e que contava, ainda, com o apoio do homem mais rico do império, Crasso, viu os três sofrerem mortes violentas. O destino de Bielsa não foi nem de longe tão sangrento, mas ele acabaria sentado, sozinho, na mesa de um restaurante, ao lado de uma geladeira, assistindo à sua equipe pelo computador. Seria uma espécie de morte.

Acima de todos estava López, um investidor de risco de enorme sucesso que havia nascido em Luxemburgo e estudado em Miami. López não só tinha comprado a equipe de Fórmula 1 Renault como, além disso, ainda deixara Vladimir Putin dirigir, em um campo de aviação, um dos seus carros. Como López mantinha muitos interesses empresariais na Rússia, aquela havia sido uma jogada astuta. O luxemburguês montou uma das principais coleções de carros do mundo: máquinas que haviam vencido Le Mans e Daytona; um Jensen Interceptor aqui, um Cadillac Fleetwood 1968 ali. Em janeiro de 2007, López comprou o Lille e anunciou que criaria a LOSC Sociedade Ilimitada.

Graças a seu dinheiro, López passou a ser proprietário de um dos estádios mais espetaculares da Europa, o Pierre-Mauroy, batizado em homenagem ao homem que, por 28 anos, havia sido prefeito de Lille, além de ter sido, ainda, primeiro-ministro do presidente François Mitterrand. O Stade Pierre-Mauroy conta com teto retrátil e um gramado que pode ser removido para permitir a realização de partidas de basquete, tênis e shows. Era o palco ideal para as ambições de López.

Um mês depois de assumir o clube, ele foi atrás de Bielsa. O argentino viajou para a França em fevereiro, testemunhando a vitória de 4 a 0 do Paris Saint-Germain sobre o Barcelona, no Parc des Princes — resultado que seria magistralmente revertido no Camp Nou. Aquele placar mostrou que nada deve ser tomado como verdadeiro antes que uma análise mais profunda possa ser feita. Bielsa assinou contrato no dia de São Valentim, padroeiro dos namorados; e assim como muitos romances, esse também acabaria no tribunal.

López fez de Bielsa o treinador mais bem pago da Ligue 1. Seu salário de quinhentos mil euros por mês, livre de impostos, segundo o jornal *L'Équipe*, era 33% maior do que o pago pelo Paris Saint-Germain a Unai Emery. Com o argentino vieram seus auxiliares de longa data: Diego Reyes, Pablo Quiroga, responsável pelas análises de vídeo, Diego Flores e Gabriel Macaya, que supervisionaria a preparação física. Em sua primeira entrevista coletiva, Bielsa parecia animado, disposto a brincar com os repórteres. "O primeiro conselho veio da minha mulher, que me disse para sorrir e olhar nos olhos dos jornalistas. Estou tentando fazer isso agora. É, sem dúvida, um progresso, para mim, em termos de relacionamentos humanos."

Luís Campos era um dos profissionais mais disputados no mundo do futebol. Aos 27 anos, deixou o cargo de fisioterapeuta do União Leiria e passou a ser treinador do clube. A partir daí, comandou uma série de equipes menores em Portugal, incluindo o Vitória de Setúbal, da cidade natal de José Mourinho. Tanto Mourinho quanto Carlos Queiroz — homens que viriam a comandar o Real Madrid — tornaram-se fãs de seus métodos de trabalho já como olheiro. Quando Mourinho chegou a Madri, depois de ter levado a Inter de Milão à conquista da Champions League, convidou Campos para trabalhar no Real. No entanto, o maior sucesso de Campos viria a acontecer no Monaco, como diretor esportivo. Quando José Mourinho deixou o Santiago Bernabéu em 2013, o Monaco havia acabado de voltar para a primeira divisão do Campeonato Francês. O dono do clube era o oligarca russo Dmitry Rybolovlev, que crescera em Perm, cidade natal do empresário teatral Serguei Diaghilev. Ambos passariam muito tempo na Riviera Francesa.

A princípio, Rybolovlev fez o que oligarcas russos normalmente fazem: gastou uma enormidade de dinheiro em grandes nomes. Radamel Falcao, James Rodríguez e João Moutinho chegaram ao principado. Sob a batuta de Claudio Ranieri, o Monaco terminou a Ligue 1 na segunda posição. Então, Rybolovlev parou de gastar. Assim como muitos oligarcas russos, temia o extenso e gelado raio de alcance de Moscou e acreditava que um passaporte monegasco lhe daria uma proteção extra. Quando as autoridades de Mônaco se recusaram a lhe conceder um passaporte, Rybolovlev começou a se perguntar por que deveria investir mais dinheiro na equipe de futebol do principado. Veio, então, um divórcio bastante dispendioso de sua esposa Elena, disputa que supostamente o teria obrigado a se desfazer de sua coleção de arte, que incluía obras de Picasso, Gauguin e Klimt.

Mais importante do que tudo isso, ao provocar um grande impacto no time do Monaco, passou a receber a observação mais rigorosa das regras do *fair play* financeiro da Uefa. O Monaco, clube pequeno e propriedade de um bilionário que gastava muito, ainda que dispondo de relativamente poucas fontes de receita, era um alvo óbvio. Foi nesse momento que Campos começou a brilhar, garimpando jovens talentos e promovendo atletas da base. Com essa filosofia, formou a equipe de Kylian Mbappé, Bernardo Silva e Benjamin Mendy, que conquistaria o Campeonato Francês e chegaria à semifinal da Champions League de 2017. Mbappé, Bernardo Silva e Mendy seriam vendidos, posteriormente, para Paris Saint-Germain e Manchester City por um valor somado de 290 milhões de euros.

Quando deixou o clube rumo ao Lille, Campos alertou que, caso o Monaco não seguisse aquele roteiro de buscar jogadores talentosos e depois vendê-los, o clube "iria rapidamente falir, uma vez que as demais receitas — bilheteria, venda de produtos oficiais e direitos de televisão — eram insuficientes". Suas palavras foram proféticas. Em dezoito meses, o Monaco estava patinando na zona de rebaixamento e empregando Thierry Henry como técnico, em uma tentativa inútil de estancar a hemorragia. Henry se manteve no cargo de treinador por 104 dias. Sua demissão custou ao Monaco cerca de dez milhões de euros.

Ainda quando estava se preparando para integrar a diretoria do Lille, Campos fez outra afirmação: "Não quero parecer arrogante, mas garanto que criarei mais uma obra-prima". Esta, por sua vez, foi uma previsão menos profética. O que Bielsa descobriria apenas mais tarde era que Campos sempre havia sido contra sua contratação para o cargo de treinador do clube. O trio estava dividido desde o início.

Marc Ingla era o terceiro membro do triunvirato que supostamente levaria o Lille ao título de um campeonato que o clube havia conquistado não fazia muito tempo, em 2011. Ingla era próximo dos dois pilares da gestão do Manchester City de Pep Guardiola: Ferran Soriano e Txiki Begiristain. Quando Ingla começou a fazer parte da diretoria do Barcelona, em 2003, o clube havia acabado de terminar o Campeonato Espanhol na sexta posição, 22 pontos atrás do Real Madrid. Naquele verão, Sir Alex Ferguson ofereceu David Beckham ao time catalão. O jogador de futebol mais famoso do mundo esnobou publicamente o Barcelona ao assinar com o Real Madrid. O lema do Barcelona é "mais que um clube"; contudo, comercialmente, era bem menos do que aparentava. Em relação a receitas, o Barcelona era o décimo terceiro clube da Europa. Em cinco anos, Ingla comandou a transformação das atividades comerciais do clube catalão e tornou-se vice-presidente de futebol, e foi enquanto ocupava esse cargo que escolheu Pep Guardiola como treinador da equipe. Ele e Soriano utilizaram técnicas de negócios desconhecidas até para um clube tão grande quanto o Barça. Para o jornalista Jack Pitt-Brooke, do diário inglês *The Independent*, Ingla afirmou: "Nós as exportamos para o mundo do futebol, onde mesmo em clubes donos de marcas extraordinárias o nível de profissionalismo é muito baixo, e o nível de amadorismo, muito alto". O Lille, explicou, precisa "de um chacoalhão em todas as suas áreas: esportiva, econômica e de projeção de imagem".

O departamento administrativo já era uma bagunça havia algum tempo. Bielsa era o sexto treinador do time em um período de dois anos — ou o sétimo, se contássemos as duas passagens de Patrick Collot como interino. O clube não tinha um treinador efetivo desde novembro de 2016, quando Frédéric Antonetti, que salvara a equipe do rebaixamento e a levara para a final da Copa da Liga, foi demitido. Como ainda tinha três anos e meio de contrato, recebeu uma indenização de 840 mil euros. Àquela altura, o Lille ocupava a penúltima colocação. Quando López assumiu a presidência, a equipe, sob o comando interino de Collot — ex-treinador das categorias de base do clube —, estava na décima quarta posição. O time voltou a ocupar a zona de rebaixamento, Collot foi mandado de volta para as categorias de base e Frank Passi passou a treinar o grupo de jogadores até que Bielsa pudesse assumir, no verão.

A ideia era fazer com que o período de Passi à frente do time deixasse as coisas mais fáceis para a chegada de Bielsa. Quando o treinador argentino assumiu o Olympique de Marseille, em 2014,

Passi era assistente de José Anigo. Bielsa não fazia muita ideia de quem ele era até o momento em que o chamou para uma conversa. "O que você gostaria de fazer aqui?", Bielsa perguntou.

"Sou treinador. Se você tiver algum trabalho para mim, será ótimo. Caso não tenha, vou falar com os funcionários e me despedir".

"Não", respondeu Bielsa, "sempre preciso de um treinador."

E assim teve início um relacionamento que, a princípio, funcionou bem no Olympique de Marseille, e que se tivesse voltado a se repetir no Lille, teria sido benéfico para todos. Contudo, depois de levar o clube à décima primeira posição e salvá-lo do rebaixamento, Passi pediu demissão e anunciou sua saída. Os dois teriam uma última e demorada conversa no centro de treinamentos, em Luchin, que parece um hotel fazenda. Bielsa já estava colocando suas ideias em prática. Uma sala de relaxamento estava sendo instalada e bangalôs para funcionários e atletas seriam construídos. O Lille promoveria uma acentuada redução em seu elenco.

Em 3 de julho, três dias depois de começar a trabalhar oficialmente, Bielsa procurou uma dúzia de atletas do Lille, que se recuperavam da sessão de treinamentos, e avisou que eles não seguiriam na equipe. Um dos jogadores que deveria deixar o clube era Éric Bauthéac, meia-atacante de 32 anos contratado junto ao Nice dois anos antes. "Nunca conheci um cara como ele", afirma Bauthéac. "Ele nos chamou e disse em espanhol: 'Muito bem, pessoal, eu não quero contar com vocês. Obrigado e adeus'." Os doze atletas tinham seis semanas até o fechamento da janela de transferências, em 31 de agosto, para encontrar outro clube. "Foi uma coisa parecida com o *Big Brother*. No começo éramos doze e a cada semana um de nós ia embora", conta Bauthéac. "Em 31 de agosto, éramos sete, se não me engano, mas cinco só tinham contrato até a meia-noite. Eu fiquei entre os dois últimos, junto com

Vincent Enyeama." O goleiro, que havia disputado mais de uma centena de partidas pela seleção da Nigéria e participado de três Copas do Mundo, acabara de completar 35 anos. Enyeama optou por cumprir seu contrato até o fim sem disputar mais nenhuma partida pelo clube. Bauthéac, por sua vez, foi para a Austrália, defender o Brisbane Roar.

No verão de 2017, o Lille gastou setenta milhões de euros, mais do que qualquer outro clube, salvo o Paris Saint-Germain e o Monaco. Bielsa assistiu a vídeos de cada partida que o atacante de 22 anos Nicolas Pépé disputou pelo Angers. O meio-campista Thiago Mendes veio do São Paulo; Kévin Malcuit, lateral de características ofensivas, foi comprado junto ao Saint-Étienne. Dois anos depois, quando Pépé foi vendido ao Arsenal por 75 milhões de euros, o gasto total daquela janela de transferências havia sido pago com a negociação de um único jogador. Thiago Mendes e Malcuit renderam 31 milhões de euros. Era exatamente isso o que a parceria Bielsa-Campos deveria produzir.

Ao chegar em Luchin, Pépé achou os métodos de treinamento de Bielsa extraordinários. "Taticamente, ele era muito meticuloso. Não havia coletivo, apenas uma porção de sessões de treinamentos baseadas em vídeos. Era algo que jamais havíamos feito. Era bizarro; foi uma surpresa." A primeira partida aconteceu em casa contra o Nantes. Em cada banco de reservas, um técnico milagroso. De um lado, Bielsa; do outro, Claudio Ranieri, o treinador que havia levado a equipe do Leicester ao título da Premier League. O Lille venceu com tranquilidade, 3 a 0. No fim, aquela bela estreia traria apenas falsas esperanças. O Lille não venceu nenhuma outra partida durante três meses. Nesse período, a equipe marcou somente três gols.

O segundo jogo do Lille na temporada foi um prenúncio do que estava por vir. O time foi a Estrasburgo enfrentar os donos da casa, que faziam sua primeira partida na Ligue 1 desde 2008. Com quarenta minutos disputados, Bielsa havia feito três substituições: Thiago Mendes e Kévin Malcuit saíram por lesões; Fodé Ballo-Touré, por razões táticas. No entanto, o mínimo que o Lille esperava levar de volta para casa era um empate; então, Mike Maignan, goleiro da equipe, resolveu jogar a bola no rosto de um adversário. Maignan foi expulso e Bielsa, já tendo realizado as três alterações, mandou seu centroavante, Nicolas de Préville, para o gol. Assim que o Strasbourg marcou, Bielsa ordenou que De Préville entregasse as luvas para o capitão da equipe, Ibrahim Amadou, e voltasse para o ataque. O Strasbourg fez mais dois gols.

De Préville, melhor atacante do Lille na temporada anterior, foi titular em mais uma partida, e deixou sua marca no empate em 1 a 1 com o Angers, antes de ser negociado com o Bordeaux por dez milhões de euros. Não havia nenhum motivo plausível para a equipe se desfazer de seu principal atacante a não ser uma urgente necessidade de arrecadar dinheiro. Os resultados do time pioraram. Nas seis rodadas seguintes, dois gols marcados e dois pontos conquistados.

Antes de enfrentar o Monaco, em 22 de setembro, Bielsa atacou os jornalistas que acreditavam que ele pediria demissão, abandonando o barco como havia feito em Marselha. "O problema é que vocês não sabem de nada", criticou o treinador. "Eu não vou sair; não vou me demitir por nenhuma razão. A única possibilidade é se eu for dispensado das minhas funções — e essa é uma decisão que não depende de mim". O Monaco venceu, 4 a 0.

O pior estava por vir. Uma semana depois, o Lille enfrentou o Amiens, recém-promovido à primeira divisão. Seu estádio, La Licorne, é pequeno, porém impressionante. As arquibancadas se projetam em muros e tetos de plásticos transparentes dando a impressão de se estar jogando em meio a gigantescos pontos de ônibus ingleses. No décimo quinto minuto da partida, o Lille marcou seu gol com Ballo-Touré, que correu em direção à sua torcida, localizada atrás do gol, e começou a dançar; os torcedores comemoraram o gol reproduzindo uma avalanche, correndo em direção ao gramado. O estádio La Licorne contava somente com assentos sem proteção para as costas — pedaços de plásticos pregados na arquibancada. A grade que separava a torcida do campo de jogo cedeu e dezenas de torcedores caíram no gramado: alguns bateram no concreto; outros, nas placas de publicidade. Vinte e nove pessoas ficaram feridas, sete em estado grave; e o jogo foi suspenso. Torcedores de outros clubes, entre eles do Nice e do Olympique de Marseille, já haviam reclamado da falta de segurança no estádio do Amiens. Georges Penel, torcedor do Lille de 21 anos e que sofreu ferimentos nas pernas e nas costas, relatou: "Não sei nem quem fez o gol. De repente, tudo caiu sobre mim. Não conseguia ouvir nada, não conseguia ver nada, até que os bombeiros me tiraram dali". O presidente do Amiens, Bernard Joannin, culpou a avalanche de "mais de quinhentos torcedores" do Lille junto à grade de proteção, que, alegou, "estava em perfeitas condições". Depois de protestos de Gerard López, ele reconsiderou seus comentários.

Em outubro, o Lille, que ocupava a décima nona posição da Ligue 1, encarou o Valenciennes pela Copa da Liga, e só conquistou a vitória na decisão por pênaltis. A RMC Sport, estação de rádio de Mônaco, citou anonimamente um jogador do time que teria afirmado que o elenco não gostava do esquema 3-3-1-3 adotado por Bielsa, queria atuar em uma formação mais flexível, e estava a ponto de se rebelar. "Vários atletas estão cansados de atuar em posições que não são as suas. Nosso objetivo é claro: dizer ao treinador que não aturamos mais suas táticas. Precisamos lhe dizer isso ou será como dirigir um veículo em direção a um penhasco." Não existiam freios, e havia mais de um motorista.

À medida que o relacionamento entre Bielsa e alguns atletas começou a se deteriorar, o mesmo ocorreu no convívio entre Bielsa e Campos; este, além de se achar digno de maior poder de decisão, repetia as críticas que o presidente do Lyon, Jean-Michel Aulas, havia feito sobre a situação de Bielsa no Olympique de Marseille: haviam lhe dado a chave de muitos quartos.

Alguns pedidos para que Bielsa deixasse o clube começaram a aparecer. No Stade Pierre-Mauroy, alguns torcedores desfraldaram uma faixa em que se lia: "Nossa paciência não é ilimitada". Como slogan, parecia mais uma carta endereçada ao *Daily Telegraph* do que uma ameaça explícita. No começo de novembro, o clube decidiu promover um treino aberto. Bielsa não apareceu; já os torcedores que haviam ido a Luchin expressaram sua decepção ao jornal *La Voix du Nord*, da cidade de Lille, afirmando que teriam gostado de ver o elenco ser posto à prova por ele. Não houve muito treino, mas sobraram autógrafos. E um cartaz dizendo: "O Metz é a última chance". O alvo eram os atletas, não o treinador.

E eles prestaram atenção ao aviso. O Metz, lanterna do Campeonato Francês, foi derrotado por 3 a 0. Outros três gols foram marcados na vitória contra o Saint-Étienne. Nicolas Pépé assinalou metades dos seis gols. Três dias depois foi disputada a partida remarcada contra o Amiens. Uma vez mais três gols foram marcados; dessa vez, nenhum a favor do Lille. Pela primeira vez os torcedores nas redes sociais começaram a pedir a demissão de Bielsa. Eles não precisariam esperar muito tempo.

Surgiram informações de que Luis Bonini, que havia trabalhado com Bielsa por mais de vinte anos, estava morrendo em razão de um câncer no estômago. O treinador argentino pediu permissão à diretoria do clube para viajar a Santiago e estar com Bonini uma última vez. O pedido lhe foi negado. Bielsa afirmou que iria visitar o amigo e que "o clube podia fazer o que bem entendesse".

Ele voou para Santiago pela Latam, empresa aérea chileno-brasileira, na classe econômica. Uma comissária de bordo reconheceu o homem que havia comandado a seleção do Chile e lhe ofereceu um assento na classe executiva. "Não, obrigado. Paguei para ir de econômica e vou de econômica." Bonini morreu em 23 de novembro de 2017. No dia anterior, Marcelo Bielsa foi "suspenso" do comando técnico do Lille. A informação foi divulgada no site da equipe francesa às 22h15. O clube anunciou que Luis Campos passaria a ter uma função mais ampla no comando do time, que afundava na zona de rebaixamento.

Para lidar diretamente com as questões da equipe, João Sacramento, um dos protegidos de Campos, foi o escolhido; ele teria a seu lado Fernando da Cruz, chefe do departamento de contratações do clube, Benoît Delaval, preparador físico que, depois, iria com Bielsa para o Leeds, e o treinador de goleiros, Franck Mantaux. Sacramento tinha 28 anos e era analista de vídeos do Lille. Porém, enquanto o relacionamento entre Campos e Bielsa esfriava, Sacramento passou a se sentir escanteado pelo técnico. Em setembro, havia pedido permissão a Bielsa para tirar umas férias e Bielsa negou seu pedido. Ao diário *La Voix du Nord*, um funcionário do clube, que não teve seu nome revelado, teria dito o seguinte a respeito de Sacramento: "Ele tem muito conhecimento, é brilhante, mas, também, muito ambicioso; e suas ambições não combinavam com a personalidade de Bielsa, que o via como os olhos e os ouvidos de Campos". Em novembro de 2019, quando o Tottenham demitiu Mauricio Pochettino, Sacramento se tornou assistente de José Mourinho.

O primeiro jogo do Lille sem Bielsa foi contra o Montpellier. O treinador foi fotografado em um restaurante modesto assistindo à partida em um computador com o que parecia ser uma sacola reutilizável a seus pés. Ele viu seu esquema 3-3-1-3, que Campos julgava muito frágil, ser alterado para um 4-2-3-1. O resultado não mudou: vitória do Montpellier, 3 a 0. Em vez de demitir Marcelo Bielsa, o Lille havia optado por "suspendê-lo" porque o pagamento do restante do contrato, válido até junho de 2019, custaria catorze milhões de euros aos cofres do Lille, cuja situação financeira se mostrava cada vez mais preocupante. O clube estava sob a investigação da Direção Nacional do Controle de Gestão, órgão que supervisiona o *fair play* financeiro e atua para prevenir a corrupção financeira no futebol francês. A DNCG queria saber a fonte dos setenta milhões de euros gastos pelo Lille na janela de transferências do verão europeu. Se achassem que o dinheiro não havia vindo dos fundos do clube, o Lille poderia sofrer uma multa, ser proibido de contratar novos atletas ou, como ocorre em casos mais graves, acabar rebaixado. Durante boa parte da temporada, pareceu que o Lille conseguiria ser rebaixado por conta própria. Na janela de transferências de janeiro, o clube foi proibido de fazer contratações.

Cinco dias após ser dispensado, Bielsa moveu uma ação para que o restante de seu contrato fosse pago. Ele agia não apenas em defesa própria, mas em prol também de seus assistentes. Como era seu costume, seu salário incluía o de todos aqueles que trabalhavam diretamente para ele. O pré-contrato assinado por Bielsa em fevereiro continha uma "cláusula paraquedas", que garantia o pagamento de todo o contrato "independentemente do motivo da rescisão". O contrato definitivo, assinado em 1º de julho, não trazia tal cláusula. O clube respondeu movendo uma ação contra o treinador e alegando *faute grave* — isto é, que Marcelo Bielsa não tinha direito ao restante de seu contrato devido às infrações graves cometidas durante o período como funcionário do clube. Nesse caso, as entrevistas coletivas pós-jogos nas quais Bielsa invariavelmente assumia a responsabilidade pelas derrotas foram usadas contra ele. Em março de 2018, a justiça trabalhista francesa indeferiu o pedido apresentado por Bielsa e criticou a maneira como aquela batalha contratual havia se valido dos meios de comunicação; além disso, condenou o treinador argentino a pagar trezentos mil euros em custas judiciais, pelo ajuizamento da ação sem base legal, embora tenha admitido não ter autoridade para deliberar nas questões referentes ao pagamento de seu contrato.

Bertrand Wambeke, advogado do Lille, afirmou: "Marcelo Bielsa tentou jogar pôquer com as finanças do clube e de seus empregados, mas perdeu". Se Wambeke e o Lille acharam que aquilo encerrava o assunto, estavam errados. Em junho de 2019, quando Bielsa já estava no Leeds havia um ano, ele declarou que ainda moveria uma ação por danos morais contra o Lille no valor de dezenove milhões de euros para ele e de quatro milhões de euros para seus quatro assistentes, três dos quais o acompanhavam em Elland Road. Esse processo teria como base o fato de que o nome de Bielsa havia sido fundamental para a contratação de atletas como Pépé, que o Lille tinha vendido por uma soma substancial. Seu advogado, Benjamin Cabago, afirmou: "A chegada de Marcelo ajudou o clube a obter o auxílio necessário para financiar um projeto de negócios baseado no princípio da negociação de atletas com o intuito de obter um rápido retorno nos investimentos". Bielsa disse estar preparado para ir pessoalmente ao tribunal.

Sem o treinador, o Lille disputou o restante da temporada em uma piscina de veneno. Duzentos torcedores se dirigiram ao camarote da diretoria durante a partida contra o Nice. Atrás do gol uma faixa foi estendida acusando os jogadores e diretores de "Manchar nosso clube". Proibido de contratar, o Lille tentou convencer seu atacante sul-africano Lebo Mothiba a romper seu empréstimo com o Valenciennes, da segunda divisão francesa, oferecendo-lhe uma extensão de contrato e aumentando seu salário em cinco vezes. O Valenciennes resistiu às investidas e acusou o Lille de "chantageá-los". O Lille desembolsou um milhão de euros para trazer Mothiba de volta ao Pierre-Mauroy, e ele fez valer o investimento. Em 28 de abril, o clube, penúltimo colocado, exatamente na posição em que Bielsa os deixara, enfrentou o Metz, lanterna do torneio.

Nos últimos quatro meses e meio, a equipe do Lille havia conquistado uma única vitória. No jogo contra o Metz, triunfo por 3 a 1. Depois, com dois gols nos últimos dez minutos, novo sucesso, desta vez sobre o Toulouse, 3 a 2. Por fim, na última partida de uma temporada que havia sido terrível no Pierre-Mauroy, a equipe bateu o Dijon, 2 a 1, garantindo a permanência na primeira divisão. Mothiba marcou os dois gols. A temporada teve fim bastante apropriado, com a equipe do Lille sendo goleada pelo Saint-Étienne, 5 a 0.

Junto com a passagem pelo América do México, seus quatro meses no Lille seriam o maior erro da carreira de Marcelo Bielsa. Em entrevistas realizadas tempos depois, Luis Campos tentou argumentar que muito poder tinha sido dado a Bielsa e que seu grande erro fora dispensar os jogadores mais experientes da equipe. Quando as coisas começaram a dar errado, o vestiário contava com poucas vozes firmes e calejadas para evitar o descarrilamento. Isso e sua recusa em alterar as táticas para algo mais flexível acabaram com Bielsa.

Contudo, parece mais provável que tenha havido excesso de vozes firmes no clube, e não escassez. López, Campos, Ingla e Bielsa eram todos homens poderosos e possuidores de certezas típicas de homens poderosos. Algumas vezes, era difícil saber quem estava no comando e se as contratações tinham sido realizadas por Campos ou por Bielsa. Subjacente a tudo isso existia a percepção de que o projeto de López, ao menos inicialmente, não dispunha de todo aquele dinheiro que se imaginava. Poucos meses depois de salvar o Lille, Mothiba foi vendido porque o clube precisava desesperadamente dos quatro milhões de euros pagos em sua transferência.

Quando foi pedido que Gerard López resumisse o período de Marcelo Bielsa no norte da França, ele admitiu que cometeu "um erro na escolha do elenco".

PARTE TRÊS
YORKSHIRE

Uma vaga no topo

Estavam em um carro o presidente e o diretor de futebol, discutindo quem poderia treinar o Leeds United. Andrea Radrizzani perguntou a Victor Orta quem ele escolheria se dinheiro não fosse problema. Orta respondeu: Marcelo Bielsa, e acrescentou que aquilo seria "impossível, claro". Radrizzani não gostava de ouvir que as coisas eram impossíveis, e insistiu para que ele telefonasse para o argentino.

Orta conhecia Bielsa. Como jornalista, havia participado da cobertura da final do torneio de futebol na Olímpiada de 2004, em Atenas. Mais do que isso: havia trabalhado no Sevilla com Ramón Verdejo — mais conhecido como Monchi —, que, valendo-se de técnicas empregadas por Bielsa em Rosário e no México, tinha descoberto jogadores talentosos como Sergio Ramos e José Antonio Reyes, dera novo vigor às carreiras de Ivan Rakitić e Frédéric Kanouté, e contratara atletas como Daniel Alves e Júlio Baptista. Entre 2006 e 2020, o Sevilla conquistou a Europa League seis vezes.

Da Andaluzia, Orta foi para São Petersburgo trabalhar no Zenit, onde dinheiro não era problema; de lá, para o Elche, onde era. Trabalhou ainda com Aitor Karanka no Middlesbrough, onde o presidente do clube, Steve Gibson, o elogiou pela contratação dos atletas que levariam a equipe à promoção para a Premier League, e o culpou pelas transferências ruins que, em 2017, provocariam o rebaixamento do time. Algumas semanas depois, Orta estava em Elland Road.

Havia algo de Bielsa em Orta. Quando criança, em Madri, Orta era obcecado por futebol — ficava do lado de fora dos hotéis onde as equipes se hospedavam na esperança de conseguir um autógrafo; e gastava seu tempo lendo obsessivamente os jornais espanhóis sobre futebol. Seu primeiro emprego foi na Radio Marca, comentando o Campeonato Espanhol.

O próprio Orta tentou ligar para Bielsa, mas suas mensagens não foram respondidas. Depois de finalmente ter entrado em contato com o treinador argentino, disse a seu presidente que Bielsa já havia assistido a vídeos de sete partidas do Leeds. Quando se encontraram pessoalmente, em um hotel em Buenos Aires, Marcelo Bielsa já tinha visto mais de dez jogos e, segundo Radrizzani, "sabia os nomes e as características de todos os nossos jogadores, bem como dos garotos da equipe de base". Bielsa não era a única opção cogitada por Radrizzani. O treinador que ele realmente queria levar para o Leeds era Antonio Conte, que depois de ter conquistado a Copa da Inglaterra com o Chelsea havia sido demitido da equipe de Stamford Bridge. "Não vou negar que tentei trazer Conte", disse Radrizzani ao jornal *La Gazzetta dello Sport*. "Tenho uma queda por ele; teria lhe oferecido vinte milhões de euros. Seria uma oferta chocante, mas com ele certamente disputaríamos a Premier League." Houve uma tentativa de persuadir Roberto Martínez a voltar à Inglaterra depois da Copa do Mundo, mas como Martínez comandava uma seleção belga extremamente talentosa que terminaria o torneio disputado na Rússia na terceira posição, sabia-se que era uma esperança vã.

Claudio Ranieri — "um notável cavalheiro", nas palavras de Radrizzani — chegou até a ser entrevistado para o cargo, mas admitiu que preferia esperar uma oferta para treinar uma equipe da primeira divisão. Em novembro de 2018, Ranieri teve seu desejo atendido ao assumir o Fulham; porém, o time não viria a permanecer na Premier League por muito tempo. Ranieri ficou dezessete partidas à frente da equipe.

Houve uma segunda viagem a Buenos Aires. Desta vez, a delegação do Leeds foi composta por Victor Orta e Angus Kinnear, diretor-executivo do clube. Mais uma maratona de reuniões aconteceu. Àquela altura, Bielsa já havia analisado os planos para o centro de treinamentos da equipe, em Thorp Arch, bem mais impressionante e moderno do que o estádio Elland Road. De todo o dinheiro gasto por Peter Ridsdale na tentativa frustrada de levar o Leeds de volta ao topo do futebol inglês na virada do século, pouco fora empregado no estádio. O Blackburn e o Newcastle podem ter passado por grandes dificuldades depois da tentativa de fazer frente a clubes como o Manchester United, mas Ewood e St. James' Park permaneceram elegantes testemunhos dos investimentos realizados por Jack Walker e Sir John Hall. Com exceção da imponente East Stand, Elland Road ainda se parecia muito com o estádio que Don Revie havia deixado para trás em 1974. Contudo, cinco milhões de libras tinham sido gastas na reforma de Thorp Arch, e quando Bielsa se reuniu com a delegação do Leeds em Buenos Aires, tinha em mãos a planta do centro de treinamentos.

Para responder o que sabia a respeito da EFL Championship, segunda divisão do Campeonato Inglês, Bielsa apresentou inúmeras folhas que continham, em detalhes, a forma como cada adversário do Leeds atuava. Kinnear confessou que um dos treinadores entrevistados não era capaz de dizer o nome de nenhum dos jogadores do Leeds. No entanto, ao voltarem para o aeroporto de Ezeiza, Kinnear admitiu não ter certeza de que havia encontrado a pessoa certa. Não seria preciso esperar muito tempo.

Radrizzani e Orta estavam unidos pelo desejo de contratar um grande nome. Seria mais barato trazer um treinador de alto nível — o salário de Bielsa, três milhões de libras, faria dele, com folga, o treinador mais bem pago da segunda divisão do futebol inglês — e revolucionar um elenco já montado do que comprar uma porção de jogadores que podiam não dar liga. No mundo da segunda divisão inglesa, apenas Rafa Benítez, no Newcastle, havia recebido no passado salário maior.

O último treinador escolhido antes pela dupla havia sido Paul Heckingbottom. Suas credenciais em Yorkshire eram impecáveis: tinha nascido em Barnsley, atuado pelo clube local e, como treinador da equipe, conquistado o acesso para a Championship. Além disso, havia defendido também o Bradford e o Sheffield Wednesday. Longe de Broad Acres, seu nome não era conhecido. Durou quatro meses no cargo. Heckingbottom foi o décimo sétimo treinador do Leeds nos dezesseis anos transcorridos desde que David O'Leary acabou demitido por não conseguir classificar a equipe para a Champions League. O clube havia tentado treinadores próximos ao presidente (Dennis Wise); que haviam sido heróis em Elland Road (Gary McAllister); especialistas em acesso (Neil Warnock); e completamente desconhecidos (Dave Hockaday). Nada parecia dar certo. A mesma coisa acontecia no âmbito da diretoria, já livre dos peixes dourados alugados que haviam se tornado um símbolo do regime de Ridsdale, onde tudo era comprado a crédito. Os peixinhos tinham sido alugados para garantir que alguém da empresa locadora viesse alimentá-los. Aparentemente, não existia ninguém no Leeds United que pudesse se incumbir de colocar ração em um aquário.

Peter Ridsdale era torcedor do Leeds; na infância, fora enfeitiçado pelos holofotes de Elland Road. Frequentemente, assistia aos jogos sozinho. Em 1965, pegou um saco de dormir e passou a noite na fila por um ingresso para ver o Leeds enfrentar o Liverpool na final da Copa da Inglaterra. Em 1998, presidia o clube que amava. A seu lado estava seu diretor-executivo, Allan Leighton, cujo pai fora gerente de uma unidade do Co-Op[14] e o responsável por transformar a rede Asda em uma gigante varejista. No banco de reservas se sentava David O'Leary, um jovem e inteligente dublinense que tinha sido campeão como jogador com o Arsenal. No gramado, os frutos da política de base comandada por Howard Wilkinson: Alan Smith, Harry Kewell, Jonathan Woodgate, Stephen McPhail e Paul Robinson; aquele era o maior presente que um treinador da Premier League recebia desde que Alex Ferguson havia herdado a turma de 1992, em Old Trafford.

Deveria ter sido o suficiente; não foi. Ridsdale autorizou investimentos pesados para contratar alguns dos melhores jovens talentos do futebol britânico: Rio Ferdinand, Dominic Matteo, Michael Bridges, Seth Johnson. Além deles, Robbie Keane, Mark Viduka e Robbie Fowler foram trazidos da Inter de Milão, do Celtic e do Liverpool, respectivamente. De uma só tacada, o clube passou a ter um elenco com seis atacantes de primeira linha.

Em 2000, o Leeds United terminou o Campeonato Inglês na terceira colocação, a mais alta posição atingida pelo clube desde a conquista do título em 1992. No ano seguinte, chegou às semi-

---

[14] Cooperativa britânica de produtos de consumo fundada em 1844 e com sede em Manchester. (N.T.)

finais da Champions League, tendo enfrentado Milan, Barcelona, Lazio e Real Madrid. Era algo a se comemorar. E tudo financiado por um empréstimo de sessenta milhões de libras, o maior já obtido por um clube de futebol inglês; as futuras vendas de ingressos para a temporada e a comercialização de camarotes foram dadas como garantia. Toda a receita obtida com os torcedores era colocada em uma conta de investimentos usada para pagar, todo primeiro dia de setembro, esse empréstimo. À primeira vista, parecia algo que o Leeds conseguiria bancar. Em 2001, ano em que o time enfrentou o Valencia na semifinal da Champions League, a receita obtida foi de 86 milhões de libras; seu lucro, dez milhões de libras. A venda de ingressos crescera 33%; a comercialização de produtos oficiais do clube, 40%. Matteo, que havia sido persuadido a trocar Anfield por Elland Road, comentou que o Leeds usava aeronaves muito mais luxuosas do que o Liverpool em suas partidas europeias fora de casa. Quando o Liverpool conquistou a Champions League, em 2005, a delegação voltou de Istambul em um Boeing 737 comum, com tão pouco espaço em sua cabine que a taça do torneio precisou ser colocada em um assento, presa pelo cinto de segurança.

Nessa altura, Ridsdale havia deixado o Leeds, o clube tinha sido rebaixado e os peixes dourados, devolvidos. Elland Road estava prestes a ser vendido. O clube caminhava rumo à falência. O modelo de negócio de Ridsdale dependia da classificação para a Champions League. O Leeds passou apenas uma temporada na principal competição europeia e, depois de ter perdido a semifinal para o Valencia, não voltou a obter receitas tão vultosas. Em meio a tudo isso, dois de seus atletas, Woodgate e Lee Bowyer, foram acusados de crime de lesão corporal dolosa grave após Sarfraz Najeib, jovem de 21 anos da cidade de Rotherham, ter sido espancado em frente a uma boate. Bowyer foi absolvido; Woodgate, condenado por agressão. A atenção que o caso recebeu foi desastrosa: os atletas pareciam transtornados; houve tentativas desesperadas de negar que o incidente tivesse ocorrido por conotações racistas. Ridsdale fez declarações firmes afirmando que não era o Leeds United que estava sendo julgado. David O'Leary publicou um livro chamado *Leeds United on Trial* [Leeds United sob julgamento]. Ridsdale o demitiu. O clube carregava uma dívida de 83 milhões de libras. O valor mensal só dos juros da dívida chegava a um milhão de libras.

Em 3 de novembro de 2002, um domingo, o Leeds já estava em situação catastrófica: derrota para o Everton, em casa, por 1 a 0. O time ocupava a décima terceira posição na Premier League e não tinha mais chance de se classificar para a Champions League da temporada seguinte, que poderia vir a ser a salvação do clube. Ridsdale e seu novo treinador, Terry Venables, detestavam-se. Houve uma liquidação de atletas e cada saída enfraquecia mais o time. A única pergunta a se fazer era quando tudo cairia por terra. Em maio de 2004, depois de perder por 4 a 1 em Bolton, a equipe foi rebaixada.

O Leeds sucumbiu e foi caindo, caindo: decretou-se sua insolvência, com uma penalização que lhe custou quinze pontos; veio o rebaixamento para a terceira divisão; jogos contra equipes como o Hartlepool; uma desclassificação para o Histon, clube amador, na segunda rodada da Copa da Inglaterra. No cargo de presidente, o clube teve Ken Bates; depois, Massimo Cellino, um fraudador italiano condenado pela justiça de seu país que aposentou a camisa número 17 do Leeds por acreditar que o número "dava azar", e que constantemente interferia no time.

Em janeiro de 2017, Radrizzani, contrariando todos os conselhos que recebeu, comprou participação de 50% nas ações do Leeds. Em maio, já havia comprado toda a parte pertencente a Massimo Cellino. Algumas decisões infelizes foram tomadas, como trocar o escudo do Leeds por um emblema ligeiramente fascista apresentando um homem com o braço dobrado e o punho direito sobre o coração; ou a excursão de pós-temporada em Myanmar, país que se encontrava violentamente dividido por conflitos genocidas. Contudo, Radrizzani acertou nas grandes decisões. Elland Road, que havia sido vendido após a falência do clube, foi recomprado. Recriou-se a equipe de futebol feminino. Um treinador de primeira linha foi contratado.

Uma rápida olhada no balancete do clube faria qualquer um se perguntar por que ele se esforçou tanto. Em maio de 2017, mês em que Radrizzani assumiu o controle total do Leeds, todos os clubes da segunda divisão inglesa, exceção feita ao Wolverhampton Wanderers, declararam ter tido prejuízo. A proporção entre as receitas e os gastos com folha salarial de dezesseis clubes excedia 100%, isto é, os gastos apenas com pagamento de pessoal eram maiores do que suas rendas. No Nottingham Forest, por exemplo, eram de 166%; no Brentford, também. Em Middlesbrough, de onde Victor Orta havia acabado de sair, eram de 149%. A Championship era um torneio em que era possível perder muito dinheiro com bastante rapidez. No quesito receita, o Leeds United era a quinta maior equipe da segunda divisão do Campeonato Inglês e apresentava a menor proporção entre as receitas e os gastos com folha salarial, 60%; isso graças, em boa parte, a seus torcedores.

Um ano depois de Radrizzani ter assumido o controle do clube, o Leeds ampliou seu faturamento de onze para 44 milhões de libras. No entanto, passou a ocupar a sexta posição na tabela financeira da Championship, atrás de Aston Villa, Sunderland, Middlesbrough, Norwich e Hull. Todavia, por trás desses números era possível encontrar genuínas razões para otimismo. A receita comercial do Leeds, 22 milhões de libras, era quase o dobro daquela dos outros grandes clubes na segunda divisão inglesa, Aston Villa e Norwich. Sua média de público era de 31.521 pessoas, a segunda maior, atrás apenas do Aston Villa.

A contratação de Marcelo Bielsa pelo Leeds foi a maior conquista de um clube de fora da elite do futebol inglês desde que o Newcastle convencera Kevin Keegan a se transferir para St. James' Park, em 1982, três anos depois de ter sido escolhido, pela segunda vez, Melhor Jogador Europeu do Ano. Keegan tinha relações emotivas com o nordeste do país. Seu avô, Frank Keegan, trabalhara nas minas de carvão e havia tentado resgatar seus colegas quando uma explosão atingiu o poço de West Stanley, em 1909, matando 168 homens e garotos. Aparentemente, o Leeds não oferecia nenhum tipo de apelo emocional específico a Marcelo Bielsa, exceção feita ao fato de que tanto no Athletic Bilbao quanto no Olympique de Marseille o argentino havia optado por clubes grandes e com torcedores apaixonados que precisavam da injeção reenergizante de um estilo de jogo como o seu. Leeds é a maior cidade do maior condado da Inglaterra. Deveria ser como Dallas, Munique, Sevilha, Turim. De alguma forma, não é nada disso.

O Leeds United tinha, ainda, uma grande vantagem: ser o único clube de futebol profissional da maior cidade do maior condado inglês. Mesmo em decadência, esse fato, por si só, fazia do Leeds uma potência. Quando Marcelo Bielsa chegou a Elland Road, no verão de 2018, Leeds era a maior cidade da Europa a não ter um clube na elite do futebol de seu país. O potencial sempre foi bastante evidente. Em outubro de 1988, o cargo de treinador do time foi oferecido a Howard Wilkinson, que comandava o Sheffield

Wednesday em sua cidade natal. O Sheffield Wednesday era o quinto colocado da primeira divisão inglesa, à frente de Liverpool e Manchester United, e seis pontos atrás de um líder improvável, o Norwich. O Leeds ocupava a vigésima primeira posição da segunda divisão, ensanduichado entre Bournemouth e Shrewsbury. Elland Road recebia mais público do que Hillsborough, casa do Wednesday. Wilkinson escolheu o Leeds.

Ao ser entrevistado pelo jornalista Anthony Clavane para seu livro *A Yorkshire Tragedy* [*Tragédia à Yorkshire*], Wilkinson explicou sua opção em termos não apenas relacionados aos clubes de futebol, mas às próprias cidades: "A Leeds de meados a final dos anos 1980 tinha muito mais a oferecer: estava se tornando um grande centro financeiro e bancário; e possuía muito mais riqueza do que Sheffield. Eu desci uma divisão, mas acreditava que o Leeds apresentava mais potencial". Em quatro anos, Wilkinson transformou o clube em campeão inglês. Falava-se que Leeds se tornaria a "capital do norte". Sua adversária mais próxima era a cidade de Newcastle: St. James' Park era o estádio mais glamoroso do país; a área de Quayside, às margens do rio Tyne, e que aparece nos créditos de abertura do seriado inglês *Whatever Happened to the Likely Lads?*, exibido pela primeira vez em 1973, era uma região de cais e armazéns tomada por bares, clubes noturnos e hotéis. Nessa briga, no entanto, nenhuma das duas cidades acabou vencendo. O título não oficial dessa disputa, assim como aconteceu com tantos troféus da Premier League, ficou com Manchester; contudo, o potencial seguia ali, subjacente.

Aquele não era o primeiro flerte de Bielsa com o futebol inglês. No verão de 2015, depois de Sam Allardyce ter sido demitido por não fazer seu time jogar de acordo com o "estilo do West Ham", o treinador argentino foi alvo dos proprietários do clube, David

Sullivan e David Gold. Bielsa havia acabado de concluir, com êxito, sua primeira temporada à frente do Olympique de Marseille. Unai Emery, que pouco antes tinha conduzido o Sevilla à sua segunda taça consecutiva da Europa League, era outro candidato. Mas Slaven Bilić — que apesar de ter eliminado o Liverpool da Europa League não teve seu contrato renovado com o Beşiktaş — foi o escolhido.

Bielsa deu sua primeira entrevista coletiva em Elland Road no dia 25 de junho. Na Inglaterra, uma onda de calor tomava conta do país, o que impeliu Radrizzani a dizer aos jornalistas que eles eram muito bem-vindos à "Costa del Yorkshire". Era possível ver algumas semelhanças com a chegada de Bielsa a Marseille, quatro anos antes. A Copa do Mundo estava sendo disputada; e, assim como havia ocorrido anteriormente, a seleção da Argentina enfrentaria a Nigéria no dia seguinte — nos dois jogos, Lionel Messi e Marcos Rojo marcaram gols por sua seleção.

A Copa do Mundo, agora, era disputada na Rússia. Às margens do rio Volga, a Inglaterra havia goleado a seleção do Panamá, 6 a 1. Em São Petersburgo, a Argentina corria o risco de ser eliminada ainda na fase de grupos, algo que tinha acontecido no Japão sob o comando de Marcelo Bielsa, dezesseis anos antes. Os resultados na Rússia haviam sido, possivelmente, piores: empate com a seleção da Islândia e derrota acachapante para a Croácia, 3 a 0. Bielsa mostrava-se esperançoso: "A partir de amanhã, se verá o melhor da Argentina. Acredito na qualidade dos jogadores e que a liderança de Messi virá à tona". Ele estava parcialmente correto. No estádio Krestovsky, Marco Rojo balançaria as redes a quatro minutos do fim para levar a seleção argentina à fase eliminatória; nas oitavas de final, em uma partida excepcional, os argentinos perderiam para a França por 4 a 3. Diferente de Bielsa em 2002, seu treinador, Jorge Sampaoli, não sobreviveria ao fiasco.

Ao ser perguntado sobre quem o havia convencido a aceitar trabalhar no Leeds, Bielsa respondeu: "Ninguém precisou me convencer; eu me convenci. Me convenci pela força do Leeds como clube e instituição". Ele evitou responder perguntas sobre até onde poderia levar o Leeds. "Realizar este tipo de afirmação faz de você um demagogo, não um treinador de futebol", afirmou.

O argentino havia assistido a todas as 51 partidas que o Leeds tinha disputado na temporada anterior e aos dois jogos em Rangun e Mandalay, parte da excursão por Myanmar. Ele já sabia muita coisa sobre os atletas, provavelmente mais do que qualquer outro treinador recém-chegado ao clube. Bielsa queria um elenco enxuto, que não estivesse abarrotado de coadjuvantes.

A única mudança significativa no elenco foi a chegada de Patrick Bamford do Middlesbrough, por sete milhões de libras, uma transferência compensada com a ida do meio-campista da seleção inglesa sub-20 Ronaldo Vieira para a Sampdoria. Em janeiro, a equipe contrataria o goleiro Kiko Casilla, junto ao Real Madrid.

Algumas das perguntas feitas a Bielsa foram bastante interessantes; um jornalista de Bilbao mencionou a precisão e a correção do espanhol falado por Bielsa e lhe perguntou de que maneira aquilo se traduziria em um vestiário inglês. Aquele, aparentemente, parecia ser um dos maiores problemas de Bielsa. A conversa dentro do vestiário no intervalo de uma partida é uma das grandes artes do futebol, e baseia-se não em uma oratória "do tipo Churchill", mas na simples transmissão de informações. Quando Mauricio Pochettino começou a trabalhar no Southampton, mal falava uma palavra de inglês. "Eu me comunicava por meio de abraços, contatos, e com minhas expressões faciais e gestuais", recorda-se o treinador. "Meu péssimo inglês me obrigou a buscar outras maneiras de ler as pessoas." Bielsa, que estranhamente não entrou em contato nem com Pochettino nem com Pep Guardiola antes de aceitar a oferta do Leeds, disse que embora tivesse grande respeito tanto pela palavra escrita quanto pela falada, "o que realmente faz os atletas jogarem é a emoção. Se você tiver dificuldades com o idioma, há outras maneiras de transmitir suas ideias". Ao deixar o Leeds, no verão europeu de 2019, Pontus Jansson, que atuando de volante havia ajudado muito a equipe, citou a linguagem como a maior barreira entre ele e seu treinador. Sem uma língua em comum era impossível desenvolver uma relação verdadeiramente afetuosa.

Para atuar como seu intérprete, Bielsa trouxe Salim Lamrani, que havia trabalhado com o treinador argentino nos poucos meses em que ele esteve à frente do Lille. As perguntas no Leeds continham bem menos hostilidade que as da época do time francês e Lamrani tornou-se uma espécie de herói em Elland Road. Ele é especialista nas relações entre Estados Unidos e Cuba, ainda que sua palestra para a Axis for Peace Conference, organizada pela organização Réseau Voltaire [Rede Voltaire], em Bruxelas, em 2005, tenha dado uma clara indicação do lado da fronteira em que ele se encontra: "*Un demi-siècle de terrorisme États-Unis contre Cuba*" [Meio século de terrorismo norte-americano contra Cuba] era o título da palestra. Lamrani escreveu uma série de livros sobre a ilha sitiada e embargada, além de uma biografia de seu líder, Fidel Castro, e chamou a atenção de Bielsa após escrever uma análise detalhada da temporada do argentino à frente do Olympique de Marseille enquanto trabalhava na Université de la Réunion, no Oceano Índico. Assim como Bielsa, Lamrani é intelectual sem ser esnobe. Stuart Dallas, um dos carregadores de piano do time do Leeds, convidou Lamrani para passar o Natal em sua casa quando ficou sabendo que ele passaria a festividade sozinho. Lamrani não voltou para a segunda temporada de Bielsa.

A princípio, o Leeds colocou seu novo treinador em Rudding Park, um hotel-fazenda perto de Harrogate que conta com um spa e dois campos de golfe, e onde os quartos custam 320 libras por noite. Era precisamente o tipo de hotel que tinha tudo para não agradar a Marcelo Bielsa. No fim, o argentino se mudou para um apartamento de um quarto sobre uma loja de doces em Wetherby; dizem que, por ter achado o valor do aluguel excessivamente alto, ele teria pechinchado. Há uma cafeteria na vizinhança onde ele faz algumas de suas reuniões; Bielsa passa horas ali; as compras são feitas na rede de supermercados Morrisons — é possível vê-lo passeando pelos corredores e pelas ofertas com seu carrinho de compras trajando o agasalho de treinos do Leeds. Seria como estar em um hotel Premier Inn e encontrar Daniel Craig vestido de James Bond tomando um Martini e segurando uma pistola semiautomática Walther PPK. Nos dois anos em que comandou o Manchester United, José Mourinho morou em uma suíte do Lowry Hotel que custava 816 libras por noite. Bielsa chegou a usar seu agasalho cinza em uma festa de gala em comemoração ao centenário do Leeds United, em outubro de 2019.

É possível vê-lo caminhando até Thorp Arch carregando uma mochila com seus cadernos de anotações, jantando, com frequência, no Sant'Angelo, restaurante italiano localizado na principal rua de Wetherby, e tirando fotos com os torcedores. Phil Hay, correspondente de futebol do jornal *Yorkshire Evening Post*, ao escrever um artigo para a revista *Four-Four-Two*, relatou:

> O Leeds foi avisado, ao reunir-se com Bielsa em Buenos Aires, que o técnico desejava realizar algumas mudanças no centro de treinamentos da equipe. Para surpresa dos representantes do clube, Bielsa já havia obtido as plantas da propriedade e em pou-

co tempo estava sugerindo mudanças que dessem aos jogadores camas para descansar entre as sessões de treinamento, além de uma sala de relaxamento com mesa de sinuca, um Playstation e, curiosamente, uma lareira, que Bielsa esperava que seu elenco se revezasse para manter acesa. Uma reclamação de Bielsa de que os interruptores entre as camas dos atletas não estavam centralizados atrasou os trabalhos em uma semana.

Toda quarta-feira à tarde, Bielsa promove o que ficou conhecido como *murderball* [jogo da morte], um jogo-treino em que a bola não para. Adam Forshaw, meio-campista que trabalhou com Uwe Rösler, no Brentford, e Aitor Karanka, no Middlesbrough, fez o seguinte comentário sobre esse treinos: "O pessoal chama de *murderball* porque é duro, intenso. Reproduz uma partida, mas com momentos de alta intensidade. Os jogadores realmente ficam preparados para o jogo de sábado. Bielsa sempre muda um pouco a equipe e, por isso, todos veem aquilo como uma oportunidade de causar boa impressão, afinal, são onze contra onze, é pra valer".

Craig Brown, último treinador a classificar a Escócia para a Copa do Mundo, é um admirador de longa data de Marcelo Bielsa. Para Brown, o livro escrito por Bielsa quando treinava a seleção chilena e o Athletic Bilbao — *Los 11 caminos al gol* — rivaliza com o trabalho de Sir Alex Ferguson, *Liderança*, como a melhor obra a respeito da função de treinador. O texto de Bielsa é estritamente tático, com análises de construção de jogadas, marcação por pressão e uso do campo de jogo. De acordo com Brown:

> Andy Roxburgh usou análise de vídeos antes mesmo de Bielsa. Roxburgh conduziu a Escócia à conquista da Eurocopa Sub-18 em 1982 e comandou jogado-

res como Paul McStay e Pat Nevin usando vídeos como método de ensino. O que Bielsa fez foi levar a ideia a um outro nível. De maneira geral, os atletas britânicos gostam de treinar com a bola, gostam de cinco contra cinco, que é o tipo de coisa que Bielsa não faz. Porém, quando Colin Calderwood deixou o Swindon e foi para o Tottenham, disse que Gerry Francis havia sido o melhor treinador com quem já tinha trabalhado. Uma das coisas que Gerry Francis fazia na sexta-feira anterior ao jogo era levar os atletas para o gramado e mostrar onde queria que cada um ficasse quando o time recuperasse a posse da bola e quando a perdesse: "Se a bola estiver aqui, quero você ali", algo que me parece muito similar ao que Bielsa faz. Os jogadores do Tottenham não gostavam daquilo, daquele jogo de sombras, queriam disputar partidas de cinco contra cinco, mas Gerry Francis lhes dizia, aos berros: "Não estamos pagando dez mil por semana para vocês se divertirem; pagamos para vocês trabalharem". Aquilo surpreenderia Calderwood por mais de um motivo: ele recebia apenas cinco mil. Eu adoro ver as jogadas ensaiadas do Leeds, defendendo-se em escanteios e em faltas. O posicionamento deles é extraordinário: uma mistura de marcação por zona e individual. É uma coisa executada de forma brilhante.

Em campo, em Elland Road, o Leeds começou a temporada com uma vitória por 3 a 1 sobre o Stoke. Diferente do que tinha acontecido no Athletic Bilbao e no Olympique de Marseille, o início do Leeds não apresentou oscilações. O time disparou, sofrendo apenas uma derrota nas onze primeiras partidas. Bielsa observava tudo não sentado em uma caixa térmica de plástico, como no estádio Vélodrome, mas sobre um balde azul virado de ponta-cabeça. Em 25 de agosto, o time foi até Norwich enfrentar a equipe da casa; o vestiário dos visitantes havia sido pintado de rosa, uma cor desestimulante que, supostamente, deveria reduzir a testosterona. O Leeds venceu por 3 a 0 e quando estavam se preparando para deixar Carrow Road, Bielsa pediu que seus jogadores limpassem o vestiário.

As rodadas do Natal testemunharam duas vitórias daquelas conquistadas por equipes campeãs. Contra o Aston Villa, faltando pouco mais de meia hora para o fim da partida, o Leeds perdia por dois gols. O time venceu, 3 a 2. O jogo seguinte, disputado no feriado de Boxing Day, era contra o Blackburn, em casa. Em Elland Road, já nos acréscimos, o placar apontava 2 a 1 para os visitantes. Kemar Roofe, que tinha marcado o gol da vitória em Villa Park, balançou a rede mais duas vezes. Sob o comando de Marcelo Bielsa, Roofe veria seu futebol desabrochar. O atleta havia surgido no West Bromwich Albion, mas sua carreira acabou marcada por uma série de empréstimos: Víkingur Reykjavík, Northampton Town, Cheltenham Town e Colchester United. Em três anos, disputou 22 jogos e marcou dois gols, um pela Copa da Islândia e outro contra o Hartlepool. Depois de se transferir para o Oxford United, Roofe mostrou do que era capaz, e com apenas 22 anos, procurava se lembrar de que Jamie Vardy era somente três anos mais velho quando foi para o Leicester, em uma transferência que transformaria sua carreira. Roofe chegou em Elland Road aos 23 anos juntamente com outros cinco atletas pedidos por Garry Monk, e foi o único a provocar algum impacto. Ele gostava de ter Bielsa como treinador — era como voltar aos tempos de escola — e acreditava que sua genialidade estava no fato de fazê-lo perceber a simplicidade do futebol:

Ele não me deu apenas ideias sobre como jogar, me deu tempo em campo para conseguir mostrar o que eu podia fazer. Todos os dias eram diferentes. Voltava para a minha família e lhes contava uma história nova. Saíamos do gramado realmente esgotados. Acabados. Não dava para fazer treinamentos extras de finalização. Antes de cada partida, trabalhávamos cinco formações diferentes e nossas funções mudavam em todas elas. Podia-se defender em uma posição e atacar em outra. Disputávamos um onze contra onze uma vez por semana e aquilo era mais duro do que o jogo propriamente dito. Ele gritava: "Vamos! Vamos!" e se visse alguém caminhando, passava a ficar de olho no atleta. Não havia descanso. Aprendemos que o corpo podia ser muito mais do que imaginávamos.

A virada sobre o Aston Villa permitiu que o Leeds, no dia de Natal, estivesse na liderança do campeonato da segunda divisão inglesa. Todos os últimos dez clubes que tinham passado o Natal no topo da competição haviam conquistado o acesso automaticamente; sete subiram como campeões. A vantagem sobre o West Bromwich, terceiro colocado, era de seis pontos. Quando Roofe marcou, nos acréscimos, os dois gols que deram ao Leeds a vitória sobre o Blackburn, o time superou a marca dos cinquenta pontos. Tudo indicava que a equipe chegaria aos 98 pontos. No Villa Park, esses números foram apresentados a Marcelo Bielsa. Se a ideia era tirar algum tipo de comentário arrogante do argentino, não deu certo. "Espero que não sejamos a exceção. Todas as regras têm exceções. É por isso que vamos ser cuidadosos."

O espião que me treinava

O centro de treinamentos do Derby County chama-se Moor Farm e cobre vinte hectares de terra ao norte da cidade de Derby. Ao lado, há um convento: Community of the Holy Name. Em frente, um projeto habitacional, finalizado em 2001. Moderno e bem conservado, é o tipo de lugar onde as pessoas cuidam umas das outras; o tipo de lugar onde se nota caso alguém esteja agindo de forma suspeita.

Na quinta-feira, 10 de janeiro de 2019, uma pessoa agia de maneira suspeita perto de uma cerca de arame que circunda Moor Farm. Uma moradora chamou a polícia. O suspeito, um estagiário de 23 anos empregado de Marcelo Bielsa, foi preso. Na noite seguinte, o Derby enfrentaria o Leeds, em Elland Road. De repente, o futebol tinha seu *Watergate*.

O jovem não foi nem identificado nem processado por tentativa de invasão a Moor Farm. Embora o treinador do Derby, Frank Lampard, tenha afirmado que o rapaz estava equipado com alicates, foi encontrada apenas uma tesoura de poda, e ela estava dentro de seu carro quando a polícia chegou. De acordo com uma reportagem publicada pelo jornal *The Times*, o trabalho do estagiário não se resumia a tentar assistir ao treino do Derby. Ele deveria conversar com os torcedores, avaliar suas expectativas, e ler os jornais locais. Qualquer potencial ponto fraco deveria ser relatado. Isso tudo parecia desnecessariamente complexo e antiquado. O *Derby Telegraph* está disponível na internet, assim como os fóruns de discussão dos torcedores do Derby County. Tudo aquilo poderia ser feito de dentro de Thorp Arch. A verdadeira conquista seria assistir ao último treinamento do time antes da viagem para Leeds. Lampard lembrou-se de ter visto a mesma pessoa, com uma câmera na mão, na rua do lado de fora de Moor Farm, em agosto do ano anterior, antes da partida entre Derby e Leeds disputada em Pride Park. O homem filmando foi confrontado e convidado a se retirar do local. O Leeds goleou o Derby, 4 a 1. Lampard disse que jamais lhe havia ocorrido a possibilidade de o jovem ter sido oficialmente orientado pelo treinador do Leeds United.

Ser espionado por adversários é algo praticamente regulamentado na América do Sul. Antes da final da Copa Libertadores de 2017, o Grêmio utilizou um drone para sobrevoar o centro de treinamentos do Lanús, clube localizado ao sul de Buenos Aires. Quando a artimanha foi descoberta, Renato Gaúcho, treinador do Grêmio, não demonstrou arrependimento: "Todo clube brasileiro tem um espião. A seleção brasileira tem um espião. O mundo é dos espertos", afirmou. O Lanús não apresentou nenhum tipo de protesto oficial. As palavras de Renato mostraram-se prescientes: o Grêmio venceu.

Bielsa tem o hábito de contratar pessoas para espionar seus adversários. Quando comandava o Chile, a incumbência ficava a cargo de um jovem de dezessete anos, amigo de sua filha Inés, chamado Francisco Meneghini, que atuava no segundo andar do centro de treinamentos da equipe chilena, em Santiago, ora produzindo relatórios sobre algumas das equipes menores dos campeonatos disputados no país, ora trabalhando com análise de vídeo, e, ainda, em outros momentos, espionando as sessões de treino dos adversários. Meneghini foi visto, certa vez, em cima de uma árvore, assistindo a um treinamento em que a seleção do Equador era colocada à prova.

Meneghini tornou-se treinador da Unión La Calera, equipe da primeira divisão do Campeonato Chileno. Ao ser perguntado se utilizava espiões, ele respondeu: "Não, as coisas mudaram muito. Isso foi há dez anos e, atualmente, prefiro analisar os adversários por meio de vídeos".

Antes de assumir o Chile, na época em que estava à frente da Argentina, Bielsa usou Gabriel Wainer, radialista esportivo de Rosário, para reunir informações sobre os adversários. Wainer cobria o Newell's Old Boys e Bielsa, quando estava de saída para comandar o Atlas, sugeriu que ele fizesse um curso de treinador. Ao voltar à Argentina e assumir o Vélez Sarsfield, Marcelo Bielsa procurou Wainer e o colocou para trabalhar. Wainer daria sequência a sua carreira e trabalharia com Tata Martino na seleção do Paraguai, e, também, com José Pékerman, sucessor de Bielsa no comando da alviceleste. Quando Pékerman, dispensado do cargo de treinador da Argentina depois da Copa do Mundo de 2006, foi convidado para treinar a Colômbia, Wainer o acompanhou. O que impressionava Tata Martino era a capacidade de Wainer de, mesmo nas mais variadas situações negativas, conseguir se sentir discretamente à vontade. Ele falava cinco idiomas e tinha um entendimento instintivo de futebol. Seu filho, Javier, tornou-se olheiro profissional.

Em outubro de 2000, ao ser questionado sobre o trabalho de Wainer, Bielsa respondeu:

> O que você quer dizer com "espião"? O trabalho de Gabriel é me dar informações sobre meus adversários. Ele vai seguir fazendo seu trabalho, que não nos parece incorreto nem ilícito. Há mais uma coisa que eu gostaria de acrescentar: para mim, essas informações têm pouca influência no resultado, mas se é o caso de ter ou não ter tais informações, prefiro tê-las.

Quase dezenove anos depois, essa seria a base da defesa utilizada por Bielsa ao se ver no olho do furacão do escândalo de espionagem batizado de *Spygate*. A informação obtida espiando seus adversários tinha pouco valor operacional de fato, mas, ainda assim, Bielsa preferia tê-la a sua disposição. Aqui, há uma semelhança entre *Watergate* e *Spygate*. Não existia, na verdade, razão alguma para que ambos os casos acontecessem. Em junho de 1972, quando invasores foram presos tentando instalar aparelhos de escuta na sede nacional do Partido Democrata, Richard Nixon caminhava para uma das maiores vitórias da história das eleições presidenciais. Marcelo Bielsa, por sua vez, estava conduzindo o Leeds ao acesso para a Premier League a uma velocidade estonteante. Os dois queriam apenas se assegurar das coisas.

A reação foi implacável. Embora Andrea Radrizzani acreditasse que o Derby tinha dado ao incidente proporções exageradas, o Leeds emitiu um pedido de desculpas formal, além de ter sido multado em duzentas mil libras. Bielsa pagou a multa do próprio bolso. Os comentaristas, em massa, criticaram o Leeds United. Stan Collymore comparou o episódio à atitude da seleção australiana de críquete que utilizou uma lixa para alterar as condições da bola que seria usada na partida contra a África do Sul, fazendo com que Steve Smith, menino dos olhos de todo o país, perdesse o posto de capitão da equipe. Martin Keown declarou: "O código moral do nosso esporte foi seriamente violado. Parece um momento no melhor estilo Johnny English, com alicates, binóculos e uma escada. Estamos na vigésima sétima rodada da temporada, o que será que Bielsa ainda não sabe sobre o Derby County?". Jermaine Jenas acreditava que o Leeds deveria ser penalizado com a perda de pontos — depois, porém, acabou mudando de ideia e defendendo uma "multa pesada". Michael Owen, que, e talvez não seja mero acaso, defendeu o Real Madrid, afirmou que as atitudes de Bielsa talvez fossem "erradas do ponto de vista moral", mas dificilmente incorriam em crime.

O Derby perdeu a partida em Elland Road, 2 a 0. As entrevistas coletivas pós-jogo foram mais equilibradas. Marcelo Bielsa foi surpreendentemente sincero. Sir Alex Ferguson teria se recusado a falar sobre o assunto lançando um olhar fulminante para os jornalistas e proferido um comentário seco do tipo: "Não vou entrar neste tema". Bielsa não insistiu em falar somente sobre o jogo nem olhou para o assessor de imprensa pedindo para que a entrevista fosse encerrada. Bielsa aceitou inteiramente sua responsabilidade no acontecimento. Havia sido ideia sua — e só sua. O Leeds United não sabia a respeito da operação e tampouco a havia ratificado.

> Vou explicar meu comportamento, mas minha intenção não é justificá-lo. Faço uso desta prática há anos. Comecei com isso quando comandava a Argentina e segui fazendo a mesma coisa no Chile. É uma coisa aceita na América do Sul e que também é feita na Inglaterra. Na América do Sul, quando este tipo de coisa vem a público, não causa o mesmo tipo de indignação que provoca na Inglaterra. Na América do Sul, assim como na Inglaterra, quando descobrimos que alguém está assistindo a um treinamento, pedimos para que se retire, mas não acredito que você

deva ser condenado ou punido por estar assistindo a um treino. Se você assiste a um treinamento em um lugar público não está infringindo a lei e não se é preso por isso. É o mesmo caso tanto neste país quanto na América do Sul. Não acho que eu tenha trapaceado por ter feito o que fiz. Não tirei nenhuma vantagem extra da situação. Vocês podem perguntar: "Por que ele faz isso, então?". Faço porque é somente uma fonte extra de informação; é algo que estou acostumado a fazer. Compreendo a irritação de Frank Lampard, que acredita que estou trapaceando, e entendo como chegou a esta conclusão. Não acho que eu esteja trapaceando porque o objetivo não é obter vantagem ilegalmente. Gostaria de dar um exemplo que reflete minha opinião a respeito deste assunto. Quando estava no Athletic Bilbao, realizamos 280 sessões de treinamento abertas ao público e nossos adversários podiam comparecer e assisti-las. Para mim, a informação que se consegue em um treino não é tão significativa. É por isso que nunca me perguntaram alguma coisa sobre tal assunto enquanto estive em Bilbao. Na verdade, os treinadores obtêm muito mais informações do que são capazes de analisar. Vocês podem perguntar: "Se não é significativa, por que, então, você reúne este tipo de informação?". A resposta: isso nos dá uma ferramenta adicional. Em relação à pessoa que foi enviada para assistir ao treinamento, ela estava em um local público, não foi presa, e quando lhe pediram para deixar o local, ela saiu. Podemos criticá-la por, ao ser perguntada se estava trabalhando para o Leeds United, ter dado uma resposta negativa. Esse é um ponto vulnerável da história.

Para um homem colocado nas cordas, para um homem que, em alguns clubes, estaria correndo o risco de ser demitido, havia sido uma atuação impressionante. Uma coisa que Bielsa deixou de mencionar foi o fato de que, invariavelmente, divulga a escalação de sua equipe na entrevista coletiva anterior à partida — para um jogo disputado no sábado, isso se dá na quinta-feira. Se Frank Lampard e qualquer outro treinador de uma equipe da Championship quisessem saber o time que Bielsa mandaria a campo, precisariam apenas entrar na conta do *Yorkshire Evening Post* no Twitter.

Quando foi a vez de Lampard enfrentar a imprensa, ele parecia desconcertado pela honestidade da declaração de Bielsa. Lampard admitiu que o anêmico desempenho do Derby em Elland Road enfraquecia sua posição. O treinador inglês fala espanhol fluentemente e era, de certo modo, um admirador de Marcelo Bielsa — em sua estante de livros há uma biografia do argentino. "Trapacear é um termo forte", afirmou.

> Se você fala de formas para analisar os detalhes e obter alguma vantagem, está mencionando algo que os grandes treinadores fazem. Contudo, essa é situação limítrofe, e não se está ultrapassando tal limite apenas por um dedo, mas se está colocando um pé, e depois quase o outro pé inteiro para além da linha. Você olha para a carreira de Marcelo Bielsa e vê que é muito diferente — de uma maneira positiva. Como treinador ele é, e sempre foi, inovador, mas não é assim que eu faço as coisas. Eu preferiria não atuar como treinador a mandar pessoas ficarem de joelhos segurando alicates para observar um adversário.

Alguns dias depois, Bielsa convocou uma entrevista coletiva em Thorp Arch. O mais provável, ao que parecia, seria o anúncio de seu pedido de demissão. Em vez disso, declarou que havia espionado todos os adversários do Leeds na segunda divisão inglesa. "O que eu fiz não é ilegal. Podemos discutir o assunto. Não é algo visto como positivo, mas tampouco é uma violação da lei. Sei que nem tudo que é legal é correto e que há coisas erradas que fazemos sem intenção de prejudicar os outros." Ao longo do restante da entrevista, Bielsa apresentou dois argumentos contraditórios. Afirmou saber que espionar era errado, mas não era ilegal. E acrescentou que acreditava que espionar os adversários em seus campos de treinamento não lhe trazia nenhuma vantagem de fato porque já havia assistido às partidas do Derby ao longo das duas últimas temporadas, mas, ainda assim, era algo que ele fazia. E fazia porque podia lhe dar alguma ideia, por menor que fosse, e sua ânsia pela perfeição não lhe permitia deixar aquilo de lado. Algumas pessoas ligadas ao mundo do futebol entenderiam aquela sensação.

Nos anos 1980, última década antes do advento dos telefones celulares, Hugh McIlvanney, considerado o principal jornalista esportivo de sua geração, estava em um trem que rumava para a estação de Euston, em Londres, depois de ter assistido a uma partida do Manchester United, em Old Trafford. Ele e seus colegas começaram a discutir um dos gols do Manchester United e o maravilhoso passe de Bryan Robson que tinha originado o lance. McIlvanney interrompeu a conversa dizendo que o passe havia sido de Frank Stapleton. Quando o trem parou em Crewe, todos, incluindo Patrick Collins do *Mail on Sunday*, o haviam convencido de que ele estava equivocado. McIlvanney tirou sua máquina de escrever do bagageiro acima de sua cabeça e, fazendo menção de descer do trem, disse: "Tenho de ligar para a redação". Collins comentou que aquele era o último trem para Londres e caso ele descesse teria de passar a noite em uma cidade ferroviária do condado de

Cheshire sem ter consigo uma muda de roupa; acrescentou, ainda, que nenhum leitor da edição do diário *The Observer* notaria o erro. "Mas eu sei que está errado", disse McIlvanney, deixando o trem e se dirigindo à plataforma. Se Marcelo Bielsa tivesse se tornado jornalista esportivo, também teria descido na estação de trem vazia em vez de seguir no último trem para Londres.

Bielsa, então, ligou um projetor e mostrou uma lista de partidas do Derby. O que se seguiu foi uma aula magistral sobre a arte das análises táticas. "Quando se observa um adversário, se buscam informações específicas", disse. "Você quer saber o time titular, o sistema tático que será usado e as decisões estratégicas nas bolas paradas. Esses são os três eixos principais avaliados, em geral, pelo treinador. Assistindo a seu oponente, você consegue esse tipo de informação na véspera da partida ou confirma uma informação que já tem." Bielsa afirmou que ele e seus analistas de vídeo tinham assistido a 51 jogos disputados pelo Derby na temporada 2017-2018, quando, sob o comando de Gary Rowett, o time chegou ao mata-mata que define parte dos clubes que sobem para a Premier League, perdendo para o Fulham. Além disso, tinham visto também as 31 partidas do time desde a chegada de Frank Lampard. O treinador argentino pediu a um jornalista presente na sala que escolhesse uma partida e a escolhida foi a número dezenove, derrota do Derby para o Chelsea por 3 a 2 em jogo válido pela Copa da Liga Inglesa. Bielsa mostrou, então, informações sobre o jogo, apresentando as oportunidades de gol criadas pelo Derby, as chances não tão claras e como a partida havia sido dividida em ciclos de cinco minutos, de que modo cada um dos blocos de tempo era analisado independentemente.

Bielsa vinha fazendo aquele tipo de coisa desde que havia se tornado treinador do Newell's Old Boys, em 1990, mas era a primeira vez que as apresentava ao público em geral. Era como se Alan Bennett desse uma palestra para explicar como escreveu *The History Boys*. Depois, surgiram vídeos do Derby em campo, a começar pelo time batendo um escanteio. "Nós sabemos o que o jogador vai fazer quando ele levanta as duas mãos. Eu sei isso e todos os demais treinadores da Championship também sabem." O vídeo tinha quarenta minutos de ataques do Derby, retirados das 31 partidas disputadas anteriormente ao jogo com o Leeds, além de quarenta minutos com análises de seus pontos fracos defensivos.

A comissão técnica mostraria aos atletas oito minutos do Derby defendendo e oito minutos da equipe atacando. Bielsa comentou que um jogador de futebol comum não consegue absorver mais do que quinze minutos de análises de vídeo. O Derby, sob a batuta de Frank Lampard, utilizava quatro sistemas: "Observamos quem atua no 4-3-3. Em vermelho estão aqueles que normalmente começam jogando; o segundo grupo é composto pelos reservas; já o terceiro e o quarto apresentam os atletas que jogam com menos frequência". Ele falou sobre a formação do Derby, seus jogadores, suas posições, quando haviam atuado e por quanto tempo. No fim daquilo tudo, teria sido uma bobagem refutar a afirmação de que ele já possuía tudo o que poderia desejar a respeito do Derby County.

"Não preciso assistir a um treinamento para saber onde atuam", disse. "Por que faço isso? Porque não é proibido. Não sabia que provocaria uma reação como essa e ainda que observar um adversário não seja útil, diminui meu nível de ansiedade." Algumas pessoas não se convenceram. Embora tenha lamentado, em conversa com Radrizzani, a violação provocada pelo *Spygate*, o presidente do Derby, Mel Morris, acreditava que assistir às sessões de treinamento do adversário oferecia uma vantagem evidente e óbvia:

> Pode-se observar no gramado o ensaio de uma jogada de bola parada complicada que pode alterar completamente uma partida. Veja o caso da segunda partida do mata-mata para o acesso [quando o Leeds perdeu do Derby]. Frank usou o losango no meio-campo pela primeira vez. Se alguém soubesse daquilo, tenho certeza de que o Leeds teria se organizado de maneira diferente e talvez o resultado fosse outro.

Em setembro de 2019, os jornalistas do diário *The Times* apresentaram evidências que pareciam mostrar que mandar alguém assistir aos treinamentos dos rivais era algo antiquado. Seis anos antes, três olheiros do Manchester City haviam se transferido para o Liverpool. Um deles, Dave Follows, tornou-se responsável pelas contratações da equipe, enquanto Julian Ward passou a ser o *scout* do clube para a Península Ibérica. O jornal alegou que os dois, junto com Michael Edwards, que passara a ser diretor esportivo do Liverpool, usaram a senha do Manchester City para acessar a base de dados do time de Manchester em um sistema chamado *Scout 7*. O sistema trazia dados a respeito de meio milhão de jogadores de futebol, além de milhões de minutos desses atletas em vídeos. O Manchester City descobriu que sua base de dados havia sido comprometida e agilizou o processo de contratação de Fernandinho, do Shakhtar Donetsk, e de Jesús Navas, do Sevilla, para evitar que os acordos fossem atravessados. Mesmo sem assumir qualquer responsabilidade pelo que havia ocorrido, o Liverpool aceitou pagar uma compensação de um milhão de libras ao Manchester City.

Marcelo Bielsa foi defendido, com classe, por seu irmão Rafael, que comparou a situação com o julgamento de Oscar

Wilde, alegando que aqueles que acusaram o dramaturgo de ser homossexual eram, eles mesmos, homossexuais. A tempestade de ódio contra seu irmão, argumentou Rafael, era um exemplo da longa tradição britânica em hipocrisia. "A moral ambígua dos britânicos pode ser vista desde os tempos dos castigos corporais e do estrangulamento por prazer, até, mais recentemente, o caso Profumo, sobre um secretário de estado que levava uma vida dupla. É possível encontrá-la também nos temas de espionagem explorados por John Le Carré, ou naquele romance magnífico de John Banville, *O Intocável*." Esse romance é baseado na vida de Anthony Blunt, que fornecia à União Soviética segredos de estado saídos diretamente do coração do *establishment* inglês — Blunt foi curador de arte da rainha.

Craig Brown, ex-técnico da Escócia, ficou do lado dos irmãos Bielsa:

> O que me espantou foi a hipocrisia quando ele admitiu que espionava outras equipes. Isso acontece há anos. Quando trabalhei no futebol escocês, os espiões colocavam um chapéu, ajeitavam seu sobretudo e levavam o cachorro para passear em algum lugar próximo ao centro de treinamentos do adversário. No esporte, conhecimento significa poder. Em 1986, na Copa do Mundo do México, eu fazia parte da comissão técnica de Alex Ferguson quando ele era treinador da Escócia. Nossa segunda partida na fase de grupos era contra a Alemanha Ocidental e o grande dilema em nossa escalação era decidir se Gordon Strachan jogaria ou não. Em se tratando de precauções, Alex era paranoico. Enquanto treinador do Manchester United, evitava divulgar a escalação até o último momento. A Escócia estava treinan-

do no estádio em Querétaro e Franz Beckenbauer, então técnico da Alemanha Ocidental, mandou seu assistente, Berti Vogts, tentar descobrir alguma coisa. Ao chegar ao estádio, Berti foi barrado. Ainda do lado de fora, avistou uma pessoa com um carrinho vendendo Coca-Cola; ele, usando uma camisa oficial da seleção alemã, se aproximou do vendedor e perguntou se gostaria de trocar de camisa. O rapaz não só lhe deu a camisa da Coca-Cola como permitiu que ficasse com o carrinho. Berti, vestindo a camisa e empurrando o carrinho, passou pela segurança sem ser notado e viu nosso treinamento. Strachan jogou, de fato, e marcou um gol, mas a Alemanha Ocidental venceu a partida por 2 a 1. Depois do jogo, Beckenbauer nos contou que tinha certeza de que Gordon Strachan jogaria e nos disse como tinha ficado sabendo. Desde então, Alex Ferguson passou a chamar Berti Vogts de "o cara da Coca-Cola".

Uma ferida muito grave no pior momento

Os três treinadores que competiam naquele momento pelas duas vagas que davam acesso direto à primeira divisão inglesa vinham de universos distintos. Marcelo Bielsa havia participado de duas Copas do Mundo, conquistado títulos na Argentina e era aclamado no panteão do esporte. Antes de chegar a Norwich, o único trabalho de técnico de Daniel Farke em uma equipe principal de futebol terminara com ele cavalgando ao redor de um pequeno estádio da quarta divisão alemã. Chris Wilder assumira o Sheffield United vindo da rua da amargura do futebol: seus primeiros trabalhos como treinador haviam sido em times da Meadowhall Sunday League e, na sequência, no Halifax, que havia sofrido processo de insolvência depois de contrair dívidas de dois milhões de libras. Wilder tinha o visual de um técnico de futebol: de rosto enrugado e cabelo grisalho, aparentava mais idade do que os cinquenta anos que tinha no início do campeonato. O Sheffield United era diferente do Leeds e do Norwich porque seu presidente, seu treinador e seu capitão eram todos da cidade que o clube representava. Tinham um vínculo em comum. O que destoava um pouco era apenas a fala de Wilder. Ele havia nascido e passado a maior parte de sua vida em Yorkshire, defendera o Sheffield United, mas tinha passado a infância em Londres, o que dava a seu sotaque algo que o próprio Wilder chamava de "timbre irritante".

O Sheffield United estava sem rumo na League One, a terceira divisão do futebol inglês, quando Wilder substituiu Nigel Adkins — que, nas palavras do meio-campista Paul Coutts, "não queria incomodar ninguém, mas acabou irritando todo mundo". Ao ser perguntado sobre como lidava com o estresse, Adkins recitou o poema "The Guy in the Glass" [O Homem no Espelho], escrito em 1934 pelo americano Dale Wimbrow. O poema acaba com o seguinte verso: "Your final reward will be heartache and tears, if you've cheated the man in the glass" [Sua derradeira recompensa será dor de cabeça e lágrimas, caso tenha enganado o homem no espelho]. Em maio de 2016, depois de a derrota por 2 a 0 para o Scunthorpe garantir ao Sheffield United sua pior posição na tabela em 34 anos, Adkins descobriu que sua derradeira recompensa seria a demissão. A primeira atitude de Wilder ao assumir a equipe foi mandar retirar todas as mensagens motivacionais que adornavam Bramall Lane. Em doze meses, o clube estava novamente na Championship.

Daniel Farke, que levaria o Norwich ao título, poderia ser visto como uma das escolhas mais inusitadas já feitas por um grande clube de futebol: um homem que mal havia atuado profissionalmente e cujo único título como treinador havia sido a conquista da Oberliga Westfalen — a quinta divisão do futebol alemão. Seu avô, Franz, venceu, em 1953, o Campeonato da Alemanha Ocidental defendendo o Borussia Dortmund; Daniel, porém, bem menos talentoso, passou a maior parte da carreira de atleta nas divisões inferiores do esporte, defendendo times como o Paderborn e o Lippstadt. Em 2009, tornou-se treinador da equipe do Lippstadt e, rapidamente, conquistou dois acessos, colocando o clube na quarta divisão. "Era um clube pequeno", recorda-se. "Você tinha de fazer tudo sozinho: negociar com a empresa de ônibus, preparar os contratos, todo o trabalho junto à imprensa, e treinar a equipe". Depois de despedir-se do Lippstadt cavalgando ao redor do gramado, Farke foi contratado para comandar a equipe B do Borussia Dortmund. Então, no verão de 2017, época em que os treinadores alemães estavam causando grande impacto no Reino Unido — Jürgen Klopp no Liverpool, David Wagner, padrinho de casamento de Klopp, no Huddersfield — o Norwich fez uma aposta, que seria bastante certeira, em outro alemão. Contudo, os métodos de Farke mostraram-se mais próximos dos usados por Guardiola e Bielsa que do estilo *heavy metal* empregado por Jürgen Klopp.

Em Carrow Road, Farke reduziu a menos da metade uma folha salarial, que em 2017 era de 63 milhões de libras. Dos clubes que não disputavam a elite do futebol inglês apenas o Newcastle já havia investido mais em jogadores. Cinco dos principais atletas da equipe (James Maddison, Alex Pritchard, Josh e Jacob Murphy e Jonny Howson) foram negociados por 58 milhões de libras; seus substitutos eram jogadores que estavam livres no mercado — como Tim Krul, que havia feito parte do elenco da seleção holandesa na Copa do Mundo do Brasil, sob o comando de Louis van Gaal, e Teemu Pukki, que tinha terminado a temporada com 29 gols — ou que só custaram uma fração do que havia sido obtido com as vendas na janela de transferência.

Durante a maior parte da temporada, a questão era saber quais seriam as duas equipes que subiriam com o Leeds, que, por 185 dias, ocupou uma das duas primeiras posições na tabela de classificação. Em fevereiro, o Norwich enfrentou o Leeds em

Elland Road e venceu com tranquilidade. Bielsa arremessou ao chão sua garrafa d'água em uma rara demonstração de frustração, embora, caso Krul tivesse sido expulso por ter derrubado Tyler Roberts fora da área, o resultado talvez pudesse ter sido diferente. No intervalo da partida, o Leeds perdia por dois gols de diferença. Bielsa fez duas substituições, mas, se surtiram algum efeito, foi fazer a equipe jogar ainda pior. Era a quarta derrota de Bielsa em seis jogos, o primeiro indício, de fato, da queda que abalaria o Leeds durante a primavera. "É algo que não podemos ignorar", disse o treinador argentino. "Não podemos dizer que o desempenho foi satisfatório". Bielsa se lamentou por uma estatística que se tornaria um mantra: o número de oportunidades que o Leeds precisava criar para marcar um único gol.

O Leeds United não era mais líder do torneio; seu período liderando a Championship havia chegado ao fim. Porém, o time ainda estava três pontos à frente do Sheffield United, que os visitaria em Elland Road no mês seguinte. Em dezembro, o Leeds havia vencido em Bramall Lane pela primeira vez desde abril de 1992, ano de sua primavera dourada, quando o time superou o Manchester United e ficou com o título de campeão inglês. Foi uma vitória fortuita: o goleiro do Sheffield, Dean Henderson, ao sair jogando, deu a bola de presente ao atacante Jack Clarke, que cruzou para Pablo Hernández, livre e de frente para o gol vazio, empurrar para as redes. Aquela foi uma das poucas partidas em que o Leeds de Marcelo Bielsa teve menos posse de bola que o adversário.

Mas nem mesmo Chris Wilder, que muitas vezes se irritava com a atenção e as manchetes concedidas ao Leeds e a Bielsa, admitiu que o Sheffield United havia merecido vencer a partida do returno. O Leeds dominou o jogo, chutando dezessete vezes ao gol de Henderson; nenhuma bola acertou o alvo. O chute de

Chris Basham do Sheffield, por sua vez, foi parar no fundo da rede. Faltando dezenove minutos para o fim do embate em uma tarde de muita chuva, Billy Sharp e Liam Cooper disputaram a bola no campo do Leeds. Sharp levou a melhor sobre o capitão do time da casa e a passou para Basham que, de fora da área, chutou para marcar. Basham teve sorte de ainda estar em campo. "Ele fez bem em marcar o gol da vitória", disse Wilder, depois, "porque eu estava a ponto de substituí-lo. Sua atuação vinha sendo péssima."

As instalações para a imprensa em Elland Road eram antigas e mal davam conta de seu propósito. A antiga cabine de imprensa, de onde se podia assistir à partida atrás de um vidro e com assentos que pareciam cadeiras de cinema, havia sido removida durante a administração de Ken Bates, que acreditava que a ótima perspectiva oferecida por aquele lugar poderia ser usada de um modo mais rentável. As entrevistas coletivas depois dos jogos ocorriam em um canto do estádio chamado Howard's Bar — que, com seus móveis de madeira desgastados, parecia um salão para um casamento de baixo nível. Howard Wilkinson, cuja preferência era por um bom vinho tinto, não teria ficado muito tempo em meio às cervejas e aos salgadinhos no bar que carrega seu nome. Bielsa afirmou que a derrota não era decisiva — e não teria sido se os resultados do Leeds não tivessem, a partir de então, passado a ser desastrosos; porém, enquanto ele falava, o alarme de incêndio começou a soar pelo estádio. Foi, de certo modo, um presságio.

Os jogadores de Bielsa ficaram irritados com o som da comemoração que vinha do vestiário vizinho. Patrick Bamford disse que "estavam comemorando como se tivessem vencido o campeonato". A vitória do Sheffield United jogou o Leeds para a terceira posição e, enquanto uma primavera antecipada chegava a Yorkshire, amarelando campos e horizontes, o Norwich assumia a liderança da competição. Agora, a luta aberta passava a ser entre dois clubes de Yorkshire. Uma batalha nortista.

As dúvidas sobre o Leeds haviam surgido alguns meses antes, quando a neve ainda cobria os campos em volta do centro de treinamentos em Thorp Arch. As táticas empregadas por Bielsa tinham reformulado o clube, transformando o Leeds numa força que, havia gerações, o time deixara de ser; porém, o estilo de Bielsa trazia consigo um outro elemento, que poderia fazer tudo cair por terra. À medida que a temporada atingia sua fase decisiva, aumentavam as histórias a respeito de como no Athletic Bilbao e no Olympique de Marseille seus elencos tinham entrado em declínio, revelando-se exaustos na reta final das competições. O grito de dor de Ander Herrera ("Não conseguíamos nos mexer, não podíamos mais correr") ecoava desde San Mamés até Elland Road.

Marcelo Bielsa estava familiarizado com essas alegações e, quando o assunto lhe foi apresentado na sala de imprensa em Loftus Road, após a derrota por 1 a 0 para o Queens Park Rangers, no fim de fevereiro, o argentino não conseguiu esconder a irritação. "Sua pergunta não tem qualquer fundamento", foi a resposta que deu a Jack Pitt-Brooke, do diário *The Independent*, um admirador de seus métodos. "Claramente, você não faz ideia do que está falando, porque se tem uma coisa que não falta a esta equipe é vigor." Como que para provar sua afirmação, o Leeds United, três dias depois, arrasou o West Bromwich Albion por 4 a 0 em Elland Road, com Pablo Hernández deixando sua marca aos dezesseis segundos de jogo. Depois, o time venceu, fora de casa, tanto o Bristol City quanto o Reading — e sem sofrer gols. A nove rodadas do fim do campeonato, o Leeds, com 73 pontos, ocupava a segunda posição da Championship. Dava para sentir o gostinho da Premier

League; dava para perceber o aroma da primeira divisão. Nesses últimos nove jogos, o Leeds conquistou dez pontos.

A equipe precisava de mais. Os 83 pontos obtidos pelo time de Bielsa ao término da temporada representavam 23 a mais do que o Leeds havia conseguido um ano antes, mas não teriam sido suficientes para alcançar a promoção automática em nenhuma temporada da Championship desde 2013, quando o Hull subiu para a primeira divisão com 79 pontos. A derrota em Loftus Road para o QPR ressaltou outro aspecto que explicava por que o projeto de Bielsa não tinha dado certo. O Leeds havia criado o hábito de perder tanto para seus rivais mais próximos na tabela de classificação quanto para equipes que praticamente não tinham qualquer expectativa de obter os três pontos. A vitória de 1 a 0 do Queens Park Rangers seria o único triunfo desta equipe nas últimas quinze partidas sob o comando de Steve McClaren. Houve, também, a derrota para o Birmingham, que havia sido batido em seus cinco jogos anteriores e que parecia se desintegrar diante de uma punição de nove pontos imposta pela English Football League [entidade que organiza os campeonatos da segunda, terceira e quarta divisões do futebol inglês] em razão dos gastos excessivos durante o período em que Gianfranco Zola e Harry Redknapp comandaram a equipe de St. Andrew's.

Na Sexta-feira Santa, em Elland Road, o adversário foi o Wigan, time com o pior desempenho fora de casa em toda a Football League e que, a apenas vinte minutos do fim da partida, perdia por um gol de diferença e atuava com um homem a menos. O Wigan conseguiu vencer, 2 a 1. Pontus Jansson descreveria aquele momento da seguinte maneira: "[Foi] algo completamente devastador estar na frente, ter um jogador a mais e, ainda assim, perder. Foi o pior jogo da minha vida". Bielsa foi mais poético, mas seu veredito foi igualmente severo: "Uma ferida muito grave no pior momento".

Ao longo do fim de semana prolongado de Páscoa, um calvário para o Leeds United, a ferida se tornaria fatal. No feriado de segunda-feira,[15] em Brentford, onde o time não vencia desde 1950, o Leeds foi massacrado, destruído de uma maneira que praticamente jamais havia acontecido sob o comando de Bielsa. Na acanhada sala de imprensa em Griffin Park, o treinador admitiu que sua equipe havia, durante um longo período da temporada, "jogado acima de suas capacidades". Agora, as limitações estavam aparecendo. Para quem estava ouvindo, parecia uma descrição exata da ruína. O Leeds nem de perto contava com os talentos de Olympique de Marseille ou Athletic Bilbao, e sua temporada havia sido mais longa e em uma divisão bem mais indefinida. A única surpresa, talvez, estivesse no fato de a queda de desempenho ter demorado tanto para chegar.

Na última rodada do campeonato, o Leeds foi a Ipswich e o resultado, de certo modo, não teve importância. A vitória do Derby por 3 a 1 sobre o West Brom garantiu ao Leeds a terceira posição, independentemente do placar do jogo em Portman Road. Contudo, foi um péssimo desfecho. Tendo se livrado de Mick McCarthy na busca por um futebol mais atraente e sob o comando de um treinador mais jovem, o Ipswich havia sido rebaixado quase dois meses antes do término da competição. O clube tinha quase cem milhões de libras em dívidas. Desde dezembro, o Ipswich não havia vencido nenhuma equipe que estivesse fora da zona do rebaixamento e fazia dezessete meses que não marcava três gols em uma mesma partida dentro de casa. O Leeds pôs

---

[15] Na Inglaterra, a segunda-feira após o domingo de Páscoa é feriado, assim como a Sexta-feira Santa, fazendo do período de Páscoa o principal feriado prolongado inglês. (N.T.)

fim a todos esses pequenos tabus e ainda conseguiu desperdiçar a terceira cobrança de pênalti consecutiva. O time parecia uma bagunça, cansado e desintegrado. A avaliação de Bielsa não se deteve na questão do cansaço. O treinador concluiu que o Leeds não tinha conseguido conquistar o acesso de modo direto não porque estivesse esgotado, mas, sim, por não ter tido capacidade de aproveitar suas oportunidades.

De acordo com seus próprios e incessantes cálculos, o Leeds havia criado pelo menos uma centena de oportunidades de gol a mais do que os dois clubes que tinham conquistado o acesso, Norwich e Sheffield United. Dos seis primeiros colocados da Championship, apenas o Derby marcara menos do que os 73 gols anotados pelo Leeds. O Norwich tinha feito vinte gols a mais. Tanto Leeds quanto Sheffield United possuíam um temor doentio e arraigado da fase de mata-mata. Somadas suas participações, haviam estado naquela loteria de fim de temporada dez vezes sem jamais conseguir o acesso. A tabela de ambas as equipes tinha apresentado certa simetria: nas últimas oito rodadas, os dois clubes enfrentaram Millwall, Birmingham, Preston e Ipswich. Contudo, houve uma diferença em relação aos horários de suas partidas: o Leeds era um clube maior; a história de Bielsa, mais importante; e, para a Sky Television, o time era a principal atração — mais da metade das 46 partidas do Leeds United foram exibidas ao vivo. Em geral, o time jogava depois do Sheffield United.

Quando, na primavera de 1996, Manchester United e Newcastle travaram uma das disputas mais acirradas pelo título do Campeonato Inglês, aconteceu algo parecido. O Newcastle era o time mais jovem e mais atraente, e contava com um treinador mais carismático, Kevin Keegan. Quase sempre era o time escolhido para aparecer na televisão, jogando, na maior parte das vezes, depois do Manchester United, que, liderado por Eric Cantona, conquistou uma sequência de vitórias por 1 a 0 — aos sábados, na maior parte dos casos. Nas tardes de domingo ou nas noites de segunda-feira, o Newcastle, que contava em seu elenco com apenas um atleta que já havia tido o gosto de ser campeão nacional, David Batty, passou a demonstrar nervosismo.

Algo similar pode ter ocorrido com o Leeds. Ao longo daquelas últimas oito rodadas, a melhor atuação do Leeds foi em uma partida contra o Sheffield Wednesday, e talvez não seja mera coincidência o fato de que o jogo foi disputado imediatamente após o Sheffield United ter deixado escapar, em casa, a vitória contra o Millwall. Em Bramall Lane, o Sheffield United vencia o Millwall por um gol de vantagem e conquistava uma vitória que os deixaria dois pontos à frente do Leeds. Então, tudo saiu totalmente do controle. Dois dos principais valores do Sheffield United, Basham e Sharp, tiveram de ser substituídos devido a lesões. Um terceiro atleta, John Egan, foi expulso por evitar, com a mão e em cima da linha, um gol certo. Ben Marshall perdeu o pênalti originado por aquele lance; porém, nos acréscimos, aos cinquenta minutos do segundo tempo, o Millwall empatou. A notícia fez Elland Road trepidar. Era a chance do Leeds.

O time de Marcelo Bielsa a aproveitou bem. O placar apontou um magro 1 a 0, mas a diferença entre as equipes foi bem maior. O gol foi marcado por Jack Harrison, jovem ponta que havia passado quatro anos nos Estados Unidos antes de se transferir para o Manchester City. Ao explicar a decisão de emprestá-lo para a equipe comandada por Marcelo Bielsa, Pep Guardiola afirmou que Harrison se depararia, no Leeds, com "desafios, mas que seria algo bastante proveitoso". A comemoração do gol de Harrison foi tão intensa que um torcedor fraturou o tornozelo.

O Sheffield Wednesday era o oitavo clube diferente que Steve Bruce comandava em Elland Road, e ele não foi capaz de se recordar de uma partida em que sua equipe tivesse sido tão dominada. A velocidade, a movimentação e a intensidade das jogadas aumentavam em consonância com o alarido da torcida. Cachecóis eram sacudidos sobre as cabeças dos torcedores, no ritmo certo, em efeito similar ao de uma orquestra que atinge um crescendo. O maestro permanecia com as mãos para trás, aparentando estar completamente alheio àquilo tudo. "Muita coisa foi escrita sobre Marcelo Bielsa, como ele é isto, como ele é aquilo", comentou Bruce, depois.

> Mas quando você olha para sua equipe é possível ver o que ele fez. A transformação — com jogadores semelhantes — em relação ao ponto em que estavam doze meses atrás é impressionante. Vimos a intensidade com que atuam quando estão em dificuldade. O modo como a torcida se comportou me fez recordar de como as coisas eram há vinte anos. Acredito que eles vão conseguir o acesso com as quatro partidas que restam.

Bruce teria ficado desconcertado ao saber que o Leeds não conseguiria vencer nenhum desses jogos.

À medida que a temporada chegava ao fim, Bielsa seguia prestigiado. Um cavalo de corrida batizado com o nome do argentino venceu o Sheffield Novice Stakes, no hipódromo de Doncaster. Pouco tempo antes da derrota para o Wigan, definida por Bielsa como uma "ferida muito grave", um avião sobrevoou Elland Road exibindo uma faixa em que se lia: "Bielsa é Deus".

Uma das piores derrotas de abril foi o revés para o Birmingham por 1 a 0. A atuação da equipe foi entediante, sonolenta. Perder em St. Andrew's, estádio localizado em meio a uma decadente área industrial que, desde os tempos da British Leyland, em nada se alterou, não é algo que acalente grandes sonhos. No trem que deixava para trás a estação ferroviária Birmingham New Street, o vagão da primeira classe estava tomado por torcedores do Leeds. Em uma mesa, havia pilhas de latinhas de cerveja e uma garrafa de Sancerre. O volume das conversas era alto; o das risadas, mais ainda. As pessoas concordavam que, em sua essência, aquela equipe do Leeds era comum. O papo, então, derivou para a tentativa de formar um time com os melhores jogadores que os torcedores já tinham visto defender o clube. A maioria dos presentes ali estava na casa dos quarenta e muitos anos e, assim, havia visto uma grande quantidade de atletas. Nigel Martyn seria o goleiro, e era unânime que Gary Speed e Gordon Strachan — cujo nome fez que um coro de "The Ginger Wizard" [o Mago Ruivo] fosse entoado — estariam no meio de campo. Houve consenso também em relação a quem comandaria aquele time imaginário do Leeds. Todos eram jovens demais para se lembrarem das conquistas de Don Revie, mas não para recordar Howard Wilkinson, que levou o Leeds ao título dois anos depois de ter obtido o acesso para a primeira divisão. Podiam ter escolhido David O'Leary, que chegou muito perto de levar o Leeds United à final da Champions League. Em vez de optar por um desses nomes, os torcedores escolheram o homem que estivera no comando do time durante aquela derrota deprimente; escolheram Marcelo Bielsa.

Treinadores raramente têm uma música em sua homenagem. Ao longo dos 27 anos em que ficou em Old Trafford, é difícil se lembrar de alguma coisa memorável que tenha sido cantada ou entoada para Sir Alex Ferguson. Pode-se dizer o mesmo de Bill Shankly e de Arsène Wenger. Em 1996, um grupo de torcedores do Sunderland transformou a música "Daydream Believer", do grupo The Monkees, em um canto sobre seu treinador intitulado "Cheer Up Peter Reid" [Anime-se, Peter Reid]. O Sunderland caminhava, àquela altura, para conquistar o acesso à primeira divisão da Inglaterra e, assim como o Leeds comandado por Bielsa, havia uma sensação de renascimento. A canção chegou a número 41 nas paradas de sucesso. Pouco antes do Natal de 2018, Marcelo Bielsa foi tema de uma música que atingiria a quinta posição nas paradas do iTunes e cuja inspiração era "Bohemian Rhapsody", do Queen, sendo batizada de "Bielsa Rhapsody". O primeiro verso, "Open your eyes, look up to the skies, we're Leeds" [Abra os olhos, olhe para os céus, nós somos o Leeds], veio à mente de Micky P. Kerr, como inspiração, às sete horas da manhã. Kerr, dono de uma vasta massa de pelos que compõem seu cabelo e sua barba, é professor primário e comediante de stand-up. Naquele ano, chegou à final do programa *Britain's Got Talent*, que com sua audiência de quinze milhões de telespectadores lhe deu uma fama espantosa. Em uma única caminhada de pouco mais de um quilômetro até um pub, ele foi cumprimentado por meia dúzia de motoristas. "Assim que o programa acaba, esse tipo de coisa também para de acontecer", disse ele em um bar à beira do Roundhay Park.

> O problema de participar do *Britain's Got Talent* como comediante é que só se pode usar seu material uma vez, e você usa o melhor que tem para chegar à final. Na final, eu tinha um número com o qual eu achava que podia vencer o programa. O problema é que nesse número eu usava a letra de uma canção do Bee Gees e me disseram que aquilo não seria possível devido a questões de direitos autorais. Sugeriram que eu apresentasse outra música, chamada "I'm not Arrogant I'm Just Better than Everybody Else" [Não sou arrogante, apenas sou melhor do que todo mundo]. É uma boa canção para

se tocar quando já se conquistou a plateia, mas não para ser o número de abertura. Não era adequada e a coisa toda foi péssima. No fim, acabei derrotado. Algo bem Leeds United. Na época em que eu estava me desenvolvendo como pessoa, o Leeds era a melhor equipe do país. Eu tinha dez ou onze anos quando o clube conquistou o título inglês de 1992. Meu time era o melhor do campeonato. Depois, perto da virada do milênio, era um time jovem e empolgante disputando torneios europeus e desafiando o Manchester United. E então puxaram nosso tapete e fomos da Champions League para a terceira divisão, lá no fundo do poço e com um monte de desconhecidos. E foi assim por quinze anos. Antes da chegada de Bielsa, eu tinha um podcast. Com Paul Heckingbottom no comando da equipe, terminamos na décima terceira posição. Não era possível saber para onde estávamos indo. Então, Bielsa chegou e tudo mudou. As pessoas passaram a falar sobre nós de maneira que há anos não falavam. Ficamos tanto tempo longe da elite do futebol que voltar para a Premier League passou a significar para nós o que conquistar o título significa para os torcedores do Liverpool. Fiquei sabendo que Bielsa é fã do Queen. Adam Pope, comentarista da rádio bbc em Leeds, perguntou-lhe sobre a música, assim como Phil Hay, do *Yorkshire Evening Post*. Ele disse que havia ouvido e adorado. Aquilo foi tudo para mim.

Kerr escreveu outra canção sobre Bielsa, "Bucket Man", com base em sua propensão a assistir aos jogos sentado em um balde de plástico virado de ponta-cabeça — em Marselha, era uma caixa térmica de plástico. É uma releitura de "Rocket Man", de Elton John (letra de Bernie Taupin). A música original é de 1972, mesmo ano em que Les Reed e Barry Mason escreveram "Marching on Together", que se tornou o hino de batalha do clube. "Marching on Together" é um caso inusitado. Diferente de "You'll Never Walk Alone", "I'm Forever Blowing Bubbles" e "Blue Moon", a canção havia sido composta especialmente para o clube que ela homenagearia. Assim como "Unchained Melody", gravada pelo duo The Righteous Brothers, foi escolhida para ser uma espécie de lado B e acabou por ofuscar a música principal que, no caso, era uma canção escrita para a final da Copa da Inglaterra de 1972 e que tinha o imaginativo título de "Leeds United". "Bucket Man" contou com uma produção de primeira linha, sendo gravada no estúdio Nave, em Pudsey. Sua letra talvez seja melhor do que a de "Bielsa Rhapsody": "I don't think it's gonna be a long, long time/ Til we win promotion, don't resign/ You're not the man they think you are at home/ *El Loco*? No, you'are a bucket man". [Eu não acho que vai demorar muito, muito tempo até subirmos, não desista. Você não é quem eles imaginam que seja quando está em casa. *El Loco*? Não, você é um homem do balde.] Porém, não vendeu tão bem. "Foi um fracasso", conta Kerr.

> "Bielsa Rhapsody" chegou às paradas de sucesso porque foi lançada em uma época em que o Leeds estava arrebentando. "Bucket Man" saiu quando a temporada estava começando a perder sua força e ninguém mais parecia se interessar. Não culpo Bielsa pelo fato de o Leeds não ter conseguido o acesso. Se o Liverpool não tivesse conquistado a Champions League na temporada passada, seus torcedores, ainda assim, teriam achado que ter ido

a Anfield ver sua equipe massacrar o adversário e terminar com 97 pontos havia sido uma experiência especial. Foi assim que me senti em relação ao Leeds. Jamais vi um ambiente como aquele que testemunhei em Elland Road na última temporada. Há uma arrogância em Bielsa, um sentimento de que ele não precisa fazer aquelas contratações grandiosas, de que não precisa mudar seu estilo. Ele vai contra a corrente; é determinado e teimoso. Há nele uma qualidade shakespeariana. É um romântico, um romântico trágico, alguém que deve vencer, mas que não vence. O Leeds é assim. Formam um belo par.

Vinte minutos

Don Revie deixou Elland Road em 1974. O time era campeão inglês e uma das melhores equipes da Europa. Para algumas pessoas, era algo mais: o *Dirty Leeds* [Leeds trapaceiro], o *Damned United* [Maldito Leeds United]. Assim como no caso do Olympique de Marseille comandado por Bernard Tapie, as glórias conquistadas pareciam envoltas em sujeira. Revie, como Tapie, proporcionou a seu clube momentos que aparentemente jamais voltariam a se repetir: muitos títulos nacionais, jogos em Wembley, finais europeias. Ele era amado em seu vestiário. Adorado. Seus jogadores estavam entre os mais bem pagos da Inglaterra. Em 1963, John Giles conquistou a Copa da Inglaterra com o Manchester United, mas se desentendeu com Matt Busby, que permitiu que ele se transferisse para o Leeds, então na segunda divisão. Em Old Trafford, Giles recebia trinta libras por semana (atualmente, algo em torno de 617 libras). Revie triplicou esse valor. O fato de o Leeds também ter os melhores programas de aposentadoria mostrava como Revie prestava atenção aos detalhes. Ele criou uma família unida e forte e a comandava com pulso firme. Na noite anterior às partidas, aconteciam jogos de perguntas e respostas, partidas de *carpet bowls*[16] e discutiam-se dossiês inacreditavelmente grossos sobre o adversário, produzidos pelo principal olheiro do clube, Tony Collins, primeiro treinador negro da Football League e que levara o Rochdale à final da Copa da Liga Inglesa de 1962. Os jogos de perguntas e respostas seriam, tempos depois, adotados por Alex Ferguson no Manchester United. Os dossiês foram os precursores da análise de vídeo aperfeiçoada por Marcelo Bielsa. As partidas de *carpet bowls* jamais fizeram sucesso em outro lugar.

Havia, ainda, a outra faceta de Revie e do Leeds: a violência, resumida claramente na Batalha de Goodison Park, em novembro de 1964, quando Derek Temple, do Everton, foi atingido de maneira tão brutal que seus companheiros acharam, a princípio, que ele havia morrido. Alguns dos jogadores do clube passaram a integrar a famosa lista negra de Jack Charlton, onde estariam descritos os nomes de jogadores que mereciam algum tipo de revide violento. Existe a história, também, de um episódio ainda mais obscuro. Em abril de 1962, a primeira temporada de Revie em Elland Road corria o risco de acabar em rebaixamento para a terceira divisão. Bob Stokoe, então treinador do Bury, alegou que Revie havia lhe oferecido dinheiro para "pegar leve com o Leeds". A partida terminou em um empate sem gols. O Leeds escapou graças a uma vitória sobre o Newcastle por 3 a 0. Stokoe jamais voltou a conversar com Revie — nem mesmo em Wembley, em 1973, quando o Sunderland, àquela altura na segunda divisão, derrotou a grande equipe do Leeds. Um sabor de revanche temperou aquele conto de fadas futebolístico.

---

[16] Jogo em que os competidores tentam arremessar as bolas pretas o mais próximo possível de uma bola branca, menor; em ambientes fechados, é disputado sobre um tapete. (N.T.)

Gary Sprake era o goleiro do Leeds na noite da partida contra o Bury; quando a carreira de Revie como treinador da seleção inglesa estava em seus estertores, Sprake foi ao *Daily Mirror* acusá-lo de manipulação de resultados. O fato de anos antes Revie ter livrado Sprake da prisão diz muito sobre ele. Em 1971, o galês havia saído para curtir a noite, bebeu demais e bateu o carro. A mulher que estava no banco do passageiro se feriu; Sprake fugiu, abandonando-a. Quando a polícia foi a Elland Road prender o goleiro, Revie convenceu os guardas a retirar as acusações e declarar que o carro tinha sido roubado. Nas palavras de Brian Clough: "A tal família de Don Revie estava mais para a máfia do que para a Mothercare."[17] A reputação do *Dirty Leeds* se manteve e quando Bielsa admitiu espionar todas as equipes da Championship, o clube, uma vez mais, voltou a ser sujo aos olhos dos outros. Então, vieram os eventos de 28 de abril de 2019. O time enfrentou o Aston Villa e o que aconteceu naquela tarde foi manchete em todo planeta. Cinco meses depois, Bielsa e o Leeds seriam convidados para ir a Milão receber o prêmio Fair Play concedido pela Fifa.

Ainda era possível conseguir o acesso automático à Premier League, mas o Leeds precisaria vencer suas duas partidas restantes e o Sheffield United teria de perder seu último jogo, contra o Stoke, fora de casa. Além disso, seria preciso tirar uma diferença de cerca de dez gols de saldo. Era possível, mas bastante improvável.

O jogo vinha refletindo a mudança de status do Leeds depois do desastroso fim de semana prolongado de Páscoa: melancólico e sob clima fúnebre. Comandado por Dean Smith, à frente da equipe para a qual torcia quando criança, na região de Black Country, o Aston Villa havia conquistado dez vitórias seguidas, quebrando um recorde do clube que permanecia intacto desde

---

[17] Tradicional varejista britânica de produtos para mulheres grávidas e crianças. (N.T.)

1910. Aquele era um time que nenhum clube gostaria de enfrentar na fase de mata-mata, estava em ótima forma. No entanto, em Elland Road, o Aston Villa também parecia desanimado e apático, como se estivesse esperando o tempo passar até o início da fase decisiva do campeonato. Então, começou a confusão: Liam Cooper acertou Jonathan Kodjia no círculo central. O atacante do Aston Villa ficou no chão. A bola estava nos pés de Tyler Robert, na lateral esquerda do campo do Leeds. Roberts parecia não saber o que fazer. Alguns pediam que colocasse a bola para fora; ele, então, deu um passe em direção à linha de fundo adversária sem ter ninguém em particular como alvo. Mateusz Klich pegou a bola, entrou na área do Aston Villa e marcou o gol.

Aquilo provocou uma algazarra: Klich foi agarrado por Conor Hourihane; Patrick Bamford foi para cima de Anwar El Ghazi, que havia sido jogador de Bielsa no Lille; El Ghazi fez menção de dar um soco no atacante do Leeds — não houve contato, embora Bamford tenha se jogado ao chão como se tivesse sido atingido no rosto; El Ghazi foi expulso; Bamford, punido com cartão amarelo (mais tarde, após avaliação das imagens, acabou punido com dois jogos de suspensão, por simulação). Na beira do campo, John Terry, auxiliar técnico do Aston Villa, partiu em direção a Bielsa. Dean Smith gritou que o Leeds deveria deixar o Aston Villa marcar para igualar as coisas. Ele não tinha nenhuma expectativa de ver seu pedido atendido. Quando o time visitante deu o pontapé inicial, em meio a uma confusão de pessoas gesticulando e outras dando de ombros, Bielsa gritou para seus jogadores, exigindo: "Deixem o adversário marcar, deixem o adversário marcar". À medida que o Aston Villa avançava com a bola, as camisas brancas saíam do caminho. Somente Pontus Jansson, que parecia discordar efusivamente daquela ordem, tentou fazer alguma coisa. Albert Adomah rolou a bola para o fundo das redes e marcou aquele que seria seu último gol pelo Aston Villa. A partida terminou 1 a 1. O Sheffield United estava oficialmente na Premier League.

"Tudo aconteceu tão rápido", disse Jansson.

> Fui o primeiro a ir ao banco do Aston Villa pedir desculpas quando fizemos o gol. Eles estavam dizendo: "Por que vocês não deixam a gente marcar um gol?". Eu respondi: "Não podemos fazer isso. Não posso simplesmente deixar vocês marcarem. Não é assim que eu faço as coisas". Demorei um pouco para entender que nosso banco estava gritando e pedindo para deixarmos o adversário marcar um gol. No fim, tolerei que fizessem, mas queria mostrar que não havia concordado com a decisão. Naquele momento, achava que eu estava certo, mas olhando para trás vejo que permitir que marcassem foi a decisão correta.

Enquanto uma enxurrada de elogios chegava até ele, que era manchete na Espanha e na Argentina, onde sua atitude ficou conhecida como *El Gesto*, Bielsa parecia indiferente àquilo tudo, quase relutante em discutir o assunto. "Apenas devolvemos o gol", disse. "Os fatos são aqueles que todos viram. Mostramos nossa interpretação do ocorrido ao fazer o que fizemos. O futebol inglês é conhecido por seu espírito esportivo e, por isso, não tenho de comentar o assunto." O diretor esportivo do Aston Villa, Jesús García Pitarch, que havia trabalhado com Rafa Benítez no Valencia, ouviu a discussão de Bielsa com seus atletas. "A partida levou mais de dez minutos para recomeçar", contou Pitarch. "Eu estava ouvindo Bielsa dizer para seus jogadores não fazerem nada para impedir que marcássemos depois do reinício do jogo. Eu pensava comigo: 'Ele vai ser capaz de fazer uma coisa destas?'. E foi. Depois da partida, fui até o vestiário do Leeds parabenizá-lo. Ele é um personagem do futebol de tamanho imensurável."

Embora tenha elogiado o espírito esportivo de Bielsa, Arsène Wenger comentou que, tecnicamente, não havia nenhuma razão para o Leeds parar a jogada. "Os jogadores devem ver a imagem porque se não há lesão na cabeça, apenas o árbitro pode parar o jogo", disse. "O Aston Villa não deveria ter parado de jogar. O Leeds se aproveitou disso. Devemos ser gratos a Marcelo Bielsa. Foi um gesto extraordinário. O time está buscando uma vaga na Premier League. Há algo em jogo. O mundo todo precisa assistir a esse lance."

Nem todos ficaram entusiasmados com a atitude de Bielsa. Luis Chilavert, seu goleiro na época de Vélez Sarsfield, trouxe à tona uma antiga ferida, aberta quando Bielsa treinava a Argentina: "*El Loco* Bielsa ensina *fair play* na Inglaterra, mas por que permitiu que Pochettino marcasse um gol de mão contra a seleção do Paraguai, em Assunção?". Chilavert citou, então, uma canção de Mercedes Sosa, cantora argentina que se tornou símbolo da oposição à junta militar. "A canção de Mercedes Sosa lhe cai muito bem: 'Todo Cambia' em um ambiente tão contaminado. À puta que pariu com as mentiras do futebol."

Houve um esforço para tentar encontrar situações que se comparassem à atitude de Bielsa. Como a recusa de Stan Cullis em derrubar Albert Stubbins quando o atacante do Liverpool disparou com a bola na última rodada do campeonato, no estádio Molineux, garantindo, assim, que o título fosse para Anfield em vez de ficar nas mãos da equipe de Cullis, o Wolverhampton Wanderers. O paralelo mais próximo envolvia Arsène Wenger. Em fevereiro de

1999, o treinador francês se dispôs a disputar novamente a partida da quinta rodada da Copa da Inglaterra entre Arsenal e Sheffield United. Ali, quando os dois times esperavam que Nwankwo Kanu colocasse a bola para fora para que um dos jogadores do Sheffield fosse atendido pelos médicos, o nigeriano cruzou para Marc Overmars marcar. O confronto foi jogado novamente dias depois e teve o mesmo vencedor: o Arsenal, por 2 a 1.

Bielsa não viajou a Milão para receber o prêmio da Fifa. Mandou o preparador físico do Leeds, Benoît Delaval, dizendo que ele havia tido "influência significativa" em sua decisão de permitir que o Aston Villa marcasse seu gol, e o capitão do Leeds, Liam Cooper, representando os jogadores "que tiveram a desagradável tarefa de seguir minhas instruções". A carta enviada para aceitar o prêmio continha os agradecimentos de praxe — ao clube, à sua família e aos torcedores do Leeds United — mas era endereçada às massas que não têm voz, àqueles que assistem ao futebol de longe, que talvez não compareçam aos jogos, mas que recorrem ao esporte em busca de um exemplo de conduta moral. "Gostaria de agradecer ao Leeds e a seus torcedores, que não questionaram minhas atitudes", escreveu Bielsa.

> Eles poderiam ter alegado que eu deveria ter respeitado a decisão dos árbitros, mas, em vez disso, aceitaram minha interpretação particular entre uma coisa legal e uma coisa justa. Gostaria de citar minha mãe, que sempre soube o que era certo e o que era errado. Queria mencionar também o Newell's Old Boys, de Rosário, um clube ao qual pertenço e onde, por vinte anos, aprendi a viver o futebol de maneira singular. Existem algumas presenças constantes em minha vida, como a da minha mulher, a da minha irmã e a de alguns amigos que me fazem lembrar

de valores que não devem ser esquecidos. O futebol, graças a seu impacto gigantesco, atua, às vezes, em alguns domínios da ética pública e está particularmente envolvido na formação daqueles que têm menos ou que são mais fracos. [...] Contudo, acredito que a maioria daqueles que possuem menos opta por fazer a coisa certa. Com muito esforço, essas pessoas permanecem dignas e mantêm a decência. O reconhecimento que a Fifa nos oferece inclui essas pessoas, uma vez que premia o mesmo comportamento que elas adotam anonimamente todos os dias de suas vidas.

Quando Cooper, vestindo um smoking, e Delaval, com sua gravata frouxa, subiram para receber o prêmio, aquilo provocou mais do que simples surpresa. Quem se mostrou mais contrariado com a situação toda foi Frank Lampard, que — muito embora o Derby tenha perdido a disputa de mata-mata pelo acesso para o Aston Villa — tinha feito o suficiente para ser convidado a voltar a Stamford Bridge e assumir o comando técnico da equipe do Chelsea. "Eu dei risada; não sei quem são as pessoas que votam", comentou. "O que aconteceu durante o *Spygate* foi muito bem documentado. As regras foram alteradas devido a esse episódio e eles foram multados. Achei inapropriado. E receber um prêmio, ainda por cima, achei, a princípio, o cúmulo da ironia."

A generosidade de Bielsa pode, mais do que qualquer outra coisa, ter ajudado a abafar as lembranças sobre o *Dirty Leeds*, mas assegurou ao Sheffield United uma vaga na Premier League, levando o Leeds a disputar a fase eliminatória para o acesso. Entre as equipes da segunda divisão inglesa, o Leeds United liderava as estatísticas de chutes a gols, chances criadas e posse de bola. Na classificação geral, o clube ocupou a terceira colocação ao final do campeonato.

No dia seguinte, Chris Wilder deu uma entrevista na qual deixava claro por que havia vencido o duelo entre as equipes de Yorkshire, algo que o faria ser eleito Manager of the Year [Melhor treinador da temporada].

> O Leeds perdeu sete partidas desde o Natal; nós, apenas uma. A partir do Natal, nos preparamos para estar na briga, e nos impusemos jogando. Depois da data Fifa, em março, conquistamos, em média, dois pontos por jogo. É a receita para subir, e isso no momento da temporada em que a pressão é maior. Escute, não tem essa coisa de ter coragem ou de fraquejar. A maneira como trabalhamos passou despercebida. Não recebemos a atenção devida por parte da imprensa. Todos queriam que o Leeds subisse e nós atropelamos.

O Leeds havia participado da disputa da primeira eliminatória de acesso da história da Football League, em 1987. Naquela época, o terceiro, o quarto e o quinto colocados da segunda divisão se juntavam ao clube da primeira divisão que terminasse na quarta pior posição da tabela — o Charlton, naquele ano. Tendo batido o Oldham nos dois confrontos das semifinais, a equipe de Billy Bremner, desgastada por ter chegado às semifinais da Copa da Inglaterra, enfrentou o Charlton na final em confrontos de ida e volta. As duas partidas terminaram 1 a 0 para o time da casa e como a Football League não previa disputas por pênaltis, um terceiro jogo teve de ser disputado, no St. Andrew's, em Birmingham. Uma partida muito ruim, vista por uma multidão vinda predominantemente de Yorkshire que contrastava com trechos vazios da escura arquibancada, arrastava-se lentamente e sem gols para a prorrogação. Então, uma cobrança de falta de John Sheridan parecia estar colocando fim ao exílio, que já durava cinco anos, do Leeds da primeira divisão do futebol inglês. Faltavam vinte minutos para o fim da partida, tempo suficiente para Peter Shirtliff, zagueiro do Charlton nascido em Sheffield, marcar duas vezes. Os jogadores de Bremner desabaram no gramado; alguns choraram. Coisa parecida aconteceria com a equipe de Bielsa.

    O Leeds United enfrentaria o Derby na semifinal do mata-mata. O *Spygate*, e todo o desenrolar após sua descoberta, tinha criado uma tensão entre os dois clubes jamais vista desde a rivalidade feroz entre Revie e Clough. Em Moor Farm, onde Frank Lampard explicou que o Derby não tinha condições de fazer nada além de colocar algumas lonas extras ao redor de suas dependências para evitar olhares curiosos, houve uma tentativa de dissipar a tensão. Lampard afirmou que respeitava Bielsa quando o argentino viera para a Inglaterra e que seguia respeitando-o. O episódio do *Spygate*, afirmou, não tinha tido influência significativa na vitória do Leeds, em janeiro. Por sua vez, Bielsa declarou que caso um incidente semelhante ao registrado no confronto com o Aston Villa voltasse a acontecer, seu time seguiria jogando até que o árbitro interrompesse a partida, não se sentindo na obrigação de parar o jogo.

    Havia razões para supor que o Leeds cairia nessa fase eliminatória: a história do clube na competição, o histórico das equipes de Bielsa em finais de temporada, e a péssima forma do time nas partidas mais recentes, que chegou a seu apogeu com a derrota para o Ipswich, último colocado da competição. Muitos comentavam que os clubes que terminam na terceira posição no campeonato, aqueles que chegam perto da conquista do acesso automático, acabam em desvantagem. Na verdade, a "maldição do terceiro colocado" não existia. Ao longo dos últimos trinta anos, as equipes que ficaram na terceira posição conseguiram o acesso mais vezes que as demais, embora os clubes que tenham terminado em quinto tenham se dado melhor com mais frequência que aqueles que chegaram na quarta posição.

Como se estivesse tentando provar essa estatística, o Leeds teve atuação segura e imponente no primeiro jogo do mata-mata, disputado em Pride Park. Foi um embate clássico entre um treinador que havia sido um excelente jogador — no Chelsea, Frank Lampard conquistou praticamente todos os títulos possíveis — e, do outro lado, um ótimo estudioso do esporte. O estudioso havia vencido as primeiras duas partidas entre ambos, e venceria a terceira.

Os contatos de Lampard tinham permitido ao treinador trazer, por empréstimo, alguns jogadores jovens e talentosos para o Derby — Mason Mount, do Chelsea, e Harry Wilson, do Liverpool —, que acabaram neutralizados pela forma de jogar da equipe de Bielsa. Kemar Roofe, atuando na vaga do suspenso Bamford, marcou em uma jogada bem trabalhada. O Leeds poderia ter vencido por mais de 1 a 0; observando as estatísticas, o que se via era um domínio arrebatador. Nenhum time jamais havia saído vitorioso de uma semifinal da Championship depois de ter perdido a primeira partida em casa. Em um dos cantos do estádio Pride Park, na parte da arquibancada onde batia sol, os torcedores do Leeds provocavam Lampard — que, segundo acreditavam, havia reagido de maneira exagerada ao *Spygate* — com uma versão de "Stop Crying Your Heart Out", do Oasis. Canção que, alguns dias depois, seria cantada para eles.

Abril de 2019, contudo, foi um mês em que vitórias na primeira partida de um confronto deixaram de ter importância. Na Champions League, Liverpool e Tottenham reverteram vantagens aparentemente acachapantes contra Barcelona e Ajax. A imagem de Mauricio Pochettino chorando na beira do campo em Amsterdã e dizendo que "devia tudo a Marcelo Bielsa", porém, tocaria mais corações em Leeds do que em Derby. Lampard chegou a se perguntar se poderia usar aquelas viradas como motivação para a partida em Elland Road, embora tenha admitido, mais tarde, não acreditar que aquilo realmente fosse acontecer. Era uma esperança pequena à qual se agarrar. No entanto, o que aconteceu em Leeds na quarta-feira à noite foi tão dramático quanto os eventos que se desenrolaram em Anfield ou na Johan Cruyff Arena.

Antes da primeira partida, como sempre acontecia nos jogos em casa, um poema intitulado "We are Derby", escrito por Jamie Thrasivoulou, torcedor da equipe local e morador de Londres, ecoou pelos alto-falantes de Pride Park. O poema contém versos poderosos: "We're engineers with dirty fingernails. Graft and sweat pump through our veins. We're Rolls-Royce engines, Belper nails, Toyota motors, Bombardier trains" [Nós somos engenheiros de unhas sujas. Luta e suor correm nas nossas veias. Somos os motores do Rolls-Royce, os pregos da Belper, a fábrica da Toyota, os trens da Bombardier]. Elland Road optou por algo mais visceral. Cachecóis foram deixados sobre cada um dos assentos e, à medida que eram erguidos sobre a cabeça dos torcedores, criando um muro branco, o alvoroço de vozes ia crescendo e se misturando aos refrões de "Marching on Together". Era o tipo de alarido ruidoso que Bielsa reconheceria das grandes noites no Coloso del Parque, em San Mamés ou no Vélodrome: agressivo, potente, confiante.

O Leeds havia completado quase três quartos de seu caminho na semifinal contra o Derby: vencera a partida de ida por 1 a 0 e, depois de quarenta e quatro minutos de jogo em Elland Road, vencia novamente pelo mesmo placar. Dois gols de vantagem. A torcida se fazia ouvir: ruidosa, intensa, triunfante.

Então, em vinte minutos, vinte minutos que Bielsa jamais compreenderia, o Leeds se perdeu, entrou em pânico e travou completamente. O Derby, que, em quase cinco horas e meia de disputa contra o Leeds de Bielsa, tinha marcado só um gol, anotou quatro tentos em quarenta minutos. Pouco antes do intervalo, Liam Cooper tentou proteger uma bola boba para Kiko Casilla, que saía de sua área. Os dois trombaram e Jack Marriott, recém-entrado em campo, rolou para o fundo do gol vazio. Casilla fora contratado junto ao Real Madrid, onde era reserva de Keylor Navas; já participara da Champions League, tinha 32 anos, não era inexperiente. Mas parecia estar atuando como um gandula a quem um par de luvas havia acabado de ser oferecido e com a incumbência de jogar no gol. Gary Sprake, goleiro do Leeds, certa vez jogou a bola para dentro de seu próprio gol, em Anfield, em 1967; a partir de então, as torcidas adversárias passaram a cantar para ele o refrão de "Careless Hands" [Mãos descuidadas]. Os erros de Casilla foram bem mais prejudiciais. Poucos segundos após o recomeço da partida, Mount o superou com um chute da entrada da área, encobrindo-o. Então, Cooper cometeu um pênalti ao puxar, sem necessidade, a camisa do adversário. Mais um gol para o Derby. Logo depois, contrariando as expectativas, Stuart Dallas, autor do primeiro gol do Leeds, fez mais um. No placar agregado, 3 a 3 — gols fora de casa não contavam como critério de desempate. O confronto ansiava por alguns minutos de serenidade, de tempo para respirar. Mas que não vieram.

O parceiro de zaga de Cooper, Gaetano Berardi, que tinha ganhado a posição de Pontus Jansson, foi expulso logo em seguida, após cometer duas faltas desnecessárias em poucos minutos, e saiu de campo socando a parede de polietileno do túnel que dava acesso aos vestiários. A defesa do Leeds se desintegrava, abrindo caminho até um goleiro que vinha tendo péssima atuação. Harry Wilson deveria ter marcado. Marriott, assim como Wilson, entrou livre na área do Leeds e, desta vez, fez o gol.

Os últimos minutos foram caóticos: arremates sem direção, chutes bloqueados por corpos exaustos e desesperados. Era aquilo que Bielsa não seria capaz de entender. Todos os seus métodos tinham a ver com preparação, antecipação, ocupação dos espaços, tratar o futebol como ciência. O treinador havia planejado um assassinato por mira telescópica; em vez disso, estava numa briga de bar. Vendo tudo de fora do gramado, Pontus Jansson classificou o padrão do jogo como "absurdo".

Ao apito final, a equipe de Bielsa desabou no gramado, todos de branco, exaustos, destroçados, assim como o time de Bremner em St. Andrew's, 32 anos antes. De um dos lados da arquibancada, eles podiam ouvir os cantos da torcida. Vozes de Midlands.[18] Mas três quartos do estádio estavam tomados por absoluto silêncio. A temporada havia acabado, encerrada como uma porta que se fecha depois de uma rajada de vento: com um estampido alto, inesperado e irreversível.

Depois de tudo isso, tornou-se mais difícil chegar a Howard's Bar. Era preciso passar por uma multidão de torcedores do Derby que não estava a fim de deixar o estádio. "Stop Crying Your Heart Out" era cantada para os torcedores do Leeds enquanto a equipe de Lampard caminhava pelo gramado com as mãos sobre os olhos, imitando binóculos, ridicularizando a tentativa de Bielsa de espionar seu centro de treinamento. Quando o treinador argentino adentrou a sala, os cantos ainda eram ouvidos. Era certo que ele assumiria a responsabilidade pela derrota; era possível que o fizes-

---

[18] Região da Inglaterra onde se encontra a cidade de Derby. (N.T.)

se apresentando sua demissão. A primeira pergunta é sempre feita pela Rádio Leeds. Foi-lhe perguntado por que o Leeds havia perdido completamente o controle por vinte minutos? Ele respondeu e, depois, em outro momento da coletiva, voltou ao assunto:

> Tivemos vinte minutos de confusão. Não consegui encontrar uma solução para isso. Quando uma equipe ofensiva tem atuação fraca ou frustrante, nós nos perguntamos se não deveríamos ter sido mais conservadores, mas se você olhar para a partida, os piores momentos aconteceram quando tentamos ser conservadores. Os melhores, quando conseguimos nos impor. Contudo, quando se trata de explicar derrotas e decepções, é difícil falar com algum tipo de certeza.

Mais tarde, ele seria ainda mais claro: "O rapaz disse uma coisa sobre esta partida que não vou esquecer. Ele falou que o time havia perdido o controle por vinte minutos. Eu disse que não tinha sido capaz de encontrar uma solução para isso. Meu trabalho é encontrar soluções para os problemas". Ninguém ali questionou a afirmação de Bielsa de que não era hora de discutir seu futuro, mas para aqueles em busca de pistas, as evidências eram contraditórias. Seu contrato com o Leeds, na verdade, consistia em uma série de três contratos de um ano. Bielsa disse estar preparado para ouvir qualquer proposta que o clube viesse a lhe fazer. No entanto, deu uma longa e cuidadosa resposta indicando que talvez não seguisse em Yorkshire. "Enfrentamos tantas dificuldades que as mencionar pareceria dar desculpas por não termos conseguido nosso objetivo", afirmou.

> Ao mesmo tempo, tínhamos capacidade de terminar a temporada na primeira ou na segunda colocação, e de mostrar que éramos a melhor equipe da fase

de mata-mata. Não conseguimos terminar nem em primeiro nem em segundo e não chegamos à final da fase de mata-mata. O fato de não se conseguir uma coisa que era possível sempre coloca o treinador em xeque. Se você tem recursos para conquistar uma coisa e não consegue conquistá-la tem de assumir a responsabilidade.

Lampard, enquanto isso, levou seu elenco e os funcionários do clube para o King's Head, um pub em Duffield, rica cidade às margens do rio Derwent, ao norte de Derby. A conta do bar, publicada pelo proprietário, revelou que foram consumidas cinco garrafas de prosecco, 75 *jägermeisters*, 65 doses de vodca Grey Goose, 54 sambucas, 38 tequilas, 29 copos de uísque canadense e 25 *amoretti*. E uma Coca-Cola diet.

A tirania dos troféus

Maio de 2004. O Leeds United disputa a última partida de uma temporada que apresentou a narrativa de um rebaixamento anunciado. O time perde por 1 a 0 para o Chelsea, clube que está se preparando para demitir Claudio Ranieri. Ele será substituído por José Mourinho, treinador que acaba de levar o Porto à final da Champions League, troféu que irá conquistar. Os torcedores do Leeds em Stamford Bridge começam a cantar: "We'll meet again, don't know where, don't know when" [Nós vamos voltar a nos encontrar, não sei onde, não sei quando]. Nos quinze anos subsequentes, o Chelsea conquistaria a Champions League, o campeonato inglês cinco vezes, a Europa League duas vezes, cinco vezes a Copa da Inglaterra e três vezes a Copa da Liga Inglesa. O Leeds se comportaria como Vera Lynn, caso a cantora britânica tivesse começado a beber gim e a fumar antes do café da manhã em vez de dedicar seu tempo a arrecadar fundos em prol de veteranos de guerra e pesquisas de combate ao câncer.[19]

---

[19] Conhecida como "namorada das Forças Armadas", a cantora inglesa ganhou fama por ter cantado para as tropas britânicas durante a Segunda Guerra Mundial em países como Egito e Índia. Morreu em 2020, aos 103 anos.

Nos anos seguintes, os torcedores do Leeds veriam seu clube bagunçar suas vidas. Haveria mais um embate com o Chelsea, pela Copa da Liga Inglesa, em dezembro de 2012, em Elland Road. O Leeds foi para o vestiário, ao término do primeiro tempo, vencendo por 1 a 0, gol de Luciano Becchio. Na segunda etapa, levou um gol a cada nove minutos. Sempre que o Leeds foi rebaixado, a tendência passou a ser o clube não conseguir subir. Não era o tipo de clube que caía e voltava. O time sofria.

Foram necessários nove anos para o Leeds voltar à elite do futebol inglês depois de ter sido rebaixado em 1947; quatro, depois da queda de 1960; oito, após o time comandado por Allan Clarke cair, em 1982. Quando despontou sobre Elland Road o amanhecer de gosto amargo do dia 16 de maio de 2019 [dia seguinte à derrota para o Derby], já se imaginava que seriam necessários ao menos dezesseis anos para o clube voltar a figurar na divisão principal do país, atualmente frequentada por times como Watford, Burnley e Bournemouth.

Os três treinadores que haviam subido com o Leeds United desde a Segunda Guerra Mundial eram homens notáveis: Howard Wilkinson, Don Revie e Raich Carter — este subiu com a equipe, ao lado do Sheffield Wednesday, em 1956. Carter foi um jogador muito famoso, o único a ter conquistado a Copa da Inglaterra antes e depois da Segunda Guerra Mundial; sua estátua chegou a ser exposta no museu Madame Tussauds; uma revista semanal de futebol carrega seu nome; ele jogou críquete pelo Durham e pelo Derbyshire; quando comandou o Hull, contratou Revie; no Leeds, formou sua equipe em torno da extraordinária figura de John Charles.

Se o Leeds queria conquistar o acesso, parecia fundamental manter Marcelo Bielsa. Em Rosário, há muito tempo se falava em uma volta para comandar o Newell's Old Boys. Havia na mesa uma proposta vantajosa do Girona, que podia ser uma equipe da segunda divisão espanhola, mas que pertencia ao conglomerado de futebol de Abu Dhabi, que financiava e também administrava o Manchester City. Em abril, bem no momento em que a temporada em Elland Road começava a sair dos trilhos, Rafael Bielsa deu uma entrevista ao jornal *La Nación*. Afirmou conversar com Marcelo diariamente e o assunto entre eles, na maior parte do tempo, era o Newell's Old Boys, que passava por um momento terrível. Pensando em Bielsa, a ideia de voltar e salvar o clube no estádio que levava seu nome parecia incrivelmente romântica. Seu contrato com o Leeds havia sido redigido por Rafael. Se o Leeds tivesse conquistado o acesso à Premier League, o segundo ano do contrato seria obrigatório. Na improvável hipótese de não desejar treinar na Premier League, Marcelo teria de arcar com as despesas previstas em contrato para deixar o clube. Quando ele tinha assumido o Espanyol, em 1998, uma cláusula de rescisão lhe permitia deixar Montjuïc caso recebesse uma proposta para treinar a seleção da Argentina. No contrato com o Leeds não havia nada parecido.

Netos de um dos advogados mais estimados da história da Argentina, os Bielsa tinham horror a quebrar contratos. Quando se demitiu do Olympique de Marseille e da Lazio, Marcelo podia afirmar que algumas promessas que lhe haviam sido feitas não tinham sido cumpridas. O Olympique de Marseille tentou alterar o contrato e, por isso, ele teria o direito de não dar continuidade ao acordo. Rafael comentou que, após ser demitido do América do México, Marcelo processou o clube e ganhou a causa. E estava trabalhando para fazer a mesma coisa com o Lille. "Ninguém mais do que eu gostaria de ver Marcelo de volta ao Newell's Old Boys", disse Rafael, "mas não pode ser feito desta maneira. A família

Bielsa não infringe as regras. Esses são valores que se aprendem quando criança, com sua mãe, com seu avô e com toda a família".

O elenco seria ligeiramente modificado. Pontus Jansson deixaria o clube. Ele havia disputado 39 das 46 partidas do Leeds na segunda divisão e tinha sido votado para figurar na seleção da temporada da Championship. "Ser eleito por 'especialistas' é uma coisa; agora, ser escolhido por jogadores e treinadores adversários é outra bem diferente", comentou. "Fiquei incrivelmente lisonjeado, foi o melhor prêmio que já recebi." Jansson gostou da experiência de ser comandado por Bielsa, mas o relacionamento com o treinador tornou-se conflituoso. O atleta achava Bielsa distante, sensação que se acentuava pela barreira linguística. Em Malmö, na Suécia, seu país natal, Jansson havia tido uma relação mais próxima com Roland Nilsson e Rikard Norling, mas o mesmo afeto não existia no Leeds. Primeiro, Bielsa descreveu Jansson como seu melhor jogador; depois, disse-lhe que procurasse outro clube.

O Brentford pareceu uma escolha estranha. Jansson havia dito que a Premier League era sua ambição, e Griffin Park não sediava uma partida da elite do futebol inglês desde 1947. No entanto, o jogador tinha dito a seu empresário, Martin Dahlin, que preferia permanecer na Inglaterra, e Thomas Frank, treinador do Brentford, prometeu lhe dar mais responsabilidades e a braçadeira de capitão. Frank, dinamarquês, era alguém com quem seria bem mais fácil dialogar. "Marcelo não quer esse tipo de relação mais próxima com os atletas", afirmou Jansson. "Um dos motivos é a barreira linguística, porque ele não fala inglês muito bem, mas com Marcelo Bielsa você recebe muita coisa de graça e, como jogador, tem de demonstrar que o respeita. Ele já realizou tanto que é preciso apenas aceitar e fazer tudo o que ele manda. Você não pode ir contra ele."

Kemar Roofe, que havia marcado catorze gols, deixou Yorkshire e rumou para Bruxelas, um destino ainda mais improvável do que Brentford. Vincent Kompany, concorrente de Tony Book ao posto de capitão mais importante da história do Manchester City, voltara à Bélgica para ser jogador-treinador do Anderlecht, e telefonou para Roofe — que ficou ligeiramente surpreso com o fato de o belga saber quem ele era. Chegou-se a um acordo no valor de sete milhões de libras. Uma outra negociação, desta vez de cerca de dez milhões de libras, levou Jack Clarke ao Tottenham. Clarke, nascido em York e formado nas categorias de base do Leeds, tinha dezoito anos e fora eleito o melhor jovem talento do clube.

No verão entre temporadas, portanto, o Leeds perdeu seu melhor defensor, seu principal goleador e seu jovem mais promissor. Mauricio Pochettino emprestou Clarke de volta ao Leeds, mas o atleta mal atuou. Em dezembro, quando Pochettino foi demitido, seis meses depois de ter levado o Tottenham à primeira final de Champions League de sua história, José Mourinho pediu o retorno de Clarke ao clube.

Esta seria a primeira vez desde 2012 que Bielsa teria uma segunda temporada completa com um clube, e houve algumas semelhanças surpreendentes com o período vivido no Athletic Bilbao, onde a primeira temporada tinha terminado exaustivamente próxima da glória. Em Bilbao, Javi Martínez foi vendido e Fernando Llorente forçou a saída de San Mamés. Aos poucos, aquela segunda temporada na Espanha foi desmoronando. A segunda temporada de Bielsa em Yorkshire, por sua vez, não teve o mesmo desfecho. Em vários aspectos, foi bem mais impressionante. A base da equipe era mais fraca. Havia a decepção gigantesca do fracasso no mata-mata do campeonato anterior para ser removida das entranhas do time; e uma viagem de pré-temporada absurdamente distante, na Austrália, onde Bielsa permaneceu o menor tempo possível — para comandar a equipe na partida contra o Manchester United, em Perth, e depois no jogo contra o Western Sydney Wanderers. Havia todas as desculpas para o Leeds fraquejar.

No entanto, o time brilhou. Na primeira rodada, o Bristol City foi batido em Ashton Gate, 3 a 1. Entre os meses de novembro e dezembro a equipe conquistou sete vitórias seguidas. Ben White, zagueiro habilidoso, foi contratado por empréstimo junto ao Brighton. Em janeiro de 2018, White tinha feito parte do elenco do Newport County que eliminou o Leeds da Copa da Inglaterra. Michael Flynn, treinador do Newport County, descreveu White, então com vinte anos, como a melhor contratação por empréstimo da história do clube. No Leeds, ele fez a ausência de Jansson ser pouco sentida.

Bielsa passou a se apoiar bastante em jogadores emprestados. Pep Guardiola concordou em estender o empréstimo de Jack Harrison por mais uma temporada. Uma transação por empréstimo com o Arsenal pelo atacante Eddie Nketiah, de 22 anos, rendeu ao clube três gols no campeonato da segunda divisão inglesa; porém, após um jejum de dois meses, Nketiah voltou a Londres depois da partida disputada no primeiro dia do Ano Novo contra o West Bromwich Albion. Hélder Costa foi a contratação por empréstimo mais interessante. Nascido em Angola, havia feito parte da equipe de base do Benfica, assim como Bernardo Silva, peça fundamental do elenco de Guardiola no Manchester City. Paul Lambert o tinha transformado na contratação mais cara do Wolverhampton Wanderers, mas seu sucessor no Molineux, Nuno Espírito Santo, não era adepto de atuar com pontas. Bielsa, por sua vez, era, e Hélder Costa chegou por empréstimo de um ano e possibilidade de compra definitiva, em junho, pelo valor de quinze milhões de libras. No começo, Hélder teve dificuldade para se adaptar ao estilo de pressão intensa de Bielsa e só conseguiu balançar as redes pela primeira vez no final de novembro, marcando seu segundo gol, um mês depois, na vitória extraordinária do Leeds sobre o Birmingham fora de casa, por 5 a 4 — uma partida disputadíssima que em muito lembrou o jogo decisivo contra o Derby, no mata-mata da temporada anterior.

A vitória garantiu ao Leeds terminar a década na primeira colocação do campeonato em disputa, assim como havia acontecido em 1989, 1999 e 2009. A identidade de cada um dos torneios em questão funcionava como guia do progresso do clube ao longo dos anos: a antiga segunda divisão inglesa (1989), a Premier League (1999), a League One [atual terceira divisão na Inglaterra]. A primeira e a última dessas temporadas terminariam com o Leeds conquistando o acesso. Já em 1999, enquanto o país comemorava a chegada o novo século com a rainha e Tony Blair de mãos dadas no Millenium Dome para uma execução precária da tradicional canção de fim de ano "Auld Lang Syne", o Leeds dava a impressão de que voltaria a ser campeão inglês oito anos depois de o time de Wilkinson ter conquistado a taça. Contudo, segundo as palavras do jovem atacante Michael Bridges, "nós cagamos nas calças". O Leeds terminou 22 pontos atrás do Manchester United.

Sempre havia o perigo de os times comandados por Bielsa sofrerem um colapso mental ou físico. Mesmo no Boxing Day de 2019 [tradicional rodada de jogos realizada na Inglaterra no dia 26 de dezembro], quando a estátua de Billy Bremmer foi coberta por cachecóis para afugentar o frio e uma porção de gaitas de foles tocavam "Amazing Grace" em seu entorno, era possível sentir o cheiro de medo misturado ao odor das caixas de presentes preenchidas por perfumes. Embora estivesse em posição confortável para conquistar o acesso automaticamente, o Leeds recentemente havia deixado escapar uma vantagem de três gols na partida contra o Cardiff City, tinha perdido para o Fulham e visto Pablo Hernández, um dos principais atletas do time, se lesionar.

Desde 1961, a equipe do Preston North End havia vencido apenas uma vez em Elland Road, uma partida em que o time perdia por 4 a 1 e virou para 6 a 4. O time esteve a um minuto de conquistar uma segunda vitória, mas então Stuart Dallas, que em Leeds já tinha atuado como ponta, ala, lateral convencional, e agora jogava como meio-campista, marcou o gol de empate com um chute que desviou no adversário antes de ir para as redes. Dallas é um daqueles jogadores sempre prontos a atuar em qualquer posição e, por consequência, recebe muito menos atenção do que merecia, exceção feita a Cookstown, província do Ulster onde cresceu. Ali, seu rosto pode ser visto em um mural ao lado de dois outros filhos de Cookstown que defenderam a seleção da Irlanda do Norte: Aaron Hughes, com 112 partidas disputadas pelo país; e Ray McCoy, um leiteiro que foi eleito jogador do ano no Ulster, em 1987, quando defendia o Coleraine.

Até o gol de Dallas, o Leeds havia pressionado muito o time adversário; o clima estava tenso, elétrico. Quando Patrick Bamford foi substituído por Nketiah, as pessoas não entenderam. Elland Road não era um lugar onde as atitudes de Marcelo Bielsa costumavam ser questionadas, mas o Leeds precisava de um gol de qualquer forma e seguramente era mais provável marcá-lo com dois centroavantes em campo. Se Bielsa havia se recusado a atuar com dois especialistas no centro do ataque contra a Suécia nos últimos minutos da campanha da seleção argentina na Copa do Mundo, não começaria a adotar tal prática em um jogo contra o Preston North End. O gol de empate de Dallas foi uma espécie de absolvição.

O resultado da partida seguinte, em St. Andrew's, trouxe alívio apenas parcial. Ter vencido por 5 a 4 foi espetacular, mas o desempenho do time deu indícios da perda de controle que tinha sido testemunhada na partida decisiva contra o Derby, aqueles vinte minutos desastrosos. As primeiras palavras de Bielsa na entrevista coletiva depois do jogo tiveram a intenção de confirmar aos presentes que ele ainda estava vivo depois de tanta emoção. Depois, aconteceu a partida, no primeiro dia do ano, contra o West Bromwich Albion, um embate entre as duas equipes com mais chances de subir para a Premier League. O time comandado por Slaven Bilić, tal como o Leeds, vinha patinando, tendo conquistado apenas uma vitória nas últimas cinco rodadas — triunfo também apertado e em partida com muitos gols, fora de casa, contra o Birmingham. Ainda assim, o jogo foi visto como uma final, um confronto entre os dois melhores times da Football League. No Hawthorns, os refletores precisaram ser acesos e os banners de publicidade se agitavam com o vento; os alto-falantes executavam a todo volume "O Fortuna", de Carmina Burana. A música tem elementos épicos, que evocam grandes batalhas, e teria sido uma ótima opção para a marca de produtos masculinos Old Spice quando seus profissionais de marketing buscavam um tema para divulgar seu pós-barba. Porém, assim como os noivos que escolhem "Every Breath You Take" para sua primeira dança, os responsáveis por executar "O Fortuna", ao que tudo indica, jamais olharam para a letra da música — que, vale lembrar, está em latim. O primeiro verso termina com "o poder derrete como gelo"; o último, com: "O destino abate o forte. Todos choram comigo". No Hawthorns, o efeito dramático foi ligeiramente atenuado quando os dois times foram recepcionados no gramado por alguém vestido como uma daquelas caldeiras usadas para esquentar água, uma referência aos patrocinadores do West Brom.

As duas equipes estavam oito pontos à frente do grupo que vinha em seu encalço, formado por times que pareciam mais frágeis que os de doze meses antes. No ano anterior, Leeds e Norwich estavam sendo perseguidos por West Brom, Sheffield United, Middlesbrough e Derby. O Aston Villa, clube que terminaria a temporada classificado para disputar a Premier League, ocupava, então, a nona colocação, catorze pontos atrás do líder. De certa maneira, aquele parecia um grupo mais robusto do que Fulham, Brentford, Nottingham Forest e Sheffield Wednesday, ocupantes do pelotão de perseguidores do ano corrente e que se mostravam menos poderosos e resilientes. Ao menos era o que Bilić e Bielsa esperavam.

A noite acabou em um empate por 1 a 1 e num abraço demorado entre os dois treinadores. Quando lhe perguntaram o motivo, Bilić respondeu: "Sei do meu valor. Sou uma pessoa autoconfiante, mas Bielsa é Bielsa e enfrentá-lo é um grande privilégio". Bilić havia lido o livro de Marcelo Bielsa, *Los 11 caminos al gol*, e voltava ao texto sempre que desejava realizar um treinamento específico de posse de bola ou de um estilo de jogo de alta intensidade. Bielsa, comentou Bilić, é comparável a Rinus Michels, o inventor do Futebol Total. Um lembrete daquilo que o treinador argentino ainda representava para as outras pessoas envolvidas no esporte — mesmo que houvesse quem olhasse para as estatísticas e perguntasse o que Marcelo Bielsa tinha, de fato, conquistado.

Na segunda-feira, 6 de janeiro, Bielsa comandou o Leeds contra o Arsenal, em partida válida pela Copa da Inglaterra, um confronto que trouxe à tona lembranças da final de 1972, da cabeçada de Allan Clark, da faixa estendida por torcedores na qual se lia "Norman Bites Yer Legs" ["Norman mordedor de pernas", em alusão aos carrinhos do jogador], de Mick Jones recebendo sua medalha com o cotovelo deslocado, de uma época em que o Leeds United era capaz de destruir os sonhos dos adversários. Mikel Arteta, que assumiu um Arsenal destroçado depois da passagem de Unai Emery, descreveu uma partida contra o Leeds como uma "ida ao dentista". Ex-auxiliar de Pep Guardiola no Manchester City, ele sabia em primeira mão como seria enfrentar uma equipe treinada por Bielsa.

Naquela partida, o Arsenal não teve seus molares extraídos, mas o sofrimento foi grande. Se Patrick Bamford, Jack Harrison ou Ezgjan Alioski tivessem convertido uma das muitas chances que o Leeds criou na primeira etapa, o Arsenal teria precisado de anestesia. De várias formas, apesar da derrota por 1 a 0, foi uma noite perfeita para o Leeds. Nenhum time de uma divisão inferior desde o Preston, em 1964, chegou à final da Copa da Inglaterra e conquistou o acesso no mesmo ano, e, depois da visita ao Emirates Stadium, embora o Leeds tenha demonstrado sua qualidade, o clube não teria de enfrentar uma cansativa campanha naquela competição. O time tinha mostrado estar pronto para a Premier League.

Aliás, é possível desenvolver uma breve narrativa sobre a história do Leeds tendo como referência seus confrontos com o Arsenal pela Copa da Inglaterra. Em 1972, o time viveu a glória absoluta. Em 1991, ano em que levou a máquina do Arsenal comandada por George Graham a disputar três partidas extras, o Leeds demonstrou que tinha resiliência para conquistar o título no ano seguinte. Em 2004, quando o Leeds United galopava rumo ao rebaixamento e à insolvência, o time foi aniquilado em seu próprio estádio pelos *Invincibles* de Arsène Wenger. Diz algo a respeito da longa marcha pelo deserto empreendida pelo clube o fato de que o Emirates Stadium estava em seu décimo quarto ano de vida e o Leeds ainda não havia disputado nenhuma partida do Campeonato Inglês no estádio. Em janeiro de 2012, em outra segunda-feira à noite, em outra partida pela terceira rodada da Copa da Inglaterra contra o Arsenal, o Leeds esteve a doze minutos de forçar uma partida extra. Então, Thierry Henry, com 34 anos e de volta ao Emirates pela primeira vez em cinco anos, emprestado pelo New York Red Bulls, apareceu para marcar. Foi seu gol número 227 pelo Arsenal, e ele só faria mais um. Para o Leeds e para seu treinador, Simon Grayson, tinha sido uma derrota honrosa. Ken Bates demorou um mês para demiti-lo. Assim eram tratados os treinadores em Elland Road, e, cada vez mais, eles passariam a ser descartáveis.

Agora, durante aqueles convincentes 45 minutos comandados por Bielsa no norte de Londres, os oito mil torcedores vindos de Yorkshire entoaram sua música sobre o dia em que "Dominic Matteo marcou um puta gol no San Siro". David O'Leary, comandante do time que havia enfrentado Milan, Lazio e Real Madrid em uma espetacular edição de Champions League, estava presente no Emirates Stadium e teria concordado que aquele era um time, após tantos anos estéreis, que começava ao menos a se aproximar do eco daquelas grandes noites.

Circundando o Emirates Stadium há imagens de cada título conquistado pelo Arsenal, começando com a Copa da Inglaterra de 1930 e terminando com a conquista da edição de 2017. Dez foram conquistados apenas por Arsène Wenger. No começo de sua jornada em Elland Road, Bielsa foi perguntado, durante uma entrevista pós-jogo para a televisão, como "alguém que conquistou tanta coisa" avaliaria aquela partida. Bielsa deu risada e explicou que, na verdade, ele não havia conquistado tanta coisa assim. Três títulos argentinos e uma medalha olímpica não representam muito para alguém que, segundo Guardiola, é o melhor treinador do mundo.

Bielsa sempre se recusou a avaliar um treinador ou uma equipe pelos títulos conquistados: ele não se deixa medir pelo que certa vez chamou de "a tirania dos troféus". Sir Alex Ferguson conquistou 38 títulos de grande expressão com Aberdeen e Manchester United, mais do que o quádruplo das conquistas de Brian Clough no Derby e no Nottingham Forest. Roy Keane, que foi jogador de Clough por três anos e comandado por Ferguson ao longo de doze, diria que aqueles três anos iniciais o moldaram mais do que os doze que vieram depois. A se julgar somente pelas conquistas, a atuação de Bing Crosby como o padre Chuck O'Malley em *O Bom Pastor* foi superior à de Humphrey Bogart em *Casablanca*, porque Crosby ganhou o Oscar de melhor ator, ao passo que Bogart, não. Graus de influência, por sua vez, são mais difíceis de medir. Brian Eno, cofundador da Roxy Music e produtor de álbuns de artistas como David Bowie, Talking Heads e U2, escolheu o Velvet Underground como o grupo mais influente da música moderna. O número de discos vendidos foi desprezível, mas, como observou Eno, "todo mundo que foi vê-los formou uma banda".

Pode-se dizer a mesma coisa de Marcelo Bielsa. Depois da longa noite em Máximo Paz, Pep Guardiola saiu dali e tornou-se treinador de futebol. Bielsa influenciou diretamente Mauricio Pochettino, Gabriel Heinze, Diego Simeone e praticamente todo jogador de futebol que encontrou em seu caminho. O que salta aos olhos em relação a Bielsa são os relacionamentos distintos que estabeleceu com seus atletas. Quando Steve McClaren deu início a seu breve e desastroso período à frente da seleção da Inglaterra, ele se referia a seus comandados como "Becks", "Lamps" e "Stevie

G", como se ainda fosse um deles e tivesse se tornado, por acaso, treinador. Bielsa nunca foi um dos membros da turma, nem mesmo na Universidad de Buenos Aires, quando era somente alguns anos mais velho do que seus atletas. Sempre houve distância e frieza entre comandante e comandados. Ainda assim, ele foi capaz de estabelecer relações profundas com jogadores tão diferentes quanto Patrick Bamford, que recebeu uma oferta de bolsa para estudar na Universidade de Harvard, e Carlos Tévez, cuja família lutou para sobreviver em meio à pobreza absoluta e à ausência de leis que dominavam Fuerte Apache.

O futebol que Bielsa comandava trinta anos atrás em um estádio que hoje carrega seu nome não era muito diferente do *gegenpressing* com o qual Jürgen Klopp arrebatou multidões, primeiro no Borussia Dortmund e, depois, no Liverpool. As análises de vídeo — fatiar uma partida em segmentos de cinco minutos nos quais cada chute dado na bola é dissecado, algo que há três décadas era visto como desnecessariamente obsessivo e um tanto estranho — é, hoje, prática comum, e a tal ponto que o apelido *El Loco* começou a perder força. A loucura de 1990 tornou-se a normalidade de 2020. Isso, não os títulos, demonstra o tamanho do triunfo de Bielsa. Suas ideias tornaram-se práticas comuns; e, como disse certa vez o treinador argentino: "Todos aqueles que surgem com ideias novas são vistos como loucos até que elas deem certo".

O redentor

Marcelo Bielsa vestindo um manto branco, braços abertos, olhando o horizonte; sobre sua cabeça, o slogan "Marchando Juntos"; sob seus pés, completamente cobertos pela bainha de seu manto, uma data, também escrita em espanhol: *dos mil veinte*. Em Rosário, um estádio foi batizado em sua homenagem; em Bilbao, cartas e presentes haviam sido deixados na entrada de seu hotel; porém, esta era a primeira vez que Bielsa era retratado como o Cristo Redentor.

A pintura mural ficava na parede lateral de uma loja de produtos para animais de estimação em Wortley, um bairro sem graça e funcional no oeste de Leeds. Foi feita por Nicolas Dixon, um artista cujas obras podem ser encontradas também em Nova York, Melbourne, Ibiza e na Tanzânia. Ele a realizou pouco depois de Bielsa ter levado o Leeds de volta à Premier League.

"Ele transformou um time mediano em campeão", conta Dixon. "Ele não é apenas um homem do futebol, é um filósofo, um professor. Ele é seu pai, é seu avô. Eu comecei a chorar quando o vi comemorando. Já vi fotos dele na conquista do primeiro título com o Newell's e ele parecia Pablo Escobar sendo carregado pelas ruas. Era algo muito diferente."

Há uma parte de Wortley que sempre incentivou a fantasia. Não muito longe do mural de Nicolas Dixon encontram-se os restos do TV Harrison Sports Ground, tomado pelo mato. Era ali que o Leeds City Boys, time local, disputava suas partidas; onde Paul Madeley, David Batty, Noel Whelan e Brian Deane desenvolveram seu talento. Inaugurado em 1931, ano em que Leeds e Manchester United foram ambos rebaixados da elite do futebol inglês, e abandonado em 2004, ano em que o Leeds caiu na Premier League, o local vinha sendo pensado como espaço para a construção de novas moradias. Algumas pessoas acharam que 2020, ano do retorno do Leeds United, seria o momento ideal para salvar o terreno onde nasceram tantos sonhos. O mural foi encomendado para destacar essa luta.

"Pintar um mural de Marcelo Bielsa parecia a coisa certa a se fazer", afirma Dixon. "Ele é nosso redentor e nosso salvador, e ele significa mais para as pessoas comuns da cidade do que os jogadores de futebol que atuaram pelo Leeds City Boys, independentemente da projeção que alcançaram."

Nicolas Dixon começou a torcer para o Leeds quando o clube estava lutando contra o rebaixamento, sob o comando de Allan Clarke, que havia sido membro de um triunvirato de assistentes de Don Revie — Eddie Gray e Billy Bremner eram os outros — e com quem o clube imaginava ser possível recriar a magia do antigo mestre.

"Era uma época inconstante, repleta de experiências violentas e aterrorizantes", recorda-se Dixon.

Em 1987, fomos a Hillsborough ver a semifinal da Copa da Inglaterra contra o Coventry. Aquilo ocorreu dois anos antes da semifinal em Hillsborough da qual todo mundo se recorda, e nós estávamos na mesma arquibancada (Leppings Lane End) onde ficaram os torcedores do Liverpool. Havia uma multidão ali e começaram a tirar as pessoas porque elas não conseguiam se mexer, não conseguiam respirar. Fui com meu amigo Jimmy Carroll e depois da partida passei quarenta minutos chorando, e não apenas porque o Leeds tinha perdido. Foi uma experiência horrível. Eu era um adolescente em idade escolar. Cerca de um mês depois, convenci minha mãe a me deixar ir para Birmingham assistir ao jogo extra da final do mata-mata da segunda divisão entre Charlton e Leeds. Era uma noite de semana e St. Andrew's apresentava um aspecto horroroso, parecia que árvores estavam crescendo nas arquibancadas, mas o Leeds vencia por um gol e faltavam apenas alguns minutos para o fim do jogo e estávamos todos dançando. Então, Peter Shirtliff, que provavelmente não marcava um gol havia uma década, anotou dois. São as lembranças que tenho de ter crescido torcendo para o Leeds United.

Então, na quente e florida primavera da chegada do coronavírus à Inglaterra pareceu que aconteceria uma decepção capaz de ofuscar a vivida em 1987. O dia era 7 de março. O Leeds enfrentaria o Huddersfield, em Elland Road. Em seu relato sobre a temporada — *Leeds United: Covid Interruptus!* —, David Watkins, torcedor do Leeds, se lembra de ir tomar sua tradicional cerveja antes da partida em Old White Hart, no bairro vizinho de Beeston. A futura pandemia era o assunto das conversas entre aqueles que se preparavam para o jogo. Watkins se recorda de que pela primeira vez teve de enfrentar uma fila para lavar as mãos no banheiro.

Não era uma partida para a qual se atrasar. Em três minutos, o Leeds marcou um dos gols da temporada, que Bielsa talvez tenha concebido nos campos de treinamento em Thorp Arch. Um passe de calcanhar de Mateusz Klich para Pablo Hernández, que enfiou a bola para Jack Harrison na ponta esquerda. Harrison, correndo de cabeça erguida, segurou o passe. E quando já era possível achar que tinha demorado demais, ele fez um cruzamento longo que Luke Ayling pegou de primeira, no ar, mandando a bola para o fundo da rede, no alto, junto ao travessão. Um gol ao mesmo tempo explosivo e belo.

Esse clássico de Yorkshire poderia ter sido vencido por uma margem maior do que dois gols. Harrison acertou a junção da trave com o travessão, e quando Jonas Lössl defendeu a cabeçada de Ben White esticando-se todo, Patrick Bamford marcou no rebote. À queima-roupa.

"Se você vai ser superado, que seja por um gênio", ponderou Danny Cowley, treinador do Huddersfield. "Não sei se alguma vez já tivemos um desempenho no nível do apresentado pelo Leeds hoje. Você olha e vê toda aquela energia e intensidade. Ele deve ser implacável em suas exigências para fazer seus atletas terem este rendimento físico. Quero ver como a Premier League vai enfrentá-lo quando o clube for promovido."

Para Cowley, cujo sucesso ao evitar o rebaixamento do Huddersfield pela segunda temporada consecutiva seria recompensado com uma demissão, parecia haver poucas dúvidas de que o Leeds subiria para a Premier League. O time estava na liderança da Championship, sete pontos à frente do Fulham, em terceiro, faltando nove partidas para o término da temporada. Então, tudo parou. Seriam três meses e meio até que outra partida viesse a ser disputada.

O caminho do Leeds até o topo não havia sido tranquilo. A derrota magra para o Arsenal pela Copa da Inglaterra, em janeiro, pode ter mostrado a um público mais abrangente o que o Leeds United comandado por Marcelo Bielsa poderia apresentar na Premier League, mas desencadeou uma queda acentuada de desempenho. Uma vez mais, parecia que a temporada ficaria pelo caminho. O Leeds perdeu quatro das cinco partidas subsequentes — em casa, para Sheffield Wednesday e Wigan; fora, para Queens Park Rangers e Nottingham Forest. Nesses quatro jogos, o Leeds sequer balançou as redes.

Na partida que venceu, contra o Millwall, o time desceu para o vestiário de Elland Road perdendo o jogo por dois gols. O fato de o diretor de futebol do Leeds, Victor Orta, e seu diretor de comunicações, James Mooney, terem confrontado o árbitro Darren England no túnel era sinal da tensão excessiva que cercava o clube. As atitudes renderam aos dois a proibição de acompanhar o time no estádio na partida seguinte e multas no valor de 2.700 libras. Eles deveriam ter demonstrado mais confiança em seus jogadores. Gols de Patrick Bamford e Hernández levaram o Leeds à vitória, 3 a 2.

Contudo, parecia que o velho drama envolvendo Bielsa estava se repetindo. O Leeds emperrava, assim como havia emperrado na temporada anterior. Assim como ocorrera com o Athletic Bilbao e o Olympique de Marseille. Essa impressão chegou aos vestiários. Mateusz Klich, o eixo do meio de campo de Bielsa, começou a achar que, uma vez mais, o Leeds fracassaria. "Havíamos começado a temporada muito bem, mas depois veio a falta de fôlego", disse. "Caímos em um buraco e começou o burburinho: 'Está acontecendo de novo. Não vai dar certo de novo'. O ambiente se transformou de tal maneira que achei que não seríamos promovidos."

Foi durante aquelas semanas que Andrea Radrizzani entrou em contato com Zlatan Ibrahimović e Edinson Cavani. O primeiro estava com 38 anos e defendendo o Los Angeles Galaxy; Cavani, prestes a completar 33, estava no fim de seu contrato com o Paris Saint-Germain. Levar qualquer um dos dois para Yorkshire teria tido efeito parecido com a chegada de Bielsa, dezenove meses antes. Um contrato de curta duração até o término da temporada teria sido uma entusiasmante carta de intenções. Muito cara também. O salário de Ibrahimović em Los Angeles era de 5,5 milhões de libras ao ano. No verão de 2020, a oferta do Benfica para contar com Cavani fracassou devido às exigências do atacante uruguaio, que queria receber 8,8 milhões de libras por temporada.

O risco não era só financeiro. Radrizzani deixou de informar Bielsa sobre essas conversas. Era um voo solo, em que ele tentava, por conta própria, revigorar uma campanha vacilante. No entanto, como Vincent Labrune havia descoberto em Marselha, poucas coisas têm mais chances de irritar Marcelo Bielsa do que ver a diretoria lhe impor jogadores. Quando, dois meses depois, Bielsa ficou sabendo daquelas iniciativas, após uma entrevista de Radrizzani para a imprensa italiana, ele se disse "surpreso".

Radrizzani admitiu que trabalhar com Bielsa, descrito por ele como "um homem singular e de regras estritas, um filósofo, um grande conhecedor do futebol", às vezes "não é fácil". Se tivesse ocorrido, a contratação só teria aumentado o grau de dificuldade. Radrizzani argumentou que só teria avisado seu técnico do acordo depois que uma carta de intenção estivesse em suas mãos. Ibrahimović, contou Radrizzani, "foi muito sincero: ele acreditava que uma ida para o futebol inglês àquela altura de sua carreira não seria a opção ideal". Ibra retornou ao Milan. E Bielsa revigorou a campanha do Leeds sem sua ajuda.

No dia 11 de fevereiro, o Leeds foi a Griffin Park; o clima era sombrio e desesperador. O histórico da equipe em Brentford era péssimo e em dois meses a distância para o grupo de times que vinha em seu encalço, na tabela, caíra de onze pontos para zero. A única vantagem do Leeds era no saldo de gols, e o time já não estava mais marcando tantos.

O Brentford era um dos cinco clubes — desde o Bristol City, em sétimo, até o Fulham, em terceiro — que estava no máximo a cinco pontos do Leeds. Aquele era o terceiro confronto seguido do Brentford contra um adversário de Yorkshire. A equipe de Thomas Frank fizera cinco gols no Hull e três no Middlesbrough. Seu trio de ataque (Benrahma, Mbeumo e Watkins) ganhara o epíteto de BMW. O Brentford vinha acelerando como um BMW Série 7 em uma autoestrada alemã. Não demoraria muito para que o Leeds ficasse em desvantagem graças a um gol desastroso. Kiko Casilla permitiu que um recuo simples passasse por debaixo de seu pé, e Saïd Benrahma ficou de frente para o gol vazio. O pai de Benrahma havia morrido menos de duas semanas antes e o garoto, que tinha crescido em meio a vinhedos e pomares no norte da Argélia, sofrera intensamente. Ele havia marcado três gols contra o Hull e agora levantava a camisa para mostrar a mensagem: *Je t'aime, papa*. Pela nona vez em dez partidas o Leeds se via em desvantagem. Mauricio Pochettino estava entre os espectadores, testemunhando o tipo de erro não forçado e difícil de ser explicado que tinha lhe custado seu emprego no Tottenham.

Griffin Park ressoava ao som de "Leeds are falling apart again" [o Leeds está desmoronando novamente]. O time havia se curvado, se envergado, mas não tinha se quebrado e, no fim, acabou a partida melhor que o rival. O gol de empate de Liam Cooper, seu primeiro tento na temporada, foi menos do que o Leeds de fato merecia. Em retrospectiva, aquela foi a noite decisiva da segunda temporada do Leeds sob o comando de Bielsa.

Se tivessem perdido, deixariam de figurar nas posições de acesso direto e talvez não voltassem a frequentá-las. O time se segurou, a maré virou e o Leeds venceu as cinco partidas seguintes sem sofrer nenhum gol. Então, tudo parou.

A interrupção do futebol europeu provocada pela pandemia do coronavírus foi mais abrangente do que aquela desencadeada pela Segunda Guerra Mundial. Em 22 de junho de 1941, o Rapid Vienna — considerado parte do Terceiro Reich — virou uma partida em que estava perdendo por três gols de diferença e venceu o Schalke 04 por 4 a 3, na final do Campeonato Alemão, diante de 95 mil pessoas no estádio Olímpico de Berlim. Horas antes, durante o amanhecer sobre as florestas, os lagos e as planícies que delimitavam a fronteira com a União Soviética, três milhões de tropas alemãs, finlandesas e romenas, com o apoio de quatro tanques de guerra e, virtualmente, de toda a Luftwaffe, haviam dado início à Operação Barbarossa.

A pandemia de Covid-19 parou o futebol de verdade, por toda parte exceto no Campeonato da Bielorrússia, que contrariou todas as advertências científicas. De repente, as pessoas passaram a ter como opção nas casas de aposta o clássico de Minsk ou a partida entre BATE Borisov e Torpedo Zhodino. À medida que o vírus se espalhava para o ocidente, os torneios europeus, um a um, iam parando: a Bundesliga, em 11 março; a Ligue 1, dois dias depois. O Campeonato Italiano, que em 1973 continuou a ser disputado mesmo durante uma epidemia de cólera que matou 170 pessoas somente em Nápoles, já havia sido interrompido.

Enquanto o povo se refugiava cada vez mais dentro de casa, a grande ameaça para o Leeds era a anulação da temporada. Havia acontecido na Holanda — nenhum time foi consagrado campeão e nenhuma equipe promovida para a Eredivisie. O Cambuur e o De Graafschap, primeiros colocados da segunda divisão, viram seu caminho para a elite ser bloqueado.

Para Radrizzani, cancelar a temporada teria sido cruel e financeiramente nocivo, colocando em xeque sua condição de proprietário do clube. "Para ser competitivo, um clube como o nosso perde de oito a dez milhões de libras anualmente e ninguém quer manter um negócio que todos os anos dá prejuízo. Deixar de disputar cinco partidas em casa significa perder 2,5 milhões de libras."

A primeira temporada de Marcelo Bielsa em Elland Road pode ter transformado o Leeds, mas teve seu custo. As contas para a temporada 2018-2019 mostraram um prejuízo de 21,4 milhões de libras. A proporção entre as receitas e os gastos com folha salarial, que antes estava confortavelmente na casa de 60%, tinha chegado a 94%. A média na segunda divisão inglesa era de 107%; se comparado ao Reading — que gastou absurdas 2,26 libras para cada libra arrecadada —, era algo administrável, principalmente no caso de o Leeds ser promovido.

Como alguém que havia feito sua fortuna vendendo direitos de televisão, o que mais irritava Radrizzani era o pouco retorno obtido com a ampla cobertura dada ao Leeds pela Sky. Sob a batuta de Bielsa, o clube era a principal atração da Championship e dezenove de suas partidas foram televisionadas. O horário dessas transmissões, que muitas vezes fez o Leeds atuar depois do Sheffield United, tinha contribuído, possivelmente, para seu declínio na temporada 2019. O clube havia recebido 7,7 milhões de libras. O Huddersfield, último colocado da Premier League, com dezesseis pontos conquistados, recebeu 12,3 milhões de libras pela transmissão de oito de suas partidas.

O Leeds empregava 272 pessoas, em tempo integral ou parcial. A maior parte desses empregos passou a estar ameaçada. Não havia nenhuma dúvida de que Bielsa, conhecido por reunir seu elenco e lhes dizer quanto um gari teria de trabalhar para conseguir pagar por um ingresso de uma partida em Elland Road, chamaria para si a responsabilidade. Ele e seu elenco concordaram com uma redução salarial a fim de evitar demissões.

Para atletas como Mateusz Klich, que crescera na elegante cidade mercante de Tarnów, no sul da Polônia, a questão era ter paciência. Ele não havia sido contratado a pedido de Marcelo Bielsa, mas sua carreira havia se transformado com o argentino. Quando tinha 21 anos, Klich parecia ter recebido sua grande chance: foi contratado pelo Wolfsburg, que, com Feliz Magath, conquistara a Bundesliga dois anos antes. Assim como Bielsa, Magath era frequentemente tido como louco, embora sua loucura contivesse uma boa dose de sadismo. Um de seus hábitos era fazer seus jogadores realizarem corridas extenuantes durante o verão. Quando os atletas voltavam, exaustos e encharcados de suor, ele havia escondido suas garrafas de água. Recusando-se a acreditar que Klich estava machucado, Magath, certa vez, o obrigou a pedalar por cem quilômetros. Klich passou um tempo emprestado, atuando na Holanda, antes de voltar ao Wolfsburg, onde, em determinada ocasião, dormiu demais e perdeu a reunião do elenco. O ônibus partiu sem ele. No Kaiserslautern, na segunda divisão alemã, foi considerado excessivamente lento para se adequar, jogando aberto no meio de campo, ao sistema 4-4-2.

Carsten Schröter, jornalista da revista alemã *Kicker*, especializada em futebol, afirmou: "Era óbvio que Klich era um ótimo jogador, mas ele precisava de um treinador que lhe desse confiança, que montasse um time ao seu redor e permitisse que ele arriscasse, e errasse". Este treinador era Bielsa.

"Nunca pensei que viria aqui e jogaria tão bem", explica Klich. "Não sei as palavras certas em inglês para descrever como estou feliz. Estive em alguns clubes europeus, mas aqui a pressão é diferente."

Talvez fosse ainda mais difícil enfrentar a pressão de precisar ficar confinado em casa em um vilarejo nos arredores de Harrogate durante a pandemia. Havia as saídas para pedalar duas vezes por semana, além das corridas diárias, o controle do peso e o envio dos dados ao clube diariamente. "Percebi como minha vida será triste quando eu parar de jogar futebol", afirmou. "Não tenho as sessões corriqueiras de treinamento, não vou para o clube. Não vejo o pessoal no vestiário. Eu acordo e sou pai 24 horas por dia. Minha mulher, Magda, pode confirmar que saio andando pela casa chutando tudo o que encontro pela frente."

Ao levar seu cachorro para passear, Klich podia ver o Centro de Convenções de Harrogate sendo transformado em um hospital para receber pacientes quando o NHS, sistema nacional de saúde, estivesse sobrecarregado por causa da pandemia. Camas e balões de oxigênios estavam sendo entregues. "Os ingleses estão se preparando para o pior", disse ele ao diário polonês *Przegląd Sportowy*. Mas o NHS não entrou em colapso. O hospital de Harrogate não precisou receber pacientes com coronavírus.

Em outro hospital, Norman Hunter estava sob cuidados médicos e, em abril, não resistiu ao coronavírus. Exceção feita a Billy Bremner, ninguém simbolizava tão bem o Leeds de Don Revie. Ele disputava cada lance com muita intensidade — "mordia" as pernas dos adversários. Contudo, Hunter foi o primeiro futebolista a ser eleito "Jogador do Ano" por seus colegas da Professional Footballers' Association [Associação dos Jogadores de Futebol Profissional]. Junto com a disposição, havia também técnica e precisão.

Nos últimos anos, assistindo aos jogos da cabine de transmissão em Elland Road, Hunter seguia apaixonado pelo clube. Estava louco para ver o Leeds voltar à primeira divisão, um desejo que por poucos meses não chegou a se realizar. Após sua morte, seu caixão foi levado a Elland Road e, por alguns momentos, posto junto à linha lateral do gramado.

Em julho de 2020, milhares de pessoas tomaram as ruas de Ashington, cidade de Northumberland, conhecida por suas minas e seu futebol. Apenas uma família local, os Milburn, tinha produzido sete jogadores profissionais. Dois deles conquistaram a Copa do Mundo. Um, Jackie Milburn, foi considerado o maior jogador da história do Newcastle. Três defenderam o Leeds. Mas Ashington saiu às ruas para se despedir de Jack Charlton. Ao lado de Billy Bremner, ele ostentava o recorde de atuações pelo clube — 773 partidas —, mas seu falecimento parecia menos ligado ao Leeds do que o de Hunter, que havia disputado 726 jogos. Campeão do Mundo em 1966, Jack Charlton também pertencia a toda a Inglaterra. E à Irlanda, por ter sido o maior treinador da história da seleção irlandesa. Jack Charlton pertencia aos rios e campos das Ilhas Britânicas, onde ia pescar e caçar.

Entre os falecimentos de Hunter e Charlton, Trevor Cherry, que havia feito parte da equipe do Leeds que conquistou o Campeonato Inglês em 1974, morreu de ataque cardíaco. Um a um, os gigantes de uma outra época estavam partindo.

No dia 16 de maio, o futebol voltou a ser disputado na Alemanha, o único grande país europeu que parecia ter controlado o vírus. O destaque da rodada era o Revierderby (clássico do Vale do Ruhr) entre Borussia Dortmund e Schalke 04. A rivalidade entre as equipes havia sido fomentada nas minas de carvão, nas fornalhas e em meio aos trabalhadores da indústria química do Ruhr. A versão 2020 do clássico foi, literal e metaforicamente, antisséptica. As equipes chegaram em vários ônibus para manter o distanciamento social; todos usavam máscaras e suas temperaturas foram medidas. A comemoração dos gols teve cumprimentos com os cotovelos. No intervalo, as bolas foram desinfetadas por gandulas. Havia só 213 pessoas, incluindo os elencos, dentro do maior estádio da Alemanha, o Signal Iduna Park. Depois da vitória por 4 a 0, os jogadores do Borussia Dortmund correram até a enorme arquibancada onde 25 mil de seus torcedores mais fervorosos teriam formado a famosa Muralha Amarela e aplaudiram os assentos vazios.

Na Inglaterra, a League Two e a League One encerraram suas temporadas. Os clubes na liderança seriam promovidos com base nos pontos por partida, embora as disputas dos jogos da fase de mata-mata tenham sido mantidas. Essa medida de pontuação teria sido bastante benéfica para o Leeds, que teria sido promovido como campeão. Porém, as duas primeiras divisões do país seriam jogadas até o fim. As probabilidades estavam todas a favor do Leeds. O time disputaria, na verdade, uma temporada de nove partidas, e as equipes de Bielsa sempre começaram suas temporadas com ótimas arrancadas. A vantagem para o primeiro lugar fora da zona de classificação para a fase eliminatória era de sete pontos. Apenas um desses jogos, em casa, contra o Fulham, em 27 de junho, mostrava-se potencialmente decisivo.

A única desvantagem era a ausência da torcida. A paixão e a capacidade de intimidação de Elland Road fariam falta. Em seu lugar, nas arquibancadas, haveria quinze mil imagens de torcedores em papelão distribuídas estrategicamente para parecer que eram pessoas assistindo à partida. Aquele seria um triunfo conquistado em uma espécie de vácuo.

O Leeds conquistou 22 pontos — mais do que qualquer outra equipe — naquelas nove rodadas, mas não houve uma grande arrancada inicial. Aconteceram tropeços: derrota por 2 a 0 para o Cardiff e dois pontos perdidos, em casa, frente ao Luton. Entre essas duas disputas, uma vitória convincente, 3 a 0, sobre o Fulham, na partida mais importante daquelas nove rodadas.

As arquibancadas podiam estar vazias, mas o Brentford, em sua última temporada em Griffin Park, vinha fazendo uma despedida de gala. Foram oito vitórias consecutivas e, depois do triunfo sobre o Preston, 1 a 0, no dia 15 de julho, o time chegou à terceira colocação, um ponto atrás do West Bromwich Albion e três atrás do Leeds, que se manteve na liderança graças ao gol, no fim da partida, de Pablo Hernández, em um arremate preciso que deu a vitória ao time frente ao Swansea. As duas equipes sentiam a pressão do Brentford. Já era possível avistar o fim do campeonato; as rodadas iam se sucedendo.

Na noite seguinte, o Leeds enfrentou o Barnsley. O time não jogou particularmente bem. O gol da vitória foi contra. Bielsa tentou algumas correções: Hernández entrou, Hélder Costa saiu; a linha de quatro na defesa passou a ser uma linha de três e, depois, voltou a ser composta por quatro jogadores. Contudo, o Leeds se segurou. Depois do apito final, o time precisava de só um ponto nas duas últimas partidas para pôr fim a seu exílio.

O ponto nem foi preciso. Na noite seguinte, em outra região de Yorkshire, o Huddersfield venceu o West Bromwich Albion. Apenas um clube, o Brentford, poderia alcançá-los. O acesso havia sido conquistado.

O elenco do Leeds havia se reunido em Elland Road para assistir ao jogo e foi filmado fazendo a contagem regressiva dos últimos segundos da partida até o apito final em Huddersfield.

Do lado de fora, uma multidão se aglomerava em Lowfields Road, juntando-se em frente ao estádio e trazendo consigo cartazes e faixas. Alguns diziam "Viva Bielsa!" ou o proclamavam o "Rei de Elland Road". Estávamos em meados de julho, o dia estava claro e a fumaça azul e amarela dos sinalizadores tomava conta do céu cinza. A estátua de Billy Bremner foi enfeitada com cachecóis.

A pergunta óbvia era como aquela conquista podia ser comparada aos triunfos de 1974 ou 1992, mas a multidão presente era em sua maioria de jovens para quem a campanha até as semifinais da Champions League de 2001 compunha uma vaga lembrança — se é que chegava a ser uma lembrança. O time deles era o de Bielsa. E era daquilo que eles se recordariam.

"Fui até a City Square, ou Millennium Square, como é chamada agora", conta Nicolas Dixon.

> Parecia uma cena de outra época. Havia uma antiga bandeira do Reino Unido com o nome do Leeds United, talvez dos anos 1970, se descortinando desde o City Museum. Havia quatro ou cinco garotos, de doze anos no máximo, sem camisa, trepados nos postes de iluminação enquanto a fumaça dos sinalizadores dominava o ambiente.

Trinta anos haviam se passado desde a primeira partida de Bielsa como treinador, no Newell's Old Boys. Teria sido maravilhoso se ele próprio tivesse se lançado em meio à multidão gritando: "Leeds, *carajo*!". No entanto, Bielsa estava com quase 65 anos de idade e encontrava-se em casa, em Wetherby. Uma pequena multidão se concentrou junto ao muro em frente a seu apartamento. Ele saiu para agradecer, desculpou-se por não falar inglês, cumprimentou-os usando os cotovelos e posou para fotos. Era a imagem da simplicidade e da modéstia. Disseram-lhe que ele era deus.

As coisas estavam acontecendo a uma velocidade vertiginosa. No dia seguinte, o Brentford perdeu para o Stoke City, fora de casa. O Leeds United havia se sagrado campeão. Por uma dessas ironias tão características do futebol, o Leeds ainda enfrentaria o Derby, time que, na temporada anterior, havia lhe causado tanta dor. Se o público tivesse a chance de ir a Pride Park, haveria muita provocação, mãos nos olhos imitando um binóculo para recordar o episódio do *Spygate*. Foi quase o que fez Victor Orta, que tirou um binóculo do bolso para comemorar, embora as atitudes dos demais tenham demonstrado um pouco mais de classe.

Depois da partida, vencida pelo Leeds por 3 a 1, Bielsa estava deixando Pride Park quando avistou uma torcedora, que sofria com uma deficiência grave, em uma cadeira de rodas motorizada. Ele parou o carro e foi abraçá-la. Há quem diga que Bielsa vem de uma família de políticos e é capaz de reconhecer a oportunidade de posar para uma foto quando esta se apresenta. Contudo, naquela tarde em Derby não havia nenhum fotógrafo profissional por perto.

Liderados por Wayne Rooney, os jogadores do Derby enfileiraram-se para formar a "guarda de honra" e receber o Leeds. O presidente do Derby, Mel Morris, presenteou o clube com uma garrafa de Dom Pérignon. A safra foi escolhida a dedo: 2004, último ano em que o Leeds tinha feito parte da elite do futebol inglês. Curiosamente, aquele foi o ano em que Bielsa havia conquistado seu último troféu.

Uma das citações favoritas usadas por Tony Benn quando concorria à liderança do Partido Trabalhista era um trecho de *A arte da guerra*, manual de estratégias escrito pelo filósofo chinês Sun Tzu: "Quanto aos melhores líderes, as pessoas ignoram sua existência. Quando o trabalho do melhor líder está terminado, as pessoas dizem: 'Fomos nós que conseguimos.'" Depois da conquista, Bielsa disse algo que ia nessa mesma linha de pensamento. À medida que a temporada do Leeds começava a caminhar para seu final triunfante, ele parecia se recolher, deixando os outros sob os holofotes. Bielsa não fez nenhum discurso edificante, não disse nada memorável. Quando lhe pediram para explicar o sucesso do Leeds, comentou que os jogadores eram os responsáveis.

A última partida foi disputada em casa, contra o Charlton. Na última temporada do Leeds na Premier League, o jogo final em Elland Road tinha sido um empate eletrizante, 3 a 3, frente ao Charlton, na despedida de Alan Smith do clube. O Leeds já havia sido rebaixado e cerca de 38 mil pessoas foram a Elland Road para uma festa de despedida, marcada por muito humor ácido. No fim, Smith, o rapaz de Rothwell que tinha lutado tanto para manter a temporada viva, saiu carregado do gramado aos prantos. Os torcedores que o carregavam nos ombros aceitaram o fato de que Smith não poderia seguir no clube, embora a situação talvez fosse diferente caso soubessem que o jogador estava de partida para Old Trafford. Um torcedor trazia um cartaz em que se lia: "Leeds — Segunda divisão, 2005 — Futuro Campeão". Ele teria de esperar dezesseis anos para que sua previsão se confirmasse.

Agora, não havia ninguém em Elland Road para ver o Charlton, comandado por Lee Bowyer, ser destroçado e rebaixado. Ben White marcou seu primeiro e último gol pelo Leeds, já que o Brighton não estendeu seu empréstimo. Um chute magistral de fora da área. Atrás do gol onde a bola entrou havia uma faixa gigantesca com a camisa número 6 e o nome de Norman Hunter. Radrizzani levou o troféu da Championship para Liam Cooper levantá-lo.

Na temporada seguinte, estimava Radrizzani, o Leeds United obteria uma receita de 180 milhões de libras, praticamente a mesma do Milan. Sua aposta em Marcelo Bielsa, que fora convencido a vestir uma camisa branca e se juntar à comemoração, tinha dado incrivelmente certo. Quando Cooper ergueu a taça sobre sua cabeça, Bielsa deu um passo para trás.

Mateusz Klich não gosta muito da ideia de jogadores de futebol usarem o Instagram. "Quando vejo jogadores alugarem um avião particular por um preço absurdo apenas para postar uma foto no Instagram, me sinto mal", afirma. "Li um artigo que apontava que a maior parte dos assaltos sofridos por jogadores de futebol ocorre devido ao Instagram. Bom, se uma pessoa posta um vídeo dirigindo um carro de duzentas mil libras e usando um relógio de duzentas mil libras, não surpreende que se torne vítima de assalto." Quando o Leeds conquistou o título, Klich postou uma foto em sua conta no Instagram. A imagem o mostrava com uma garrafa de cerveja em uma mão e um enorme charuto na outra, vestindo uma camisa com os dizeres: "O *Damned United* está de volta".

Jorge Griffa não é do tipo que gosta de usar o Instagram e fumar charutos cubanos. Atualmente, mora na Recoleta, bairro elegante e de classe média de Buenos Aires. A Recoleta é uma região de restaurantes, bares, galerias de arte e museus. É mais famosa por seu cemitério, que contém túmulos, exageradamente ornamentados, de presidentes, poetas e generais argentinos em ruas tomadas por árvores. Do românico ao art déco e ao gótico, pode-se ver todos os estilos por ali. Surpreendentemente, o túmulo de Eva Perón é dos mais modestos. Assim como o apartamento de Griffa, cheio de recordações de uma carreira que começou em 1954, no Newell's Old Boys, a Recoleta é um lugar de lembranças.

Como alguém que conhece Bielsa há mais de quarenta anos e que o ajudou a se lançar em uma jornada que viria a ser extraordinária, aquele parecia um bom momento para perguntar a Griffa, então com 85 anos, sua opinião sobre o mais recente evento dessa trajetória.

"Ele pediu dedicação aos jogadores do time e foi atendido", afirma.

> Obviamente, depois de todos estes anos, eu fico muito feliz. Parece que foi há tanto tempo que estávamos vasculhando o interior em busca de jogadores como Pochettino. Não me surpreende que Marcelo tenha ido para um clube como o Leeds, que não estava na elite do futebol. Este é seu jeito, esta é sua maneira. Ele sabia que era uma oportunidade e a aproveitaria ao máximo. Claro que os torcedores do Leeds gostam dele. Os torcedores querem coisas simples, não é preciso fazer muita coisa. Eles querem alguém que trabalhe duro. Marcelo é muito trabalhador e isso se nota. Quando se é treinador, inconscientemente, você se esquece de viver uma vida fora do futebol. Como treinador, ele jamais mudou. Tudo sempre dependeu dos jogadores. Acima de tudo, eles precisam ter personalidade. Jogadores campeões têm personalidade, é algo inato. Houve somente um momento em que ele esteve perto de desistir.

Então Griffa contou a história da derrota em casa por 6 a 0 para o San Lorenzo, em 1992, e de sua subsequente crise.

> Ele chegou para mim e disse: "Jorge, vou pedir demissão. Não posso mais continuar como treinador". Eu respondi: "Você vai para Santa Fé, você vai ganhar e você vai seguir em frente". Naquele momento, ele aprendeu alguma coisa sobre ser um treinador de sucesso. Marcelo sempre quis contar com jovens

de personalidade, jovens que pudessem se expressar. Tudo o que ele queria era espaço para desenvolver seus pontos de vista.

Quando Kevin Keegan liderou o time do Newcastle rumo à elite do futebol inglês, em 1984, ele não continuou no clube. Uma partida amistosa contra o Liverpool marcou sua despedida — e um helicóptero o levou do centro do campo para a aposentadoria. A ideia de se aposentar talvez atraísse Marcelo Bielsa, embora helicópteros não façam seu estilo.

Por um curto período, houve uma enxurrada de manchetes aproximando Bielsa e o Barcelona, que no rescaldo da humilhante derrota na Champions League para o Bayern de Munique, viu o relacionamento entre Lionel Messi e o presidente do clube, Josep Bartomeu, esfacelar-se por completo. Quando Messi tentou, sem sucesso, forçar sua saída do clube que tinha ajudado a transformar na instituição esportiva mais glamorosa do mundo, torcedores do Newell's Old Boys foram às ruas de Rosário empunhando suas bandeiras vermelhas e pretas para pedir que ele voltasse para casa. Eles queriam que Bielsa fizesse o mesmo.

"Muitas pessoas em Rosário esperam que Marcelo assuma o Newell's uma vez mais. Seria um toque final maravilhoso para encerrar sua carreira", conta Griffa.

Recentemente, o Newell's esteve atrás de um treinador e eu disse ao presidente: 'Você pode convidar o Marcelo, mas ele não virá. Se eu o chamar, acho que ele vem'. Porém, não o chamei. Havia muita coisa acontecendo em sua vida. Outras coisas acabaram interferindo. É tudo uma questão de oportunidade e sorte. Pode ser que ainda aconteça. Ainda o acho jovem e a vida é cheia de coincidências e oportunidades. Acredita que, em Rosário, morávamos em apartamentos separados por cinquenta metros e não sabíamos disso?

Alguns treinadores, principalmente na América do Sul, acharam bastante exagerados os elogios feitos a Marcelo Bielsa. Alfio Basile, treinador que conquistou dois títulos de Copa América com a seleção argentina, sempre o achou supervalorizado. "Bielsa é o treinador mais superdimensionado do mundo — mais do que Guardiola e Mourinho somados", afirmou, em 2018, ano em que Bielsa foi contratado pelo Leeds. "Ele dirige equipes medíocres em que não há pressão para conquistar o título."

A Amazon encomendou a produção de uma série, narrada por Russel Crowe — crescendo em Sydney na mesma época em que o time comandado por Revie dominava o futebol inglês praticamente do outro lado do mundo, Crowe se apaixonou pelo Leeds United. *Take Us Home* termina em meio aos destroços provocados pela derrota do Leeds para o Derby no mata-mata da temporada anterior. Então, dois novos episódios foram filmados para cobrir o acesso do clube. No Uruguai, Martín Lasarte não se mostrou particularmente impressionado: "Comandei a Real Sociedad na segunda divisão espanhola. Conduzi o clube à primeira divisão em meu ano de estreia e não fizeram um documentário sobre mim", disse. "E falo isso com todo respeito: Bielsa só ganhou o título da segunda divisão depois de dois anos à frente do clube."

Outro treinador uruguaio, Gerardo Pelusso, que conquistou títulos em três diferentes países sul-americanos, mostrou-se ainda mais mordaz. "Estão falando do Leeds como se o clube tivesse conquistado a Copa do Mundo. Bielsa ficou dezesseis anos sem ganhar um título. Zidane os conquista de seis em seis meses."

Ainda assim, notou-se muito orgulho na Argentina, onde o Leeds United ganhou as manchetes das editorias esportivas. A essa altura, Rafael Bielsa ocupava o cargo de embaixador argentino no Chile, algo que, como ele confessou em um artigo publicado no *Clarín*, não o impediu de assistir a todas as partidas do Leeds United, às vezes em lugares improváveis. Sob o título "É o nosso Robinson Crusoé", Rafael descreveu com detalhes impressionantes o modo como Marcelo havia adaptado ligeiramente suas táticas na segunda temporada do Leeds na Championship. Pablo Hernández ganhou mais liberdade, sendo orientado a procurar espaços vazios e a se aventurar mais na área adversária.

O gol da vitória sobre o Swansea, marcado por Hernández, acabou sendo objeto de fascínio na embaixada em Santiago. Rafael observou que o gol tinha sido feito não somente graças à condição atlética de Luke Ayling, que começou a correr em sua própria área e assim seguiu até realizar um cruzamento preciso, do outro lado do campo, mas pelo modo como Ayling havia lido o jogo, mesmo num momento em que estava esgotado pelo calor do verão. Marcelo, relata Rafael, adaptou — mais do que alterou — seu estilo e não o mudaria na Premier League. "Um escritor de livros de aventura narra aventuras, ele não muda de gênero", escreveu Rafael. "Porém, em seu último episódio, ele alterou o tamanho dos capítulos, o estilo e alguns dos personagens."

Agora, uma nova história aguardaria o homem que ele tinha comparado a Robinson Crusoé, não apenas por estar a milhares de quilômetros de casa, mas por ter construído seu caminho todo sozinho. Como o próprio Rafael Bielsa apontou, floreando um pouco mais o enredo, Robinson Crusoé também era de Yorkshire.

Hora dos presentes

Assim como o Leeds, o Liverpool pôs fim a sua longa jornada pelo deserto sob o comando de um treinador carismático e taticamente inovador. Jürgen Klopp também viu sua conquista ser celebrada em forma de arte. Na região do Baltic Triangle, em Liverpool, onde armazéns tornaram-se padarias artesanais, bares de cervejas artesanais e editoras, tornou-se possível deparar-se com duas imagens de Klopp. Ele tinha feito do Liverpool o campeão europeu e mundial, mas, mais importante, havia conquistado o título do Campeonato Inglês pela primeira vez desde 1990, ano em que o Leeds subiu para a antiga primeira divisão inglesa.

Àquela altura, assim como agora, o primeiro jogo após o retorno do Leeds à elite do futebol aconteceu em Merseyside. Trinta anos antes, a equipe de Howard Wilkinson conseguiu vencer o Everton, 3 a 2. Agora, a estreia de Marcelo Bielsa seria frente ao Liverpool. As três conquistas de título do Leeds, de alguma forma, igualmente haviam envolvido Anfield.

Em 28 de abril de 1969, o clube ganhou seu primeiro troféu com um empate sem gols contra seu rival direto, o Liverpool. Para

Jack Charlton, aquele momento foi mais emocionante do que a conquista da Copa do Mundo pela Inglaterra. Ele fazia parte do elenco da seleção inglesa havia pouco mais de um ano quando Bobby Moore limpou as mãos enlameadas em um pano antes de receber a taça Jules Rimet das mãos da rainha. Charlton havia assinado seu primeiro contrato profissional com o Leeds aos dezessete anos. E poucos dias depois do título, faria 35. Anfield era a culminação de uma trajetória bastante longa, e ele se lembraria para sempre da generosidade demonstrada pela Kop[20] na derrota.

No dia 24 de abril de 1974, o Liverpool perdeu para o Arsenal e, com o resultado, passou a não ter mais chances de alcançar o Leeds, que liderava o campeonato desde o começo. Don Revie considerou aquela conquista ainda maior que o triunfo obtido cinco anos antes. No início da temporada, o futebol da equipe foi de tirar o fôlego, figurando entre os melhores momentos do clube sob o comando de Revie. O título veio em meio à "semana de três dias",[21] ao racionamento de energia e a uma greve de dezesseis semanas dos mineiros que paralisou a grande jazida de carvão de Yorkshire. O Leeds United, assim como os mineiros, saiu vitorioso.

Dezoito anos depois, foi uma derrota do Manchester United, 2 a 0, para o Liverpool que confirmou o título da equipe comandada por Howard Wilkinson. Naquela noite, o elenco do Leeds se reuniu no Flying Pizza, em Roundhay. David Batty, que se entediava com as elaboradas preleções of Wilkinson, ficou em pé na Mercedes de Steve Hodge, cabeça e ombros aparecendo pelo teto solar, enquanto circundavam a City Square. Depois, quando o time comemorava nos degraus da sede da prefeitura da cidade, Eric Cantona dirigiu-se à

---

[20] Nome de um setor da arquibancada em Anfield onde os torcedores acompanhavam o time em pé, prática que foi abolida dos estádios ingleses nos anos 1990. (N.T.)

[21] Medida adotada pelo governo inglês, em 1974, para enfrentar a maior crise econômica do país desde o término da Segunda Guerra. (N.T.)

multidão: "Não sei por que eu amo vocês, mas sei que amo". O Leeds viria a descobrir que o amor é um sentimento transferível.

Desta vez, com Bielsa, o time ia a Anfield como azarão. O último treinador da Premier League a sair de Anfield com três pontos havia sido Sam Allardyce, então no comando do Crystal Palace. Isso em abril de 2017. Se o Leeds perdesse, ninguém chegaria a qualquer conclusão negativa. O time perdeu, brilhante e heroicamente, 4 a 3. No estúdio da Sky Television, Graeme Souness afirmou não se lembrar da última vez em que um adversário havia tido mais posse de bola do que o Liverpool em Anfield. O gol de empate marcado por Jack Harrison teve beleza e atleticismo: ele dominou um lançamento longo de Kalvin Phillips com um pé, e, na sequência, antes que a bola tocasse a grama, com o outro pé deu um toque para tirar Trent Alexander-Arnold da jogada. Depois, Patrick Bamford aproveitou a falha de Virgil van Dijk e também marcou — como doze meses antes talvez não tivesse sido capaz de fazer.

A maioria dos treinadores na situação de Bielsa teria aproveitado esses aspectos positivos, destacando e ressaltando cada um deles em frente às câmeras de televisão. A reação de Jürgen Klopp — "Que partida! Que adversário! Que desempenho das duas equipes! Um verdadeiro espetáculo!" — serviria para corroborar seu eventual discurso e deixaria as coisas ainda mais impressionantes. Contudo, para Marcelo Bielsa não existem derrotas heroicas. "Foi apenas uma derrota", disse. "No segundo tempo tivemos dificuldade para conduzir a bola da defesa para o ataque." Ele criticou a má atuação defensiva. O Leeds cometeu dois pênaltis e em outro lance deixou espaço para Van Dijk cabecear livre.

O elenco havia mudado. Apesar da intensa campanha nas redes sociais por parte dos torcedores do Leeds, Ben White voltou ao Brighton. Assim como White havia substituído Pontus

Jansson, Robin Koch tornou-se o mais novo companheiro de zaga de Liam Cooper. Koch, que vinha atuando no Freiburg, tinha pedigree. Já havia sido convocado para a seleção de seu país e seu pai, Harry, famosos pelos cabelos longos e encaracolados, fizera parte de uma das histórias mais quixotescas do futebol alemão: a conquista da Bundesliga de 1998 pelo Kaiserslautern, clube então recém-promovido da segunda divisão.

Passados 22 anos, as referências a Dom Quixote na Alemanha haviam desaparecido completamente. O Bayern de Munique tinha vencido a Bundesliga por oito anos seguidos. Se, no início da nova temporada, alguém apostasse dez libras na nona conquista, seu ganho seria um total de 1,30 libra. O Leipzig tinha se mostrado interessado em Koch, e houve uma reunião com o treinador do Hertha Berlim, Bruno Labbadia, mas o Leeds ofereceu ao atleta de 24 anos um campeonato mais competitivo que aquele disputado na Alemanha. E o clube ainda podia entregar Bielsa.

"Conversei com muitas pessoas que são fascinadas por Bielsa", conta Koch.

> Quando fui para o Leeds, alguns de meus colegas do Freiburg entraram em contato comigo para perguntar como eram as sessões de treinamento. Tentei obter o máximo de informação possível a respeito de Bielsa e de seu estilo de jogo, mas foi Mateusz Klich, que havia sido meu companheiro no Kaiserslautern, quem me deu uma ideia mais clara. Assisti à série *Take Us Home*, mas somente quando meu nome apareceu associado ao Leeds nas redes sociais é que percebi não se tratar de um clube comum.

A forma como Robin Koch descobriu se a mudança para o Leeds se encaixaria em seu estilo de jogo foi particularmente moderna. Ele assistiu a vídeos de jogos da equipe e a trechos de algumas de suas atuações pelo Freiburg para ver até que ponto precisaria se adaptar. Não muito, foi o que concluiu.

Outras contratações foram feitas. Rodrigo Moreno não parecia uma contratação típica de Bielsa. Em março, o atacante completaria trinta anos. Em uma temporada pelo Bolton, marcara apenas um único gol — contra o Wigan. Na sua última temporada pelo Valencia, fez só quatro gols em partidas válidas pela Liga. Ainda assim, na Champions League, Rodrigo anotou os gols da vitória sobre Chelsea e Ajax, além de ter figurado no elenco do Valencia que, em 2019, bateu o Barcelona e conquistou a Copa do Rei. Cinco anos antes, ele tinha atuado no Benfica durante uma temporada extraordinária do clube. Não fosse a derrota para o Sevilla, nos pênaltis, na final da Europa League, o time teria conquistado quatro títulos naquela temporada. Rodrigo foi um dos jogadores que desperdiçaram sua cobrança.

Considerando a situação como um todo, parecia uma contratação que poderia dar certo, e ela foi bem recebida pelos torcedores do Leeds, cansados da quantidade de chances necessárias para Patrick Bamford marcar um gol. O momento de crise mais aguda para o atacante inglês havia sido o confronto com o Derby, em setembro de 2019, quando ele perdeu inúmeras oportunidades na cara do gol e acertou a trave em um chute a cerca de um metro da risca da meta. Aquela era a primeira vez que o Derby disputava uma partida em Elland Road desde o mata-mata da temporada anterior. Todos desejavam, avidamente, algum tipo de vingança.

O Leeds dominou o jogo, mas o Derby conseguiu empatar nos acréscimos. Bamford foi responsabilizado pela perda dos dois pontos; se bem que, não fosse pelo pênalti desperdiçado por Klich — sofrido por Bamford —, o Leeds teria conquistado a vitória.

Bamford ainda tinha aparência bastante jovial, mas aos 27 anos não podia mais ser considerado uma promessa. Além disso, era filho da alta sociedade, havia nascido em Grantham e frequentado a Nottingham High School for Boys, que, em 2020, cobrava 5.148 libras por semestre, e cujo esporte tradicional era o rúgbi. No âmbito esportivo, quando um atleta passa por dificuldades, é comum que se mencione sua origem.

Bamford tinha marcado dezesseis gols na temporada em que o Leeds conquistou o acesso, único atleta do elenco de Bielsa a chegar a dois dígitos, mas, para isso, haviam sido necessários 121 arremates. Mesmo assim, na volta do Leeds à Premier League, atuando contra defesas melhores, Bamford marcou um gol em cada uma das primeiras três partidas do clube. Contra Fulham e Sheffield United esses gols foram decisivos. Talvez alguma coisa tenha mudado em seu estilo de jogo, talvez a pressão de saber que o Leeds havia investido 27 milhões de libras em Rodrigo tenha servido de incentivo, ou talvez a razão para a melhora tenha sido a ausência dos torcedores.

Sempre que Bamford passava por momentos difíceis, seus colegas lhe lembravam de como ele se saía bem nos treinamentos. O espetacular gol de voleio assinalado em um treino nos gramados de Thorp Arch, em novembro de 2018, e que fez Bielsa correr até ele para abraçá-lo, era usado como exemplo. Em outras palavras, Bamford jogava melhor sem a presença do público; e, de repente, sem a pressão da torcida, passou a atuar com muita confiança.

Em estádios vazios as dinâmicas do esporte mudaram. O atacante do Chelsea, Olivier Giroud, comentou: "O campo parece maior sem a presença do público. É loucura dizer isso porque é o mesmo campo, mas parece maior porque os pontos de apoio e referência não são os mesmos". Ele acrescentou que tinha passado a ser possível ouvir todas as instruções vindas do banco de reservas.

Talvez por não ter acontecido uma pré-temporada adequada, ou porque as partidas da Premier League começaram a se parecer com amistosos, ou talvez ainda porque os defensores deixaram de ter os gritos das arquibancadas para avisá-los da presença de um adversário fazendo uma ultrapassagem nas pontas ou se aproximando por trás, mas o fato é que os atacantes começaram a se destacar de forma excepcional. Quando a Premier League parou para sua primeira data Fifa, em outubro, os primeiros 38 jogos tinham produzidos 144 gols, média de 3,78 por partida. Nos dois últimos, o Manchester United havia batido o Tottenham, 6 a 1, em Old Trafford, e o Liverpool levara sete gols na derrota para o Aston Villa. Desde a temporada 1929-1930, a elite do futebol inglês não via suas defesas serem vazadas com tamanha frequência. Naquela época, o Sheffield Wednesday conquistou o título marcando 105 gols, ao passo que o Sheffield United fez 91, evitando o rebaixamento graças ao saldo de gols.

A volta da Premier League a Elland Road deveria ter sido um momento de celebração irrestrita: muito barulho, cânticos, cerveja sendo consumida no The Old Peacock. Em vez disso, a elite do futebol chegou a Leeds em silêncio. De qualquer forma, o feito de Bielsa ao conquistar o acesso com um elenco curto e de certo modo comum não trouxe apenas os tempos de glória de volta a Elland Road, mas também protegeu o clube de uma maré financeira sombria que ameaçava engolir o futebol inglês.

Na época da Championship, cada partida disputada em Elland Road rendia ao Leeds cerca de quinhentas mil libras. Era o equivalente ao que se faturava no Molineux, no Villa Park ou no Craven Cottage; o dobro da receita obtida no Hawthorns, em Turf Moor ou Bramall Lane. A venda de ingressos, alimentos, programas e camarotes representava 28% da receita do clube. Esse dinheiro, com a pandemia, desapareceria por completo.

Na Premier League, com suas exuberantes receitas de televisão, aquele era um problema possível de ser administrado — até para Manchester United e Tottenham, que estavam perdendo mais de quatro milhões de libras por partida. Na Championship, poderia ter sido fatal. No início de outubro de 2020, o diário *Northern Echo* relatou que o Middlesbrough, clube grande e bem administrado da segunda divisão inglesa com custos operacionais anuais de 32 milhões de libras e receitas reduzidas a oito milhões de libras, ficaria sem dinheiro até o fim de novembro. Fulham e Leeds certamente se sentiram mais aliviados do que o normal por terem escapado da Championship. Quando se enfrentaram pela Premier League, em setembro de 2020, fizeram, novamente, uma partida de sete gols. Desta vez, o Leeds marcou quatro vezes.

Quando Jorge Valdano era diretor esportivo do Real Madrid, disse ao presidente Florentino Pérez que, estatisticamente, três em cada cinco contratações fracassam. Aquilo desencadeou a política dos *galácticos*. Jogadores como Luís Figo, Zinedine Zidane e David Beckham — tão bons que não havia possibilidade de fracassarem — foram levados ao Bernabéu. As lacunas seriam preenchidas por jovens vindos da base. No Leeds, Victor Orta e Marcelo Bielsa ostentavam um bom histórico na relação entre o número de atletas contratados e o de bem-sucedidos. Contudo, a questão do goleiro continuava a ser um problema. O status de Kiko Casilla, formado nas categorias de base do Real Madrid, havia sido mitigado por alguns erros tenebrosos no mata-mata do ano anterior contra o Derby e no empate por 1 a 1 contra o Brentford, pouco antes da parada do futebol.

Casilla tinha se tornado um problema também em outras esferas. Em setembro de 2019, foi acusado de injúria racial pelo atacante Jonathan Leko, do Charlton — o goleiro teria usado termos bastante ofensivos. Em fevereiro de 2020, tomou uma suspensão de oito partidas e foi multado em sessenta mil libras. O Leeds não cometeu os mesmos erros crassos que o Liverpool havia cometido na tentativa de defender Luis Suárez das acusações de injúria racial contra Patrice Evra. Ao contrário de Kenny Dalglish, Bielsa não mandou sua equipe vestir camisetas em apoio a alguém cujo testemunho havia sido considerado "duvidoso" e "incoerente" por um comitê da Federação Inglesa. Todavia, o Leeds tampouco lidou bem com o caso. O testemunho de Casilla mostrou-se tão ineficaz quanto o de Suárez, em 2011. Os membros do comitê formado pela federação não acreditaram na história de que o goleiro jamais havia ouvido a palavra "crioulo". A punição imposta foi a mesma dada a Suárez.

Leko declarou não ter recebido um pedido de desculpas nem do clube nem de Casilla. O Leeds emitiu um comunicado afirmando que Casilla havia sido condenado devido ao chamado "balanço positivo de probabilidades" e não com base em provas incontestáveis. Como o balanço positivo de probabilidades é admitido quando o General Medical Council (órgão que regulamenta a prática da medicina no país) julga casos que envolvem negligência médica, o uso do conceito por analogia deixou algumas pessoas incomodadas. Em resposta às declarações vindas de Elland Road, a Federação Inglesa informou que o veredito havia sido quase unânime.

Quando, um ano após o incidente, Bielsa escolheu Casilla para ser o capitão do Leeds na partida contra o Hull, válida pela Copa da Liga Inglesa, houve mais sensações de incômodo. Aquele foi um caso raro de erro de cálculo por parte de Bielsa, uma das poucas vezes, desde sua chegada a Yorkshire, que uma decisão sua foi contestada abertamente por parte dos torcedores. Bielsa replicou afirmando que os jogadores queriam que Casilla liderasse a equipe e que eles, certamente, o conheciam melhor que o pessoal das redes sociais.

"Eu entendi o ponto de vista de seus companheiros", afirmou Bielsa.

> Eles acharam que ele merecia ser capitão e temos de ouvir essas mensagens. Os jogadores veem seu capitão como alguém que pode representá-los. Seguramente, aqueles que julgam Kiko ignoram muitas das coisas que seus colegas veem nele. A opinião do povo sempre deve ser ouvida, mas não sei se vocês sabem de quantos torcedores estamos falando. O público não tem todas as informações de que os companheiros dele, no time, dispõem.

No entanto, o surgimento de Illan Meslier, de 22 anos, já havia colocado Casilla nas sombras. Meslier nasceu em Morbihan, na costa atlântica da Bretanha, último baluarte da língua bretã. Do outro lado da baía está o Lorient, clube que saiu de um anonimato quase total e permanente para conquistar o acesso à primeira divisão francesa e, em 2002, o título da Copa da França. Meslier tinha nove anos quando começou a jogar nas categorias de base do clube francês. Então, veio a convocação para a Copa do Mundo sub-17, na Índia, e depois para a seleção francesa sub-21. O Leeds pagou 5,8 milhões de libras para contratá-lo e ele fez sua estreia no aguardado confronto com o Arsenal, pela Copa da Inglaterra. Meslier substituiu Casilla durante o período de suspensão do colega e manteve a posição.

Na sequência do campeonato, o Leeds enfrentou a equipe do Sheffield United que, em 2020, havia terminado a Premier League na nona colocação, mas que ainda não tinha marcado nenhuma vez em seus dois primeiros jogos da temporada 2020-2021. Poderia ter sido um primeiro gol bastante bonito... Ben Osborn avançou pela esquerda e fez um cruzamento rasteiro que David McGoldrick desviou de calcanhar, deixando o caminho aberto para John Lundstram. Não veio um chute à queima-roupa, mas foi bem de frente para o gol. Meslier fez uma defesa digna de seu herói, Manuel Neuer. No final do jogo, Bamford marcou o gol da vitória e se tornou o primeiro jogador do Leeds desde Mick Jones, em 1968, a balançar as redes nos três primeiros jogos da temporada na elite do futebol inglês. A quarta partida seria disputada em casa, contra o Manchester City.

O confronto reviveu histórias do encontro entre Bielsa e Pep Guardiola em Máximo Paz, catorze anos antes. Catorze anos que viram Guardiola passar a ser considerado o maior treinador de futebol do planeta, embora ele dissesse a quem quisesse ouvir que Bielsa era melhor. A pergunta feita a ele no fim daquela noite na Argentina — "Você gosta tanto assim de sangue?" — foi repetida, bem como a reposta de Guardiola: "Eu preciso desse sangue".

Antes da partida, Bielsa fez pouco caso de sua influência sobre alguém que, como treinador, conquistara oito títulos de campeonatos nacionais em três países diferentes. "Não me sinto seu mentor", disse. "Se existe um treinador que desenvolveu suas próprias ideias, esse treinador é Guardiola; suas equipes atuam como nenhuma outra. Muitos acreditam que o Barcelona de Guardiola é a melhor equipe de futebol já montada."

Em Manchester, Guardiola foi efusivo: "Ele, provavelmente, é quem eu mais admiro no mundo do futebol — como treinador e como pessoa", afirmou.

> É o treinador mais autêntico em relação a como comanda suas equipes. Ele é único; ninguém pode

imitá-lo. Não o vejo com tanta frequência como gostaria, mas quando passo tempo com ele é sempre inspirador. O valor de um treinador não depende de quantos títulos foram conquistados. Meus times ganharam mais do que os dele, mas, em termos de conhecimento do jogo e em relação a muitas outras coisas, incluindo sessões de treinamento, estou muito longe dele.

A partida correspondeu às expectativas e produziu ecos do encontro entre Athletic Bilbao e Barcelona, em San Mamés, em 2011, e não apenas porque foi disputada sob uma tempestade, ou por ter acabado empatada. O confronto teve o mesmo tipo de futebol incansável, impiedoso e fluente. O Manchester City, atuando sem um centroavante típico, atacou desde os primeiros minutos. Kevin De Bruyne acertou a trave em uma cobrança de falta. Raheem Sterling, driblando da esquerda para dentro, abriu a defesa do Leeds e o resultado foi fatal. Stuart Dallas salvou uma bola em cima da linha.

Tanto no ataque quanto na defesa, o Leeds se mostrou infatigável. O time atacava em bloco e se fechava rapidamente para defender a própria meta. Rodrigo acertou o travessão, e quando Ederson se atrapalhou em uma saída do gol depois de uma cobrança de escanteio, o atacante marcou o segundo gol de sua carreira na Premier League, numa partida que seria lembrada com muito mais frequência que Bolton × Wigan.

Ao apito final, Marcelo Bielsa manteve-se agachado por um tempo sob o aguaceiro que caía até se levantar e perguntar a Pep Guardiola o que ele havia achado do jogo. "Não consigo analisar a partida logo depois do fim. Ainda não consigo processá-la", foi a resposta.

Então, a Premier League parou para um respiro durante a data Fifa. Ao assumir o comando do Leeds, Bielsa havia dito a seus atletas que não poderia prometer a conquista do acesso à primeira divisão inglesa, mas garantiu que os tornaria melhores jogadores. Ele havia transformado Kalvin Phillips, que assim como James Milner crescera em Wortley, em um jogador da seleção inglesa — apelidado de "Pirlo de Yorkshire" pelos torcedores do Leeds. Antes do início da temporada, Phillips foi convocado para as partidas contra Islândia e Dinamarca. Ele foi o primeiro atleta do Leeds, desde 2004, a ser convocado para a seleção inglesa. Bielsa pediu que Phillips fosse até seu escritório, em Thorp Arch. Ali, entregou ao meio-campista uma camisa antiga, com gola, nas cores preto e vermelho. Havia também um bilhete para a mãe e para a avó de Phillips. A camisa era do Newell's Old Boys, e tinha sido usada por Bielsa durante sua curta carreira como atleta no Coloso del Parque. Poucas coisas são mais preciosas para Bielsa que suas lembranças do Newell's. Aquele era — pensou Phillips — um presente e tanto. Ele havia recebido muitos outros presentes de Marcelo Bielsa, mas nenhum outro em que pudesse pôr as mãos.

Agradecimentos

Um agradecimento especial para Esteban Bekerman, Ben Brock, Craig Brown, Daniel Gabin, Raul Gámez, Jorge Griffa, Simon Hart, Micky P. Kerr, Ally McKay, Harold Mayne-Nicholls, David Luxton, Richard Milner, Joel Richards, Santiago Segurola, Phil Shaw, Rory Smith e Henry Winter.

Referências bibliográficas

BALAGUE, Guillem. *Brave New World*. Weidenfeld and Nicolson, 2017.
CLAVANE, Anthony. *A Yorkshire Tragedy*. Quercus, 2016.
GOUBIN, Thomas. *El Loco Unchained*. Hugo Sport, 2015.
HALL, Danny. *He's One of our Ow*. Vertical Editions, 2018.
IUCHT, Roman. *La vida por el fútbol*. Sudamericana, 2012.
LAPLANCHE, Romain. *Le mystère Bielsa*. Solar Editions, 2017.
MAFFEI, Sergio. *El lado V*. Sudamericana, 2011.
OBREGON, Luis Gaston Mora. *Marcelo Bielsa*: *El día que todo cambió*. Editorial Forja, 2018.
SENOSIAIN, Ariel. *Lo Suficientemente Loco*. Corregidor, 2004.
WILSON, Jonathan. *Angels with Dirty Faces*. Weidenfeld and Nicolson, 2016.

JORNAIS E WEBSITES

The Big Interview with Graham Hunter, The Bleacher Report, El Mercurio, These Football Times, Guardian, The New York Times, Clarín, La Nación, Olé, Sun, Daily Mail, Four-Four Two, Yorkshire Evening Post, La Capital, L'Équipe, La Provence e *La Voix du Nord*.

Este livro foi composto na fonte Adobe Caslon e White on Black
impresso pela gráfica Rotaplan em papel Pólen Soft 80g
e diagramado pela BR75 texto | design | produção.
Rio de Janeiro, 2021